중국 대중문화와
문화산업

중국 대중문화와
문화산업

공봉진 · 이강인 지음

　　2012년 중국은 문학계에서 또 하나의 성과를 거두었다. 막언(莫言)
이 노벨문학상을 수상한 것이었다. 과거 중국인으로서 프랑스 시민
권을 갖고 있던 고행건(高行健)이 ≪영산≫(靈山, Soul Mountain,
1989)으로 2000년에 노벨문학상을 수상한 적이 있었지만, 중국 국
적을 가진 문학가로서는 처음이라 할 수 있다. 우리가 잘 알고 있는
장예모 감독의 영화인 <붉은수수밭>은 1987년에 발표되었던 막언
의 장편소설인 ≪홍고량가족≫을 영화화한 것이다.

　　중국에서는 문화산업을 강조해 왔는데, 특히 최근 들어 더욱 많아
졌다. 2011년 제17차 6중전회에서 문화산업을 강조하였고, 2012년
호금도(胡錦濤)도 신년사에서 문화산업을 강조하였다. 오늘날 중국
은 전통문화뿐만 아니라 대중문화를 상품으로 삼아 전 세계에 확산
시키고 있다. 2010년에 세계 경제대국 2위로 오른 중국은 문화를 통
해서도 그 힘을 발휘하고 있다.

　　우리나라에서는 케이블TV를 통해서 중국 드라마, 영화, 다큐멘터
리, 음악, 애니메이션 등을 쉽게 접할 수 있다. 지역에 따라 차이가
있기는 하지만, 자막이 중국어-한국어로 나오는 채널도 있다. 이제
는 영화관을 가지 않더라도 올드 영화에서 최신 영화까지 집에서 접

할 수 있게 되었다.

안방에서 중국 대중문화를 접할 수 있는 현재에 살고 있지만, 가만히 생각해보면, 아주 오래전부터 중국 대중문화를 접해 왔다는 게 기억이 난다. 당시에는 비록 홍콩이나 대만에서 만든 영화나 드라마였지만, 1987년쯤 유선TV에서 정소추가 분연한 초류향과 기타 중국 영화와 드라마를 보면서 중국어를 공부했던 기억이 난다. 어렸을 때 쌍절곤을 휘두르던 이소룡을 따라 하였고, "성룡=명절"이라는 등식이 성립할 정도로 설날이나 추석에 성룡의 영화를 TV에서 보았던 기억이 난다.

서적도 마찬가지이다. 어렸을 때부터 삼국지·수호지·서유기 등을 읽었고, 학교에 들어가서는 중국 문인들의 글을 접하기도 하였다. 대학에 들어갔을 때는 김용의 영웅문 시리즈인 사조영웅전, 신조협려, 의천도룡기를 단 며칠 만에 읽어내려 갔던 기억도 있다.

이처럼 중국에 가지 않더라도 우리나라에서 중국의 문화와 대중문화를 항상 가까이 접해 왔고, 지금도 쉽게 접할 수 있다.

한편, 우리나라의 대중문화도 중국 대중문화에 많은 영향을 주었다. '한류(韓流)'라는 단어에서 알 수 있듯이, 현재의 K-Pop이 전세계에 알려지고 있는데, 그 시작은 중국의 '한류'에서부터였다. 한국의 음악과 드라마가 중국에 영향을 주면서 많은 중국 청소년들이 한국어와 한국문화를 배우기 위해 한국으로 유학을 오기도 하고, 중국 내 한국어학당에서 한국어를 배우기도 한다. 중국이 홍수나 지진 등으로 어려움에 처했을 때 중국에서 인기를 얻은 한국 배우와 가수들이 성금을 내는 등 많은 도움을 준 것이 중국 청소년에게 한국에 대한 이미지를 높인 것도 사실이다.

오늘날 한국과 중국의 대중문화 교류는 매우 활발하다. 한국 배우가 중국에서 활동하는 경우도 많고, 한국과 중국의 합작 영화가 제작되기도 한다. 또 중국 드라마인데 배경이 한국의 서울인 경우도 있고, 한국 내 아이돌 그룹 중에는 중국 국적의 스타도 있다.

중국 정부 차원에서 문화와 대중문화를 하나의 산업으로 발전시키고 있고, 한국과 중국의 교류가 활발한 상황에서 중국의 대중문화와 대중문화산업에 대한 이해는 매우 필요하다. 이 책에서는 중국학 전공자와 일반인이 중국의 대중문화와 대중문화산업을 쉽게 이해할 수 있도록 중국의 대중문화 역사와 대중문화산업 관련 정책 및 법률 등에 대해 정리하였다. 그리고 문화산업, 스토리텔링, 문화원형과 콘텐츠 및 지적재산권 등을 정리하여 중국의 대중문화와 문화산업을 좀 더 쉽게 접근할 수 있도록 정리하였다.

제1부에서는 중국의 대중문화 역사를 정리하였고, 제2부에서는 문화산업과 스토리텔링 등을 정리하였으며, 제3부에서는 중국 대중문화산업과 관련된 정책과 법률 및 현황 등을 정리하였다. 제4부에서는 중국 대중문화의 해외진출, 화류(華流)와 한류(韓流), 산채(山寨), 지적재산권 등을 간략하게 정리하였다.

마지막으로 이 책이 출간되도록 도움을 주신 한국학술정보(주), 실무를 맡으신 권성용, 추정미, 홍은표 님께 감사드린다.

2013. 3.

저자

CONTENTS

제1부
중국 대중문화
역사

1. 중국 대중문화 개황

19세기 말 출현한 중국 대중문화는 대체적으로 상해와 북경 등 서구 영향을 받고 있던 대도시에 주로 나타났다. 특히 상해는 영화와 음악 등 대중문화의 중심 도시로 자리매김하였다. 하지만 1949년 10월 1일, 중국공산당 중심의 중화인민공화국이 건국되면서 대중문화는 퇴폐적인 부르주아 문화라고 비판받았다. 이러한 시대적 배경 속에서 중국 대중문화는 국가가 직접적으로 관할하는 신문·잡지·영화제작소·방송국·신화서점 등에 의해 획일적인 문화가 되었다. 게다가 1966년부터 시작된 문화대혁명 기간은 중국 대중문화의 암흑시대라 할 수 있다.

- 대중문화의 종류: 음악, 만화, 영화 등의 대중 예술과 옷차림, 말투, 머리 모양 등 일상생활에서 유행에 따른 현상이 포함
- 대중문화의 매체: 영상매체, 인쇄매체, 인터넷 등으로 구분
 · 영상매체: 텔레비전, VCD, DVD
 · 인쇄매체: 신문, 잡지 등

중국에서 대중문화가 모습을 다시 드러내기 시작한 시기는 1978년 개혁개방 천명 이후였다. 개혁개방 이후, 중국정부는 대중문화를 대중을 교화시키는 도구로써, 그리고 대중들을 즐겁게 해주기 위한 수단으로 이용하였다. 하지만 문호를 개방하면서 미국, 일본, 대만, 홍콩 등지에서 새로운 형식의 대중문화가 많이 들어오면서 변하기 시작했다. 중국인들은 새로운 대중문화를 접하면서 스스로 대중문화를 선택하게 되었다.

특히 대만 가수 등려군(鄧麗君)의 열풍은 중국 청년들에게 커다란 영향을 주었다. 청년들은 등려군의 부드럽고 달콤한 세속적인 사랑 노래에 열광하였다. 하지만 여전히 보수적인 성향이 강했던 중국지도부는 등려군의 노래가 퇴폐적이라며 금지시켰다.

개혁개방 이후, TV 등을 통해 등려군, 류덕화(劉德華), 장학우(張學友) 등 대중의 우상이 등장하면서 출판물과 잡지도 함께 발전하기 시작하였다. 그중에서도 TV 드라마의 영향은 매우 컸다.

1980년대까지 중국의 젊은이들은 25% 정도가 정치인을 우상으로 생각했고, 23%가 과학자와 문학가를 숭배했다.
1990년대에는 가수, 영화배우, 모델, 운동선수가 젊은이들의 우상으로 대두되었다.
2000년대 이후 중국의 대중은 자신들에게 퍼부어지는 대중문화 속에서 환상을 품고 끊임없이 소비자이자 생산자로 탈바꿈하고 있다.

한편, 중국 영화는 진개가(陳凱歌), 장예모(張藝謀) 등 제5세대 감독이 등장하면서 세계에 알려지기 시작하였다. 하지만 TV 드라마와 비디오의 발전으로 1992년 이후 쇠퇴하기 시작하였다. 1995년 중국

정부는 영화산업 발전을 위해 <해리슨 포드의 도망자>, <포레스트 검프>, <라이언 킹> 등 외국영화 10편을 수입했다.

오늘날 중국 대중문화는 영화산업·방송산업·음악산업과 공연산업·애니메이션산업·출판산업·게임산업 등 여러 분야에서 급속한 발전을 이루었다. 특히 중국정부는 2011년 중국공산당 제17차 6중전회와 2012년 호금도 신년사에서 문화산업 발전을 강조하였다. 중국은 소프트파워를 통해 그리고 공자학원을 통해 문화강대국으로 부상하고자 여러 정책을 시행하고 있다.

2. 중국 영화 역사[1]

- 최초 영화 상영: 1896년 8월 11일. 상해 서원(徐園) 우일촌(又一村)
- 초기 중국 영화: 단편영화, 기록영화, 뉴스영화가 주를 이룸
- 중국 최초 영화: 정군산(定軍山, 1905)
- 중국 최초의 영화사: 아세아영희공사(1909)
- 서양그림자극(西洋影戲)

---

1) 1895~1920

아편전쟁 이후 서구열강은 중국으로 진출하기 시작하였고, 이때 조차지역을 중심으로 서구문화가 들어오기 시작하였다. 1895년 프랑스 뤼미에르 형제가 세계 최초로 영화를 상영하였는데, 이후 프랑스 영화가 중국에도 상영되었으나 정확한 기록은 보이지 않는다.

기록상으로 중국에서 영화가 맨 처음 상영된 시기는 1896년 8월 11일로, 프랑스 상인이 운영하는 상해 서쪽 교외에 위치하고 있던 서원(徐園)의 우일촌(又一村) 찻집에서였다. 당시 중국인들은 영화를

---

1) http://www.cnmdb.com/sections/years/ 중국 영화기념관.

'서양그림자극(西洋影戲)'이라 명명하였다.

중국 최초 영화관에 대한 주장은 학자마다 분분하다. 어떤 사람은 1908년에 설립된 상해 홍구대희원(虹口大戲院)이라 하고, 또 어떤 사람은 1903년 북경 전문(前門) 밖 타마창(打磨廠, 거리이름)에 설립된 천락다원(天樂茶園)과 1906년 천진 프랑스 조계지에 설립된 권선전희원(權仙電戲園)이라고 주장한다. 현재 기록된 것을 보면 1902년 소련군을 따라온 촬영기사 유대인 고포절부(考布切夫)가 하얼빈 중앙대가(中央大街)에 고포절부전영희원(考布切夫電影戲園)을 설립하였다. 이곳이 중국에서 처음으로 영화를 상영한 곳으로 보고 있다.

1903년 독일유학생 임축삼(林祝三)은 영화와 영사기를 갖고 귀국하여, 북경 천락다원에서 영화를 상영하였다고 전해진다.[2] 영화 내용은 아름다운 여인이 춤을 추는 무성 희극영화였는데, 처음 영화를 접한 사람들은 매우 놀랐다고 한다.

1904년 서태후의 칠순 생일 때, 주북경(駐北京) 영국 공사(公使)가 영사기와 영화 몇 편을 선물하였다. 궁내에서 영화를 상영하고 있었는데, 발전기가 폭발하였다. 이에 서태후는 불길하다고 여기고, 궁내에서는 다시는 영화 상영을 하지 못하도록 명하였다. 몇 년이 흘러, 1906년부터 북경 내에서 영화상영이 증가하기 시작하였다. 예를 들면 서단상가(西單商場)의 문명다원(文明茶園) 등이다.

1905년 12월, 천진 프랑스 조계지 내 '권선다루'는 '권선전희원(權仙電戲園)'이라고 이름을 바꾸었다. 이는 중국 최초로 중국인이 경영한 상업영화관이었다.

---

2) 어떤 기록에서는 중국 상인 임축삼이 구미(歐美)에서 영화와 영사기를 가져와서, 북경에서 타마창의 천락다원을 빌려 영화를 상영하였다고 한다.

1907년 북경에서 외국상인이 설립한 '평안전영공사(平安電影公司)'가 동장안가(東長安街)에서 영업을 하였는데, 이것이 북경에서 설립된 첫 번째 영화관이다. 같은 해 12월, 북경대관루영희원(北京大觀樓影戲院)이 전문(前門) 대책란(大栅欄)에서 개업하였다.3) 이는 북경에서 중국인이 투자하여 경영한 첫 번째 영화관이였으며, 당시 상영되었던 첫 번째 외국영화는 <마풍녀(麻瘋女)>였다.

상해에서 스페인 상인(혹은 이태리 상인)인 안토니오 라모스(Antonio Ramos)가 영화를 상영하여 큰 이익을 거두게 되자, 1908년에 250명을 수용할 수 있는 홍구대희원(虹口大戲院)을 지었다. 이것이 상해에서 정식으로 건립된 첫 번째 영화관이다. 라모스가 영화를 상영하여 큰 수익을 얻게 되자, 외국 상인들이 상해로 와 영화시장에서 경쟁하기 시작하였다.

1910년대 초 중국에서의 영화 제작과 상영은 대체적으로 외국인들에 의해 이루어졌다. 또 영화를 보여 주던 극장들도 대부분 외국인 소유였다. 최초의 영화전문관을 개장한 사람도 외국인이었다. 러시아 태생의 미국인인 벤자민 브로드스키(Benjamin Brodsky)는 1906년에 발생하였던 SanFrancisco 대지진 후, 여러 개의 Nickelodcon Theater(鎳幣影院)을 세워 큰돈을 벌었다. 그 후 뉴욕에서 옛 영화와 영사기 설비를 사서는 중국으로 가서 영화를 배급하였다.

그리고 1909년에 그는 중국 최초의 영화사인 아세아영희공사(亞細亞影戲公司)를 세웠다. 이후 상해에서 <서태후(西太后)>, <불행아(不幸兒)> 등의 영화를 제작하였다. 하지만 경영이 힘들어지자, 1912

---

3) 마사원(馬思遠)의 다루(茶樓)는 청 광서(光緒) 18년(1892)에 부상(富商)인 임경풍(任景豐)에게 넘겨져 경영되었다. 1907년에는 대관루영희원(大觀樓影戲院)이라 이름을 바꾸었다.

莊子試妻   偷燒雞

년에 미국인 依什爾(巴德伊舍라고도 번역)와 薩弗에게 넘기고, 자신은 홍콩으로 가서 미국으로 돌아가려 하였다. 그는 려민위(黎民偉, 1893~ 1953)[4]·려북해(黎北海, 1889~1955) 형제와 첫 번째 홍콩 장편영화인 <장자시처(莊子試妻, 1913)>를 합작하여 만들었다.

홍콩에서는 량소파(梁少坡)가 감독한 단편영화 <와분신원(瓦盆伸冤, 1909)>과 <투소계(偷燒雞, 1909)>가 제작되었다. 이 영화는 홍콩 최초의 영화이다. 그런데 소유권이 브로드스키에게 속하였고, 그가 상해와 홍콩에서 독자적으로 투자하여 만든 영화회사에서 제작하였기 때문에 모두 미국영화로 간주되고 있다.

브로드스키는 홍콩에서 촬영한 영화를 갖고 미국으로 가서 배급하였다. 1913년 이후, 그는 영화사업을 중지하지 않고 오히려 활발하게 하였다. 여러 차례 중국과 일본을 왕래하며 기록영화를 촬영하였다.

1912년에는 상해 남양인수보험공사(南洋人壽保險公司) 지배인 등이 아세아영희공사를 인수하여 경영하였다. 1913년에는 중국 영화

---

4) '중국 영화의 아버지', '홍콩 영화의 아버지'라 불린다.

의 개척자로 일컬어지고 있는 장석천(張石川)과 정정추(鄭正秋) 등이 신민공사(新民公司)를 조직하여 아세아영희공사의 시나리오, 감독, 배우 고용 등의 일을 도급받았다. 2년간에 걸쳐 <난부난처(難夫難妻, 1913)>, <활무상(活無常, 1913)>, <오복림문(五福臨門, 1913)>, <일야불안(一夜不安, 1913)>, <노소역처(老少易妻, 1913)> 등 10여 편의 단편 극영화를 제작하였다. 또 뉴스기록영화인 <상해전쟁(上海戰爭, 1913)>을 촬영하였고, 문명희(文明戱)5)를 근거로 하여 각색한 <다화녀(茶花女)>를 촬영하였다.

이처럼 아세아영희공사는 중국 초기 영화 발전에 일정한 공헌을 하였다. 1915년 제1차 세계대전이 발발하면서 독일 필름이 들어오지 못하게 되자 영화제작은 중단되었다.

- 최초의 극영화: 1913년 무성영화 〈난부난처(難夫難妻)〉
- 최초의 뉴스기록영화: 〈상해전쟁(上海戰爭), 1913〉

'難夫難妻'首映時的海報

'難夫難妻'劇照

---

5) 중국의 신극(新劇). 20세기 초 상해(上海) 일대에서 유행한 연극으로 정식 극본 없이 공연할 때 즉흥적인 요소를 가미함.

　현재까지 최초의 중국 영화로 알려진 것은 1905년 북경풍태(北京豐泰) 사진관(지금의 琉璃廠 부근)에서 촬영한 고대희곡 <정군산(定軍山)>이다. 이 영화는 북경 오페라의 한 장면을 필름에 찍은 단편이다. 나관중(羅貫中)의 ≪삼국지연의(三國志演義)≫에 기초한 경극 정군산의 제재와 서사구조에 바탕을 두고 있다. 내용은 대체로 조조의 장수였던 장합(張郃)을 맞이하여 용맹스럽게 싸우는 촉의 장수 황충(黃忠)의 활약을 그린 것이다. 황충 역을 맡은 담흠배(譚鑫培)의 출사 장면과 칼춤 장면, 그리고 전투 장면 등을 찍었다.

1916년에 제작된 <흑적원혼(黑籍冤魂, Victims of Opium)>은 아편을 피움으로 인해 집과 가족을 모두 잃는 비극을 다루었다. 이는 당시 '아편의 해악', 즉 '사회의 죄악'을 반영하였다. 영화는 '曾和度(眞糊塗(정말 어리석다)의 해음)'를 통해 아들이 아편을 하는 것을 묘사하였다. 그리고 당시 일반 봉건 대가정의 자제들이 아편 흡입을 꼬드기는 몽매한 사상을 비판하였다. '曾伯稼(眞敗家의 해음)'은 공익 사업을 열심히 하다가 아편을 흡입함으로써 결국에는 자신은 길거리를 떠돌게 되었다. 그리고 부인은 강물에 투신하여 자살을 하고, 아들은 아편에 중독되어 몸을 망치고, 딸은 매춘부로 전락하였다. 집안이 기울고 가산을 탕진하게 되는데, 생동감 있게 아편의 해독을 드러내어 보였다. 사람들에게 깊은 생각을 하게 하는 의의를 지닌다.

1917년 남경에 영화사가 설립되면서 중국 영화는 더욱 발전하기 시작하였다. 이후 많은 영화가 제작되었는데, 그중에서도 전통적인 중국무용을 소재로 한 <천녀산화(天女散花, 노래와 춤이 주체)>6)가 유명하다. 이 영화는 매란방(梅蘭芳)이 주연을 맡았다.

---

6) http://v.youku.com/v_show/id_XOTM0MTQ4Mjg=.html?f=3356721 梅蘭芳專輯 梅蘭芳 '天女散花'.

매란방(梅蘭芳, 1894~1961)
청 말부터 중화민국, 중화인민공화국에 걸쳐
활동한 경극 배우
상소운(尙小雲, 1900~1976), 정연추(程硯秋,
1904~1958), 순혜생(荀慧生, 1900~1968)과
함께 경극 '4대 명단(四大名旦)'에 속한다.
미국과 소련 등지를 순회공연하면서 경극의 존

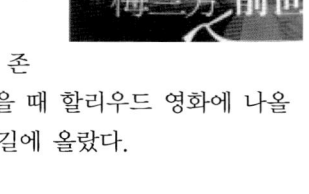

재를 세계 널리 알렸다. 미국에 공연을 갔을 때 할리우드 영화에 나올
기회가 있었으나 선약이 있었던 그는 귀국길에 올랐다.

  중국 최초의 영화사는 1918년에 설립된 상무인서관(商務印書館)의
활동영희부(活動影戲部)이다. 서적출판을 하던 상무인서관은 활동영
희부를 중심으로 영화제작을 하였다.

2) 1920년대

> **1920년대 중국 영화의 특징**
> - 도피주의라고 일컬어지는 오락물 중심이었음
> - 대다수의 영화는 반식민지·반봉건적인 색채가 충만함
> - 1920년대 후반에 나타난 중국 영화는 주로 신괴, 무협, 원앙호접 류
>   가 유행하여 소시민들에게 열렬한 환영을 받았음

  1920년대의 중국 영화는 미국자본에 의해 장편영화가 제작되기 시
작하였고, 수입되는 영화도 거의 미국영화가 대부분이었다. 1929년
중국에서 제작된 영화는 50편을 넘지 못했고, 이 시기에 중국에 들어

온 450편의 수입영화 중 90%가 미국영화였다. <대역죄(大逆罪)>, <연화락(蓮花落)> 등이 미국 자본에 의해 제작된 초기작품이다.

1921년에 중국인이 촬영한 영화 세 편은 <염서생(閻瑞生)>, <해서(海誓)>, <홍분고루(紅粉骷髏)>이다. 이들 작품을 두고, 중국 최초의 스토리가 있는 장편영화로 보는 동시에 중국 장르별 영화의 기원이 되는 것으로 보고 있다.

<염서생>은 첫 번째 장편영화이고, <해서>는 애정영화의 시작이며, <홍분고루>는 탐정영화의 시조이다. 세 편의 영화 속에서 가장 먼저 촬영된 <염서생>은 중국 영화상업화의 출발점의 작품이다. <염서생>에서부터 시작되어 영화 촬영은 이미 자각된 상업행위로 인식되었다.

閻瑞生

1922년에는 배우 양성기관이 처음으로 개설되었다. 그리고 명성(明星)·천일(天一)·련화(聯華) 등 영화사가 잇달아 설립되었다. 특히 장석천(張石川)이 설립한 명성영화공사(明星影片公司)의 작품인 <노동자의 사랑(勞工之愛情, Labourer's Love)>[7](22분, 1922)은 현존하는 상영이 가능한 가장 오래된 영화작품이다.

명성영화공사는 상업적으로 성공한 최초의 중국 영화사였다. 1922년에 <활계대왕유호기(滑稽大王遊滬記)>, <대료괴극장(大鬧怪劇場)>, <장흔생(張欣生)>과 <노동자의 사랑> 네 편을 제작하였다. 이들 영

---

7) 이 밖에 이 영화의 영문명으로는 "Zhi guo yuan, Laogong zhi aiqing, Romance of a Fruit Peddler, Love's Labours" 등이 있다. 노동자의 사랑(勞工之愛情)은 '척과연(擲果緣)'이라고도 부른다.
http://hi.baidu.com/18951228/item/436af2de021907ef55347f49

화는 대체적으로 단편이었고 줄거리도 간단하였으며, 해학적이며 코미디적이었다. 이러한 이유 때문에 상업적으로 실패하였고, 이후에는 코미디적인 내용이 줄어들었다. 1923년에는 정정추 극본, 장석천 감독의 장편 극영화 <고아구조기(孤兒救助記)>를 제작하였다. 그 밖에 정정추 연출의 <상해의 어떤 부인(上海一婦人, 1925)>, 홍심(洪深) 연출의 <풍대소야(馮大少爺, 1925)>, <애정과 황금(愛情與黃金, 1926)>, 전한(田漢) 연출의 <민간으로 가다(到民間去, 1926)> 등이 있다.

1928년에는 <불타는 홍련사(火燒紅連寺)>라는 장편영화가 제작되었다. 평강불초생(平江不肖生)의 무협소설인 ≪강호기협전(江湖奇俠傳)≫의 일부를 영화한 <불타는 홍련사>는 오늘날 중국 영화의 인기 장르인 무협영화의 시작이라고 할 수 있다. 이 영화는 최초로 근대 무협소설을 영화화한 최초의 작품으로 1931년 6월까지 19편의 시리즈가 만들어졌다.[8]

현대 중국 무협소설 시초: 1922년 평강불초생[9]이 ≪홍잡지≫에 ≪강호기협전≫이라는 소설을 6년 동안 연재한 것

1925년부터 1927년까지 140여 개 영화제작사들이 상해에 설립되었다. 이후 상해는 중국 영화 중심지로 자리를 잡게 되었다. 당시 중국 전 지역에 설립된 영화사 수는 175개였다. 1928년에는 주요 영화사

---

8) 1928년 3편. 1929년 6편. 1930년 7편. 1931년 3편. 이 영화 시리즈로 인하여 청소년들이 학업을 전폐하고 산에 들어가 무술을 닦는 등 비이성적인 행동을 하였다. 이러한 이유 때문에 1931년 중국 국민당 정부의 영화검열위원회에서 무협영화 상영을 금지시켰다.

9) 1889~1957. 본명은 향개연(向愷然)으로 호남 평강(平江) 출신이다. 1920년대 말 무협소설계의 거두로 자리 잡았다. 민국 초에 구파 무협소설 조류를 따르며 조환정(趙煥亭)과 함께 '남향북조(南向北趙)'라 불렸다. http://imurim.com/bbs/zboard.php?id=contents3&no=3

들이 합병하여 새로운 출발을 하였다. 이 해에 발표된 <목란종군
(木蘭從軍)>은 화목란(花木蘭)의 무용담을 다룬 작품이다. 이후 역사
에 이름을 남긴 여성의 전기영화(傳記映畵)가 유행하였다. 이때 역
대의 황후(皇后)는 모두 영화의 여주인공이 되었다고 해도 과언은
아니었다.

1929년 상해의 하령배극전영원(夏슈配克電影院)에서는 중국 최초
로 미국에서 제작된 <비행장군(飛行將軍)>이라는 유성영화가 상영되
었다. 이후 중국에서는 급속하게 유성영화제작이 이루어졌다. 이후
중국은 유성영화 시대로 진입하게 되었다.

3) 1930년대: 중국 영화의 황금시대

- 1930년 3월: 중국좌익작가연맹 설립
- 1930년 8월: 중국좌익극단연맹 조직
- 1932년: 중국공산당 영화소조 설립
- 1933년: 중국 영화의 해. 중국 영화문화협회 설립

1930년대의 중국 영화는 '중국 영화의 황금시대'라 불린다. 중국
최초의 유성영화라 알려져 있는 것은 장석천에 의해 제작된 <가녀
홍목단(歌女紅牡丹, 1931년 3월, 명성영화사 제작)>이다.

가녀홍목단은 반유성반무성으로 된 영화이다. 대화는 유성이지만, 주위환경의 음향효과는 생략하였다. 그래서 단지 사람들이 말을 하거나 중국의 전통적인 희곡을 부를 때는 유성이고, 기타 주위사물은 모두 조용하다.

가녀홍목단(歌女紅牧丹)

이 영화를 계기로 중국은 무성영화 단계에서 유성영화 단계로 비약적인 발전을 가져왔다. 이후 무성영화는 차츰 자취를 감추게 된다. 유성영화의 출현으로 중국 영화사상 첫 번째 전성기를 맞이하였다.

1930년 3월 중국공산당의 지도하에 중국좌익작가연맹이 상해에서 설립되었다. 같은 해 8월에는 예술극사(藝術劇社)와 남국극사(南國劇社)를 중심으로 신유(辛酉), 대하(大夏), 마등(摩登), 희극협사(戲劇協社), 광명(光明) 등 희극 단체들이 참가해서 중국좌익극단연맹을 조직하였다. 좌익작가연맹이 성립된 이후 좌익영화 시대가 열렸는데, 이들은 혁명투쟁을 위한 영화를 적극적으로 이용하였다.

중일전쟁 이후 항일구국을 주제로 한 작품이나 시대정신이 충만한 영화가 주를 이루었다. 1920년대에 인기를 얻었던 괴기나 무협영화에서 점차적으로 민족의식자각과 애국주의열정을 고조하는 영화로 소재가 변하기 시작하였다. 1930년대 초 서방 열강의 조계지역은 일본군이나 장개석 정부의 손을 피할 수 있는 공간이었다. 그리고 상해 진보 문화 인사들의 은신처였으며 문화 사업을 펼칠 수 있는 장이기도 하였다.

1932년 중국공산당은 당의 영화소조를 만들어, 구추백(瞿秋白)의 지도와 하연(夏衍)의 주최로 진보영화 활동을 진행하였다. 그들은 "신문의 희극평론가들을 영화비평으로 전환시키고", "연극계 진보의식을 갖고 있는 감독이나 배우들을 서로 다른 통로로 영화계로 영입해 새로운 영화인, 영화의 장을 구축하며", "외국의 진보적인 영화이론이나 영화문학 극본을 번역 소개해 우리들의 사상예술 수준을 제고시킨다"는 기초 방안을 만들었다.

중국공산당의 영화소조(小組)는 영화계에 편입해 극본창작과 새로운 영화인 배출 작업에 종사했으며 영화를 통한 대중들의 현실 각성과 항전의식을 고취하였다. 영화문화를 통해 인민들의 항전의식을 모으고 장개석 정부하의 사회현실과 문화탄압을 폭로하며 대항하였다.

'중국 영화의 해'로 일컫는 1933년은 영화문화운동에 있어서 구체적 실천을 담보하는 시기이기도 하다. 1933년 2월 9일 영화계 진보 인사와 좌익영화 종사자들 32명이 연합해 상해에서 '중국 영화문화협회'를 성립해 정식으로 본격적인 운동을 펼쳤다.

협회 '선언'에서 그들은 그동안의 중국 영화계 현실을 "최근 10여 년, 중국 영화 사업은 험난한 환경에 처해 있었다. 외부 침략을 받았고 내부적으로 압박을 받았으며……"라고 묘사하고 있다. 이는 제국의 문화침략과 국민당 정부의 억압적인 문화정책과 검열을 말한다.

당시 국산영화가 현실생활과 동떨어져 있었으며 사회의의나 시대의식이 상당히 뒤떨어진 영화들이 많았고, 종종의 속박과 제한으로 몸을 움츠린 상태였다고 묘사하고 있다고 영화계 내부 변혁과 도약을 제시했다.

- 진무(塵無): 영화 대중화 주장
- 석내방(席耐芳): 적나라하게 현실 모순, 불합리 현실을 대중들에게 보여줘 사회변혁의 필요성을 심각하게 느끼게 하고 그들이 절실하게 자신들의 길을 찾아갈 수 있게 해야 하며 이것이 바로 중국 영화계의 새로운 길이다.
- 가령(柯靈): '현실의 진실한 폭로'가 중국 영화문화운동의 방향이라고 지적

1930년대는 탄압과 검열, 부자유의 상태였지만 1933년에는 66편의 영화를 만들었고, 특히 명성영화사의 정보고(程步高, 1898~1966) 감독은 <광류(狂流, 1933, 주연: 胡蝶)>를 만들어 당시 상해문화계에 바람을 일으키기도 했다. <광류>는 명성영화사가 제작한 첫 번째 좌익영화이기도 하다.

1934년 중국 공산당의 영화소조가 만든 '전통(電通)' 영화사는 응운위(應雲衛, 1904~1967) 감독의 <도리겁(桃李劫, 1934)>을 제작하고 상영하였다. 1935년에는 지식청년이 민족전장에 참여하는 과정을 그린 <풍운아녀(風雲兒女: 허행지(許幸之))>를 제작하였다. 이때 반제국주의, 반봉건과 현실폭로 등 사회비판적인 내용을 주로 다루었다.

1930년대에 유명한 영화

- 손유(孫瑜, 1900~1990)의 〈고도춘몽(古都春夢, 1930)〉
- 하연(夏衍, 1900~1995)의 〈봄누에(春蠶, 1933)〉[10]
- 복만창(葡萬蒼, 1903~1974)의 〈세 명의 신식 여성(三個摩登女性, 1933)〉
- 채초생(蔡楚生, 1906~1965)의 〈어광곡(漁光曲, 1934)〉,[11] 〈신여성(新女性, 1934)〉[12]
- 오영강(吳永剛, 1907~1982)의 〈신녀(神女, 1934)〉[13]
- 홍심(洪深, 1894~1955)의 〈겁후도화(劫後桃花, 1935)〉
- 원매지(袁牧之, 1909~1978)[14]의 〈도시풍광(都市風光, 1935)〉과 〈거리의 천사(馬路天使, 1937)〉[15]
- 심서령(沈西苓, 1900~1940)의 〈선가녀(船家女, 1935)〉, 〈네거리에서(十字街頭, 1937)〉[16]
- 양한생(陽翰笙, 1902~1993)의 〈삼모유랑기(三毛流浪記, 1935)〉[17]

채초생의 <어광곡>은 1935년 모스크바 국제영화제에서 명예상을 받았는데, 이는 중국 최초로 국제영화제에서 수상한 것이다. <신여

---

10) 모순(茅盾)의 단편소설 《봄누에(春蠶)》를 개작한 영화이다. 중국무성영화로, 명성영화사가 1933년에 촬영하였다.

11) 어촌에 사는 쌍둥이 남매의 성장 과정을 통해 암울하던 당시 중국의 사회상을 비극적으로 그리고 있다.

12) 1935년 2월 3일 상해 金城극장에서 상영. 孫師毅가 극을 쓰고 蔡楚生 감독이 만든 이 영화는 阮玲玉 주연으로, 당시 유명 극작가이자 여배우인 '艾霞'의 삶과 죽음을 韋明을 통해 재현했다. '신여성' 영화는 1930년대 상해를 배경으로 한다. 주인공 韋明은 미혼모로 아이를 낳는다. 여주인공 韋明의 비참한 신세를 통해 봉건 중국의 지식여성에 대한 억압과 신여성을 짓밟는 봉건사회를 고발하고 사람을 잡아먹는 봉건성을 비판했으며, 신여성에 대해 조작하는 어용기자들을 비난했다.

13) 아들을 양육하기 위해 창녀의 길을 선택한 여인. 그녀 앞에 놓여 있는 수많은 고난과 역경을 통해 가족을 위한 여성의 삶을 생생하게 그린 영화이다.

14) '무대에서 천의 얼굴을 지닌 사람(舞臺千面人)'이라는 칭호를 얻었다.

15) 상해에 살고 있는 하층 시민들의 비참한 생활을 묘사했다.

16) 네 명의 청년 실업자들을 묘사하였다.

17) http://www.shuku.net/novels/children/sanmaolij/sanmaolij.html 三毛流浪記. 1935년 중국의 만화가 장락평에 의해 창조되어 약 75년 가까운 세월이 흐른 지금까지 많은 사랑을 받고 있다. 의지할 곳 없는 천애고아 삼모가 정처 없이 떠돌면서 겪는 에피소드 모음이다.

성>은 당시 유명 극작가이자 여배우인 '애하(艾霞)'의 삶과 죽음을 위명(韋明)을 통해 재현했다. 그리고 당시 상해 사회의 적나라한 모습을 보여 주면서 상해의 반식민성과 반봉건성, 도시사회의 어둠과 부패를 고발했다. 그리고 <삼모유랑기>와 관련하여 많은 중국인들은 "나는 삼모 이야기를 들으면서 자랐고, 또 내 아이들에게 삼모 이야기를 들려주고 있다"라고 말한다. 머리카락이 세 가닥인 아이 삼모는 모든 중국인들의 가슴속에 단순한 만화 속의 주인공이 아닌 하나의 민족적 형상으로 자리하고 있는 것이다.

1930년대에는 전설적 여배우인 완령옥(阮玲玉, 1910~1935)이 활동하였고, 영화의 황제라 불리는 조선 사람 김염(金焰, 1910~1983)[18]도 활동하였다. 이 시기의 주요 관객은 상해에 거주하는 서구화된 사람이었다.

18) 서울에서 태어나 일찍 의사인 아버지를 여의고 상해로 건너가 1929년 손유 감독에 의하여 발탁되어 무성영화 〈풍류검객〉, 〈야초한화〉의 주연으로 기용되면서 상해 최고의 스타로 활동하였다. 1934년에 제작된 그의 대표작 〈대로(大路)〉는 중국 항일영화의 고전으로 평가받을 정도로 호평을 받기도 하였다. 특히 영화주제가인 '위대한 길의 노래'는 지금도 애창되고 있을 정도이다.

1937년에 발발한 중일전쟁으로 중국 영화는 위축되기 시작하였다. 영화제작사들 가운데에는 문을 닫거나 싱가포르·홍콩 등지로 옮겨가야 하였다. 홍콩으로 이주한 일부 영화인들은 홍콩영화 발전에 커다란 역할을 하였다.

이 시기의 영화산업은 상해뿐만 아니라 홍콩, 중경 등으로 퍼져서 발전하였다. 항일전쟁 시기에 많은 영화인들이 항일운동에 참가하기도 하였다. 전시 수도였던 중경은 진보적 영화인들이 상해의 우익 일변도 분위기에서 도피해 온 집결지였다. 이들은 중경에서 전문적 활동을 하며 전쟁에 직면한 중국인의 생활에 용기를 불어넣어 주는 영화작업을 할 수 있었다. 중경시대의 영화는 극심한 영화 소재 부족 등으로 흥행이 부진하기도 하였다.

일본과의 전면전이 시작되자 손유(孫瑜)의 <대로(大路, 1934)> 같은 항일 영화들이 속출하였다. 그리고 심서령(沈西苓)의 <중화아녀(中華兒女, 1936)>, 하비광(何非光, 1903~1997)의 <동아지광(東亞之光, 1940)> 등이 제작되었다. 그 밖에 무한과 중경에서 사동산(史東山, 1902~1955)의 <보위아문적토지(保衛我們的土地, 1938)>, 로사(魯司, 1912~1984)의 <800인의 용사(八百壯士, 1938)>, 원총미(袁叢美, 1916~2005)의 <열혈충혼(熱血忠魂, 1938)>과 <청년중국(靑年中國)>, 응운위(應雲衛)의 <새상풍운(塞上風雲, 1940)>, 사동산(史東山)의 <승리행진곡(勝利進行曲, 1941)>과 <환아고향(還我故鄕, 1945)>, 탕효단(湯曉丹, 1910~2012)의 <경혼가(警魂歌, 1945)> 등 군민이 항전하는 내용을 소재로 삼고 있다. 그리고 <민족만세(民族萬歲)> 등 뉴스기록 영화가 제작되었다.

4) 1940년대

1940년대의 중국 영화의 특징은 인민에 대한 항일 무장의 촉구를 중심으로 제작되었다. 이 시기의 영화는 멜로드라마의 구조를 취하면서도 항일전쟁 시기와 전후의 이상주의를 그려 내었다.

일본의 패망 이후, 흩어졌던 영화인들은 상해로 속속 모여들었다. 사동산과 왕위일(王爲一, 1912~)의 <구름과 달의 8천 리 길(八千里路雲和月, 1947)>, 채초생과 정군리(鄭君裏, 1911~1969)의 <봄이 오면 강물은 동으로 흐르고(一江春水向東流, 1947)> 등 일제 침략기의 민족적 비극과 사회문제를 다룬 작품들이 등장하였다.

그 밖에 김산(金山, 1911~1982)의 <송화강 위에서(松花江上, 1947)>,
비목(費穆, 1905~1951)의 <작은 마을의 봄(小城之春, 1948)>,[19] 진백
진(陳白塵, 1908~1994)의 <까마귀와 참새(烏鴉與麻雀, 1948)>, 진리
정(陳鯉庭, 1910~)의 <여인행(麗人行, 1949)> 등이 있다.

5) 중국 건국 이후

상해의 민간영화사들이 주도하던 중국 영화는 1949년 중국 건국
이후 국영영화사 위주의 중앙집중체제로 변하였다. 중국 영화 재편
성의 주요 내용은 상해 영화계의 해체와 재편성, 자본주의 국가 영
화의 수입과 상영 전면 금지, 영화에 대한 교육, 연구, 배급, 상영,

---

19) 중국 영화 탄생 100년을 기념하여 화어권 국가의 평단이 집계한 중국 영화 베스트 100에서 1위를 차
지한 작품. 비목 감독의 1948년 <작은 마을의 봄>은 당시 중국사회에 커다란 반향을 불러일으키며 당시
사람들의 괴롭고 답답한 심정을 잘 표현해 낸 걸출한 작품으로 평가되었다.

지원체제의 집중화 등이었다. 이 시기에는 현실주의 창작 기법을 계승하고 레닌주의와 모택동 문예사상을 더한 영화창작의 기본 틀을 수립하였다. 혁명사상이나 민족의식을 바탕으로 하고 있었다. 그리고 혁명영웅의 영예를 얻었거나 사회주의 정신이 충만한 인물들을 부각시키고 있다. 정치적인 요소가 짙고 평이한 서사 방식, 선전 교육적인 색채, 예술의 공식화, 개념화 등 당대의 시대적 한계를 벗어나지 못하였다.

중국 건국 초기 중국 영화는 섬서성 연안(延安) 영화인들의 주도하에 이루어졌다. 영화는 새로운 국가를 알리는 정치적 임무를 수행하는 수단이 되었다. 내용 면에서는 인민 대중들에게 정치적 이념을 전달할 수 있어야 하며, 형식 면에서는 누구나 이해할 수 있는 보편성과 단순성을 갖추어야 한다는 전제가 설정되었다. 이는 1942년 모택동이 연안에서 행한 이른바 '문예강화(文藝講話)'에서 교시한 지침을 따르는 것이었다. 이로 인해 중국 영화는 혁명 현실주의라는 새로운 틀 속에 갇히게 되었다.

모택동의 문예강화

첫째, 문학은 인민 대중을 위해 봉사해야 한다.

둘째, 문학이 인민 대중을 위해 봉사하는 방법을 제시하였다. 무엇보다도 우선 대다수 인민이 글자를 모르므로 글자교육부터 시키면서 문학을 알게 해야 한다고 하였다.

셋째, 문학과 정치의 관계를 규정하였다. 문학과 예술은 정치의 하위에 속하는 것이기 때문에 반드시 정치적 목표에 따라 활동하여야 함을 규정하였다.

넷째, 비평의 표준을 설정하였다. 비평의 표준에는 정치적 표준과 예술적 표준이 있는데, 정치적 표준이 당연히 앞서야 하며, 예술적 표준은 그다음이어야 한다고 하였다. 따라서 적의 암흑은 폭로하되 우리 편의 암흑은 덮어 주어야 하며, 적의 좋은 면을 찬양하거나 우리 편의 단점을 들추어서는 결코 안 된다는 것을 명시하였다.

다섯째, 인민 대중을 위한 문학을 이해하지 못하는 부르주아 작가들의 정신 개조와 공산당 학습의 필요성을 제기하였다.

중국이 사회주의 체제로 바뀐 뒤 제작된 첫 번째 작품은 왕빈(王濱, 1912~1960)의 <다리(橋, 1949)>이다. 그 이후, 룽자풍(凌子風, 1917~1999)과 적강(翟強)의 <중국의 딸(中華女兒, 1949)>,[20] 왕빈과 수화(水華, 1916~1996)의 <백모녀(白毛女, 1950)>와 성음(成蔭, 1917~1984)의 <강철전사(鋼鐵戰士, 1950)> 등 영화가 상영되었다. 이들 영화 대부분은 인민해방군의 불굴의 의지, 혁명에 대한 충성심 등 사회주의 정신을 바탕으로 한 내용이다.

 정치적 간섭으로 사회주의로 편향된 영화가 주종을 이루던 1950년대에도 석휘(石揮, 1915~1957)의 <나의 한평생(我這一輩子, 1950)>[21] 같은 영화는 정치적인 색채에서 벗어난 작품으로 인정된다.

---

20) 신중국 건립 이후 항일을 제재로 한 첫 번째 영화이다. 그리고 국제상을 처음으로 수상한 영화이기도 한다. 또 제3세대 영화감독인 룽자풍의 처녀작이기도 하다.

21) 구시대 보통 순경의 굴곡진 삶을 묘사하였다. 경제적 어려움 때문에 순경이 된 주인공은 북경의 밤거리를 순찰하며 생계를 꾸려 나간다. 그의 눈에 비친 이웃의 삶은 비참하기 그지없다. 그러나 한편에선 방탕하고 사치한 부자들이 활개를 치고, 매국노였던 자가 경찰 국장으로 둔갑한다. 분수를 지키며 정직하게 살아왔던 자신이 왜 이렇게 여전히 고된 삶을 살아야 하는지 이해할 수가 없다. 주인공은 추위와 굶주림 속에서 눈 덮인 거리에 쓰러지면서 비참한 한평생을 마친다.

중국 건국 이후부터 문화대혁명 이전까지는 극영화만 650편 제작되었다. 이 시기의 대표적인 감독들과 그 작품들을 보면, 1949년 작품들과 함께, 주로 공산주의 혁명기에 있었던 지주 대 혁명 당원의 대립과 전통적 노예생활자 대 주체적 새 인간형의 대조가 뚜렷이 드러난다.

1956년이 되면서 중국 정부의 사회주의 문예 정책이 완화됨에 따라 1950년대 초반에 비해서는 다양한 소재의 영화들이 나타나기 시작하였다. 즉 노동자, 농민, 군인이라는 도식화된 등장인물 사이에 지식인이 등장하기 시작했고, 혁명과 전쟁의 틈새에서 사랑이라는 주제가 고개를 내밀기 시작한 것이다. 또한 역사적으로 유명했던 사람의 전기와 5·4시기의 문학작품을 개작한 영화가 나타나기 시작하였다.

이 시기의 주요 작품
- 성음과 탕효단(湯曉丹)의 〈남정북전(南征北戰, 1952)〉
- 탕효단의 〈도강정찰기(渡江偵察記, 1954)〉
- 곽유(郭維, 1922~)의 〈동존서(董存瑞, 1954)〉
- 노신의 소설을 개작한 상호(桑弧, 1916~2004)의 〈축복(祝福, 1956)〉
- 최외(崔嵬, 1912~1979)와 진부애(陳懷皚, 1920~1994)의 〈청춘의 노래(靑春之歌, 1959)〉
- 정군리와 잠범(岑範, 1926~2008)의 〈임칙서(林則徐, 1959)〉
- 모순(茅盾:1896~1981)의 소설을 개작한 수화(水華)의 〈임가포자(林家鋪子), 1959)〉[22]
- 왕가을(王家乙, 1919~1988)의 〈오타금화(五朶金花, 1959)〉
- 로인(魯靭, 1912~2002)의 〈이쌍쌍(李雙雙, 1962)〉
- 림농(林農, 1919~2002)의 〈갑오풍운(甲午風雲, 1962)〉
- 사철려(謝鐵驪, 1925~)의 〈이른 봄 이월(早春二月, 1963)〉
- 리준(李俊, 1922~)의 〈농노(農奴, 1963)〉
- 사진(謝晉, 1923~2008)의 〈무대 위의 자매(舞臺姐妹, 1965)〉 등

1960년대 중국 영화의 특징은 수묵화(水墨畵) 영화이다. 수묵화 영화는 수묵화 기법으로 영화를 제작한 것으로 외국에 출품된 소련 영화와 구분하기 위해 비롯되었다. 1960년, 특위(特偉)는 수묵화의 기법과 풍격을 만화영화에 도입하였다.

6) 문화대혁명(문혁) 시기

문화대혁명 시기는 중국 영화뿐만 아니라 모든 예술 분야의 침체 기였다. 이 시기에 대부분의 영화제작사가 폐쇄되었다. 감독과 배우 등 영화에 종사하는 사람들은 노동에 동원되었고, 정치적 재교육을 받는다는 이유로 하방(下放)되기도 하였다. 1966년에 영화제작이 중

22) http://www.m1905.com/vod/play/86147.shtml?spm=0.0.0.8.CiTcdf&bd=11&bdfrom=taobao_yisou
http://www.56.com/w32/play_album-aid-7990886_vid-NDE5Mzg2MDA.html
http://xiyou.cntv.cn/v-b5792f90-a576-11df-bdae-001e4f1f5c05.html

단되었고, 1967년에서 1969년 사이에 제작된 영화는 없었다.

문혁 시기는 '모범극(樣板劇)의 시대'라고 불린다. 모범극은 일종의 무대예술극으로 현대 경극에 발레극이 결합된 형태이다. 무대 위에서 상연하던 모범극을 삼돌출(三突出)원칙과 결합시켜 다큐멘터리 형식으로 촬영하였다.

삼돌출(三突出)원칙

인물묘사에서 긍정적인 인물을 부각시키고, 긍정적인 인물 중에서 영웅적인 인물을 부각시키고, 영웅들 중에서 주요한 영웅을 부각시킨다.

모범극영화(樣板劇電影)에도 '노래(唱)', '대사(念)', '동작(做)', '무술(打)'과 같은 경극의 전통예술 형식이 발휘되고 있었다. 국가권력에 의해 선전선동의 도구로만 인식되면서 세세한 영화적 장치까지 모두 예술적 창작이 아닌 이데올로기적 지시에 따라 만들어졌다.

강청(江靑, 1914~1991)의 문예 정풍운동

1966년 3월 강청은 문예 정풍운동에 더욱 박차를 가하기 위하여, 장춘교(張春橋), 진백달(陳伯達), 유지견(劉志堅), 진아정(陳亞丁) 등과 함께 논의하여 '부대 문예공작 좌담회 기요(部隊文藝工作座談會紀要)'를 작성하였다. 당시에 모택동도 만족해하면서, "우리는 반드시 당중앙의 지시에 따라 문화전선상의 사회주의 대혁명을 꿋꿋이 전개하여 반동노선을 철저하게 짓밟아야 한다"라는 구절 뒤에, "이 반동노선을 짓밟은 후에도 새로운 반동노선이 생길지 모르니 계속 투쟁해 나가야 한다"라는 구절을 덧붙이는 등 세 군데나 직접 수정을 가하기도 하였다.
1966년 4월 10일 이 '기요(紀要)'는 중국공산당 중앙의 중요 문건으로 채택 발간되어 전국 각지에 배포되었다. 문화 방면에 있어서 '대혁명'

> 이 없으면 안 된다는 것을 골자로 하고 있는 이 '기요'는 바로 문예사업
> 에 대한 강청의 의견을 철저하게 집행하도록 전국 각지에 하달한 것이
> 나 다름없었다.

모범극영화의 첫 번째 작품은 사철려의 <지혜로 위호산을 빼앗다
(智取威虎山, 1970)>이다. 이 영화는 한때 영화배우로 활약했던 강청
의 요구로 매번 제작 방법을 달리하는 등 2년이라는 제작 기간을 거쳐
만들어졌다. 이 외에도 어언부(於彥夫, 1924~)의 <창업(創業, 1975)>, 전
강(錢江, 1919~2001)과 왕호위(王好爲, 1940~)의 <바다놀(海霞, 1975)>, 이
앙(李昂)과 이준(李俊)의 <반짝이는 붉은 별(閃閃的紅星, Sparking Red
Star, A, 1974(動畵))> 등이 있지만, 정치적인 선전에 불과하였다.

7) 신시기영화(1980년대)

신시기영화는 등소평의 개혁개방 정책과 더불어 시작되었다. 이러
한 분위기 속에서 자유로운 창작의 길이 열렸다. 이 시기에는 대부분
문혁을 배경으로 당의 권위를 손상시키지 않는 범위 내에서 문혁에
대한 원한을 토로하였고, 문혁에 대한 원망이라는 보편적 정서를 토
대로 문혁 비판이나 사인방에 대한 규탄이 주요 소재가 되었다.

이 시기에는 "인민과 사회주의를 위해 봉사해야 한다."라는 새로
운 문예정책을 채택하였다. 기존에는 "문예는 정치를 위해 봉사하고
공인, 농민, 병사를 위해 봉사해야 한다."는 것이었다.

중국 영화는 이 시기에 이르러 전통적인 서사구조에서 벗어나게
된다. 의식의 흐름, 시 공간의 교차 등 다양한 표현 기법을 사용하였
고, 인성·운명·의지·욕망 등 주로 인간의 내면세계를 영상 화면으로
끌어내는데 성공하였다.

개혁개방시기의 사상해방과 실사구시의 방침은 영화계에 커다란
영향을 주었다. 신시기영화 시대의 감독들은 진지하고 주관적인 태
도로 인생과 인성, 인간의 내면세계를 표현해 내었다. 이때부터 제3,
4, 5세대 감독들이 거의 동일한 출발선상에서 출발하기 시작하였다.

제3세대 감독의 활동시기를 다음과 같이 3단계로 구분한다. 먼저
1단계는 신중국 성립부터 1965년 문화대혁명이 발발하기 전까지이
다. 이때는 성음의 <남정북전>, 수화의 <백모녀>, 최외의 <청춘의 노
래>, <소병장알(小兵張嘎, 1963)>, 사철려의 <이른 봄 이월>, 사진의
<여람오호(女籃五號, 1957)>[23] 등이 있다.

제2단계는 1966년부터 1976년 문혁 10년이다. <창업>, <해하(바
다놀)>, <반짝이는 붉은 별> 등 비교적 좋은 몇 편을 제외하고는 극
영화창작은 거의 없었다. 제3단계는 문화대혁명이 끝난 이후 이미
중년이 된 3세대 감독이 우수한 영화를 많이 제작하였다. 그리고 중

23) 중국에서 처음으로 컬러로 제작한 체육영화이다.

국영화는 예술적으로 뛰어난 시기로 진입하였다. 예를 들면, 사진의 <부용진>과 <아편전쟁(鴉片戰爭, 1997)>, 룽자풍의 <낙타상자>와 <변성(邊城, 1984)> 그리고 <춘도(春桃, 1988)> 등이다.

3세대 영화감독과 주요 작품

- 성음(成蔭, 1917~1984)의 〈서안사변(西安事變, 1981)〉
- 사철려(謝鐵驪, 1925~)의 〈지음(知音, 1981)〉
- 수화(水華, 1916~1997)의 〈포르투갈(葡萄牙, 1983)〉
- 최외(崔嵬, 1912~1979), 룽자풍(凌子風, 1917~1999)의 〈낙타상자(駱駝祥子, 1982)〉
- 사진(謝晉, 1923~2008)의 〈천운산이야기(天雲山傳奇, 1980)〉와 〈부용진(芙蓉鎭, 1986)〉
- 왕염(王炎, 1923~)의 〈노예에서 장군까지(從奴隸到將軍, 1979)〉
- 곽유(郭維, 1922~)의 〈류암화명(柳暗花明, 1979)〉
- 리준(李俊)의 〈허무와 그의 딸들(許茂和他的女兒們, 1981)〉
- 어언부(於彦夫, 1924~)의 〈16호 병실(十六號病房, 1983)〉
- 로인(魯韌, 1912~2002)의 〈거수마룡(車水馬龍, 1981)〉
- 왕평(王蘋, 1916~1990), 림농(林農, 1919~2002)의 〈갑오풍운(甲午風雲, 1983)〉 등

제4세대 감독들은 제5세대 감독들과 동시대 감독으로 분류된다. 제4세대 영화인 대다수는 문혁 이전에 북경전영학원을 졸업하였지만, 창작활동은 1978년에야 비로소 시작되었다. 한창 활동해야 할 나이에 문화대혁명으로 인해 활동하지 못하였다가, 개혁개방으로 활동을 재개할 때 제5세대 감독들이 등장하였다. 그래서 이들을 '불우한 세대'라고 부르기도 한다.

4세대 감독과 작품

- 오영강(吳永剛, 1907~1982) 총감독, 오이궁(吳貽弓, 1938~) 감독의 〈파산야우(巴山夜雨, 1980)〉
- 장난흔(張暖忻, 1940~1995)의 〈청춘제(靑春祭, 1985)〉와 〈사구(沙鷗, 1981)〉
- 사비(謝飛, 1942~)의 〈본명년(本命年, 1990)〉
- 황건중(黃建中, 1941~)의 〈소화(小花, 1979)〉와 〈양가부녀(良家婦女, 1985)〉
- 오이궁(吳貽弓, 1938~)의 〈성남구사(城南舊事, 1982)〉
- 정동천(鄭洞天, 1944~)의 〈이웃집(隣居, 1981)〉
- 양연진(楊延晉, 1945~)의 〈고뇌인적소(苦惱人的笑, 1979)〉, 〈소가(小街, 1981)〉
- 육소아(陸小雅, 1941~)의 〈홍의소녀(紅衣少女, 1985)〉
- 등문기(滕文驥, 1944~)의 〈생활적전음(生活的顫音, 1979)〉
- 황촉근(黃蜀芹, 1939~)의 〈인・귀・정(人・鬼・情, 1987)〉
- 사비(謝飛, 1942~)의 〈향도(向導, 1979)〉와 〈상녀소소(湘女蕭蕭, 1986)〉
- 호병류(胡柄榴, 1940~)의 〈향음(鄕音, 1983)〉
- 정음남(丁蔭楠, 1938~)의 〈타재특구(他在特區, 1984)〉
- 리전관(李前寬, 1941~)의 〈황하지빈(黃河之濱, 1984)〉
- 어본정(於本正, 1941~)의 〈일출(日出, 1986)〉
- 안학서(顏學恕, 1940~2001)의 〈야산(野山, 1984)〉

- 왕호위(王好爲)의 〈초저일가자(瞧這一家子, 1979)〉
- 왕군정(王君正, 1945~)의 〈산림 속의 첫 번째 여인(山林中頭一個女人, 1987)〉 등

1980년대 중반에 이르러서 이른바 제5세대 영화감독들이 등장하였다. 이들은 사회가 개방되는 분위기 속에서 정식으로 정규 영화학교에 입학하여 영화에 관한 비교적 체계적인 이론을 배우고 실험적인 시도를 통해 영화 창작 능력과 기술을 배양할 수 있었다.

제5세대 감독
- 중국 영화감독의 세대 구분은 '제5세대(第五代)'의 등장과 관련이 있음
- 북경전영학원(北京電影學院) 78학번을 제5세대로 지칭
- 영화 자체의 예술적인 의미부여와 작가 자신의 개성적인 심미 활동을 강조하면서 의욕적인 영화 제작에 열중

제5세대 영화의 신호탄은 진립주(陳立洲, 1954~)의 <길(路, 1983)>,[24] 장군쇠(張軍釗, 1952~)의 <한 명과 여덟 명(一個和八個, 1983)>[25] 그리고 진개가(陳凱歌, 1952~)의 <황토지(黃土地, 1984)>이다. 세 작품은 각각 농촌과 도시 그리고 전쟁이라는 서로 다른 세 각도에서 인간의 심리를 묘사하여 선명한 예술 개성과 현대 의식으로 중국영화에 새로운 물결을 일으켰다.

---

24) http://www.56.com/w19/play_album-aid-8022023_vid-MzQ0MzUwMTQ.html
   당시 도시 하층민의 각도에서 경제 개혁이 이루는 과정에서 일련의 젊은이들의 곤혹과 부침(浮沈) 그리고 자아 가치에 대한 추구를 나타내고 있다. 이 영화로 감독은 제4회 금계상(金鷄賞) 시상식(1984)에서 신인 감독 특별상을 받았다.
25) 항일전쟁 중 혁명 군대 내부에서 억울한 죄를 지어 악당들과 같은 감옥에 갇혀 발생하는 비극을 연출했다. 이 영화는 모종의 여론의 압력으로 인해 여러 차례 삭제를 하고 나서야 정식으로 상영되었다.

5세대 감독과 작품

- 진개가(陳凱歌)의 〈대열병(大列兵, 1986)〉
- 장예모(張藝謀, 1950~)의 〈붉은 수수밭(紅高粱, 1987)〉
- 오자우(吳子牛, 1952~)의 〈첩혈흑곡(喋血黑穀, 1984)〉
- 전장장(田壯壯, 1952~)의 〈도마적(盜馬賊, 1984)〉
- 오천명(吳天明, 1939~)의 〈인생(人生, 1984)〉
- 황건신(黃建新)의 〈흑포사건(黑砲事件, 1985)〉
- 이소홍(李少紅, 1955~)의 〈혈색청신(血色淸晨, 1990)〉
- 호매(胡玫, 1958~)의 〈여아루(女兒樓, 1985)〉 등
- 1990년대에 활약한 풍소강(馮小剛, 1958~)의 〈갑방을방(甲方乙方, 1997)〉

1980년대에는 홍콩, 대만, 일본에서 만든 문화상품 중 정치적 의미가 담기지 않은 것들이 중국으로 유입되었다. '항대(港臺)'라고 불리는 단어는 홍콩(香港)과 대만(臺灣)의 합성어로서 개혁개방 초기의 중국 대중문화에 많은 영향을 주었다. 영화나 드라마의 주제는 대체적으로 역사극, 무협 혹은 남녀 간의 사랑 등으로 한정되었다.

8) 1990년대

1989년 6·4천안문 사건 이후, 중국정부는 내부 체재를 단속하기 위해 중국영화를 통제하기 시작하였다. 중국 정부는 정치적으로 민감한 부분을 언급하고자 하는 이소홍(李少紅, 1955)과 5명의 독립 영화 작가와 1개의 영화 그룹에 대해서도 강력한 행동의 제한을 가하였다. 중국 정부의 권위를 실추시키는 독립 영화 작가들의 행동을 더 이상 좌시하지 않겠다는 취지였다.

제6세대감독들은 천안문사건으로 지하활동을 하게 되는데, 그래서 이들을 '지하전영(地下電影)', 즉 '언더그라운드영화'라고도 하였다. 이들은 다원화된 중국 사회에서 성장해 온 세대로서 기존의 감독들과는 다른 독특한 자기만의 방식을 통해 관객들에게 강렬한 인상으로 다가서야 했다.

제6세대 감독

- 대부분은 1960년 혹은 1970년대에 태어났다.
- 1980년대에 북경전영학원과 중앙희극학원(中央戲劇學院)에서 교육을 받았으며, 1990년대에 두각을 보였다.
- '제6세대'라는 말은 단지 시공의 의미로서의 집합체이고, 문화자태, 창작풍격에서 서로 일치한 1990년대에 형성된 선각자, 책임성, 청춘성을 갖고 활동한 집단이다.

정부의 영화통제로 인해 지원이 감소하기 시작하였고, 이로 인해 중국영화는 상업적 자생력을 갖추어야 하는 문제가 대두되었다. 이러한 과제와 함께 제6세대 감독들이 등장하였다. 제6세대 감독들은 로큰롤(Rock'n'Roll)을 하는 사람, 예술가, 동성연애, 도둑, 창녀 등 관심을 받지 못하던 주변 사람들을 영화 소재로 삼았고, 혼란한 감정의 분규, 망망한 추구, 자질구레한 묘사와 속어와 비어의 대사를 통해 도시청년의 성장이야기를 묘사하였다.

제6세대 감독들은 1980년대에 성장하였기 때문에, 기본적인 예술사상과 정치이념은 1980년대의 역사적 사건과 관련이 있다. 이 부분은 제5세대와 근본적으로 다른 점이다. 이 시기는 사회주의적 전통에서 벗어나 '제5세대' 감독들이 추구했던 사회 문화적 정체성을 찾는 작업의 연장선 위에 있었다. 그리고 극본의 내용과 제재의 다양화, 역사와 현실에 대한 반영 폭의 확대, 각종 금기 사항의 극복 등 더욱 자유로운 작업이 이루어졌다.

1990년대 중국 영화 시장이 어려움을 겪고 있는 가장 큰 원인 가운데 하나는 바로 중국 정부의 각종 영상 매체에 대한 압력과 통제 때문이었다. 중국 정부는 또한 1989년 7월에 전국 선전부장 회의를 북경에서 소집하여 당은 반드시 선전과 사상의 공작을 중시하고 강화하여야 한다고 하였다. 이는 천안문사건 이후 당의 의식을 강화하여 중국 자체의 내부적인 체제를 단속하기 위해서였다. 영화 제작소의 책임자들은 어떤 영화를 만들 것인지 결정하고, 완성된 필름을 북경으로 보내기 전에 먼저 심사를 하였다.

1990년 장원(張元, 1963~)의 <마마(媽媽, 1990)>를 시작으로 하여, 자신들만의 영화를 만들기 시작하였다.

6세대 영화감독과 작품
- 장원의 〈마마(媽媽, 1990)〉와 〈북경잡종(北京雜種, 1993)〉
- 왕소수(王小帥, 1966~)의 〈The Days(冬春的日子, 1993)〉[26]와 〈북경자전거(十七歲的單車, 2001)〉
- 호설양(胡雪楊, 1963~)의 〈류수녀사(留守女士, 1993)〉
- 왕일지(王一持)의 〈신일년(新一年, 2009)〉
- 로학장(路學長, 1964~)의 〈The Making of Steel(長大成人, 1997)〉
- 장명(章明, 1961~)의 〈무산운우(巫山雲雨, 1996)〉
- 관호(管虎, 1968~)의 〈두발란료(頭發亂了, 1992)〉
- 하건군(何建軍)의 〈Postman(郵差, 1995)〉

- 루화(婁燁, 1965~)의 〈주말정인(周末情人, 1995)〉과 〈소주하(蘇州河, 2000)〉
- 장양(張揚, 1965~)의 〈애정마랄탕(愛情麻辣燙, 1997)〉와 〈세조(洗澡, 1999)〉
- 가장가(賈樟柯, 1970~)의 〈소무(小武, 1999)〉와 〈Platform(站台, 2000)〉
- 왕전안(王全安, 1965~)의 〈월식(月蝕, 1999)〉과 〈도아적혼사(圖雅的婚事, 2007)〉
- 육천(陸川, 1971~)의 〈남경! 남경!(南京! 南京!, 2009)〉
- 영호(寧浩, 1977~)의 〈녹초지(綠草地, 2004)〉 등

중국 영화의 커다란 세 줄기는 오락영화(70%), 예술영화(5%), 주선율 영화(25%)가 차지하고 있다. 1987년부터 "주선율을 확대시키고, 다양화를 견지하자"며 정책적으로 주선율 영화의 개혁을 적극적으로 지지했다. 1990년대의 주선율 영화는 이전의 정치 영화와는 다

---

26) 중국 영화에서 소자산계급을 다룬 작품 중의 하나이다.

르게 선전 교육적인 요소의 비율을 줄이고 완곡한 표현으로 작품의
현실감과 예술성을 중요하게 여기기 시작하였다.

주선율(主旋律) 영화
- 정부정책 선전, 교화를 목적으로 하는 영화이다.
- 국가에 대해 또는 국가가 가지는 의식 형태를 선양하면서 각 시대마다의 주류 문화를 알리기 위한 목적으로 신중국이 수립된 후 정치영화의 계승, 발전을 위해 만들어진 영화를 일컫는다.
- "인민을 위해 봉사하고, 사회를 위해 봉사해야 한다"는 중국 정부가 제시한 영화예술에 대한 기본적인 방침을 실현한 결과이자 중국사회주의가 요구하는 영화사업의 구체적인 모습이라고 볼 수 있다.

　주선율 영화 제작자들은 관객들의 눈으로 작품을 바라보기 시작
했다. 영화 소재의 범위를 넓혀 애국주의, 사회주의 사상, 개혁개방,
현대화 정신, 민족단결, 사회 발전과 개인들의 행복 추구 등에 관한
내용들을 담아내기 시작했다. 대표적인 작품은 섭대응(葉大鷹,
1958~)의 <홍색연인(紅色戀人, A Time to Remember, 1997)>, 풍소녕
(馮小寧, 1954~)의 <황하절연(黃河絶戀, 1999)>이다.

3. 중국 드라마(TV) 역사[27)

‘1936년 11월 2일’, 이날을 세계 TV의 생일로 간주한다. 그날 영
국방송국은 알렉산드대왕궁(亞曆山大宮)에서 가무만찬회를 방송하였
다. 하지만 영국의 주장에 대해 미국인들은 인정하지 않는다. 왜냐
하면 1928년에 전기회사를 통해 세계에서 처음으로 멜로드라마 <여
왕의 사자(The Queen's Messenger)>를 방송하였기 때문이다. 하지
만 영국인도 미국인들의 주장에 동의하지 않는다. 영국 BBC는
1930년에 방송되었던 소리와 화면이 겸비된 연극장막극인 <꽃을 문
사나이(The Man With a Flower in his Mouth)>를 갖고 있는데, 후
에 TV 드라마의 효시로 여겨지고 있다. 중국에서는 1958년이 되어
야 비로소 방송국이 설립되고, 드라마가 제작된다.

27) http://dianshiju.cntv.cn/
    http://dianshiju.cntv.cn/zimupaixu/index.shtml
    http://www.56.com/w11/album-aid-9888523.html 電視往事 中國電視劇20年紀實.

1958년 시범방송 첫째 날 합동 사진

1) 1958~1976년

- 1958년 5월 1일 북경TV 실험방송
- 1958년 6월 15일 최초 드라마: 차이빙즈 한 입(一口菜餅子)
  문화대혁명 발발 이전 8년: 드라마 생방송
- 1966~1976: 문화대혁명 기간 중국 드라마 침체기, 모범극 시대

1958년 5월 1일, 중국 첫 번째 방송국인 북경TV(中央電視台의 전신)가 실험방송을 하였다. 그해 6월 15일 중국 최초의 드라마인 <차이빙즈 한 입(一口菜餅子)>을 방송하였다. 이 드라마는 ≪신관찰(新觀察)≫ 잡지에 실린 동명 단편소설을 각색한 것이다. 호욱(胡旭)과 매촌(梅村)이 감독하였고, 진경(陳庚)이 각색하였다. 내용은 엄마가 '차이빙즈 한 입(一口菜餅子, 한 개의 야채떡)'을 딸에게 남겨주고, 추위와

一口菜餠子

굶주림 속에서 죽어 간다는 얘기이다. 이 드라마는 20분 정도의 '생방송된 TV 소규모 극'으로 두 대의 카메라로 서로 다른 각도에서 촬영하였다. 영상자료는 남아 있지 않고, 단지 흑백 사진 몇 장만 남아 있다.

제1세대 TV 연출자는 드라마시리즈를 만들었다. 그중에서도 <차이빙즈 한 입(一口菜餠子)>, <당구활료타(黨救活了他, 1958)>, <신적일대(新的一代)>, <수세(守歲)>, <전투재정천령상(戰鬪在頂天嶺上)>, <생활의 찬가(生活的贊歌)>, <합가환(合家歡)>, <전시고비(展翅高飛)> 등이 유명하다.

그리고 중국 각 지역에서 방송국이 연이어 설립되었고, 각 방송국마다 드라마를 제작하여 방송하기 시작하였다. 그중에서 상해TV방송국은 <홍색적화염(紅色的火焰)>, <저제혈(姐弟血)>을 방송하였다. 광주TV방송국은 1959년에 첫 번째 연속극인 <수시고아(誰是姑爺)>를 방송하였다. 다음에 <장정로상(長征路上)>, <양류춘풍(楊柳春風)>, <흑장거(黑掌櫃)>, <일백분불산만분(一百分不算滿分)>을 방송하였다. 장춘과 하얼빈은 합작하여 <삼월설(三月雪)>을 내놓았다. 천진은 <반가(搬家)>를 방송하였고, <뢰봉(雷鋒)> 등 연속극을 방송하였다.

문화대혁명이 발생하기 이전의 8년 동안은 TV 드라마를 생방송하였다. 이 기간 동안 각 지역에서 180여 편의 연속극을 방송하였다.

1966년부터 1976년까지는 문화대혁명기간으로 중국 드라마의 침체기였다. 약 10년간 단지 <고장상적반수투쟁(考場上的反修鬪爭)>, <공사당위서기적여아(公社黨委書記的女兒)>, <신성적직책(神聖的職責)>이라는 3편의 연속극만이 촬영되었다. 그중에서 <고장상적반수투쟁>은 드라마 이름과 대사는 모두 그 시대의 특수한 깊은 인상을 주었다. 이 드라마는 녹음테이프를 사용하여 촬영을 하였지만, 전 드라마의 장면, 시간과 공간의 전환은 여전히 생방송 시대의 흔적을 벗어나지 못하였다.

문혁 시기에는 모범극만이 방영되었고, 사랑을 속삭이는 '나쁜 프로그램(壞節目)'은 일률적으로 방영되지 못하였다. 1967년 5월 9일부터 6월 15일까지 북경에서 상영된 것은 '8개의 모범극(八個樣板戲)'이었다. 이 시기에 모범극의 선전은 최고조에 이르렀다. 인민일보(人民日報)에 발표되었던 "혁명문예적우수양판(革命文藝的優秀樣板)"이라는 글에서 8개의 모범극은 <지취위호산(智取威虎山)>, <해항(海港)>, <홍등기(紅燈記)>, <사가빈(沙家浜)>, <기습백호단(奇襲白虎團)>, <홍색낭자군(紅色娘子軍)>, <백모녀(白毛女)> 및 교향악 <사가빈(沙家浜)>로 분류하였다.

- 경극: 〈사가빈(沙家浜)〉, 〈홍등기(紅燈記)〉, 〈지취위호산(智取威虎山)〉, 〈해항(海港)〉, 〈기습백호단(奇襲白虎團)〉
- 무용극: 〈홍색낭자군(紅色娘子軍)〉, 〈백모녀(白毛女)〉
- 교향악: 〈사가빈(沙家浜)〉

---

2) 1976~1989년

1978년부터 1983년까지는 중국 드라마의 회복기로써, 드라마의 창작 면에서 비교적 큰 발전을 이루었다. 1983년 중앙TV(中央電視台)에서 방송되었던 드라마는 428편에 달한다. 종류와 양식, 예술 면에서 점차적으로 풍부하고 다채로워졌다. 이 시기에 TV 연속극, 다큐멘터리 드라마, 역사 인물 전기 드라마, 희극 드라마 등이 출현하였다. 그러나 전반적인 창작 면에서 보면 그다지 호전되지 못하고 예술적인 수준도 많이 결여되어 있었다.

1978년 4월, 컬러TV 드라마가 등장하기 시작하였는데, 유명한 여감독인 허환자(許歡子)가 연출한 <삼가친(三家親)>이 대표적인 예이다. 1979년에 이르러, 당시 중앙라디오사업국(中央廣播事業局)은 '대규모 TV 드라마(大辦電視劇)' 호소(號召)를 제안하였다.

문호를 개방한 뒤, 외국 드라마들도 중국으로 들어왔다. 1979년에는 중앙TV방송국(中央電視台)에서 처음으로 유고슬라비아 드라마 <교입적후(巧入敵後)>를 더빙하여 방영하였다.

1980년에는 중국은 미국 공상과학드라마인 <The man come from the bottom of the Atlantic(大西洋底來的人)>을 수입하여 방영하였다.[28] 이 드라마를 통해 중국인들은 미국을 상상하게 되었다. 드라마 주인공인 Mike Harris(麥克·哈裏斯)는 손과 발에 물갈퀴가 있고 아가미가

---

28) 이 드라마는 우리나라에서는 1980년대 초에 〈아틀란티스에서 온 사나이〉로 명명되어 방영되었다. 이 드라마는 미국 NBC가 제작한 SF 드라마로서 1977년 9월 25일에서 1978년 7월 25일까지 제작된 드라마이다.

있는 변종인간이었다. 마이크 해리스가 썼던 커다란 선글라스는 당시 중국 젊은이들에게서 매우 유명하였다.

1981년에는 중국 최초의 연속극인 <적영십팔년(敵營十八年, 9집)>이 제작되었다. 1981년 초에는 일본 드라마연속극인 <자삼사랑(姿三四郎, 26집)>이 방영되어 인기를 얻었다.

1983년 10월 18일에 성립된 중국 드라마제작중심(中國電視劇制作中心, CTPC)은 중앙방송국(中央電視台) 소속으로서, 전문적으로 드라마창작을 종사하는 단위이다. 중국 드라마제작중심은 국가급 규모로서, 각 분야의 전문가들을 보유하고 있다. 현대적인 설비와 체계적인 제작시스템을 보유하고 있다. 드라마제작업의 '국가대표'라는 칭호를 얻고 있다.

1984년부터 방영한 일본 드라마 <혈의(血疑), 50집)>에서는 처음으로 연속극을 방영하기 이전에 광고를 내보냈다. 1984년에는 브라질의 드라마연속극인 <여노(女奴, 100집)>를 방영하였다. 이후 중국 방송국에서는 중남미 드라마연속극을 수입하기 시작하였다. 예를 들면 멕시코의 <변잡(卞卡)>, <비방(誹謗)>, <감가(坎坷)> 등이다. 이 연속극의 공통적인 특징은 일반적으로 60집 이상인 것으로, 사람들을 놀라게 하였다.

1987년에는 중국 최초의 명저 각색드라마인 <홍루몽(紅樓夢)>이 제작되었다. 드라마 <홍루몽>의 성공은 다른 4대 명저의 작품을 드라마로 올려지도록 하였다.

문학대혁명 이후, 대학생들이 중국 명저를 읽지 않은 것으로 알려졌는데, 특히 중국문학 전공하는 대학생들도 4대 기서를 읽은 적이 없는 것으로 알려졌다.

1984년부터 1990년까지는 중국 드라마의 발전기로, 제작된 드라마 수량이 대폭적으로 증가하였다. 1989년에는 전국적으로 2,035편의 드라마가 창작되었다. 드라마 내용은 대체적으로 현실을 반영하고, 보통 사람들의 헌신적인 정신을 찬양하였다. 예술적인 면에서도 수준이 크게 향상되었다. 창작 면에서는 드라마 예술 규칙의 모색과 인물 성격, 내면세계의 묘사를 중시하였으며, 감상을 위한 배려도 나날이 강화되어 갔다.

3) 1990~2000년

1990년부터 오늘날까지는 중국 드라마의 흥성기로서, 드라마의 '기지화' 생산 단계에 접어들었다. 드라마의 연속화, 통속화 및 실내극의 흥기로 1996년에는 8,000여 편의 드라마가 창작되었다. 시대성과 풍부하고 다양한 예술성을 갖춘 우수한 작품들이 많이 쏟아져

나옴으로써 드라마 시청 열기가 한층 고조되고 있다. 최근 10여 년간 중국경제발전과 국민생활수준 향상에 따라 TV가 신속하게 보급되었다. 그리고 TV를 시청하는 사람이 갈수록 많아졌다.

1990년대에 전국에 방영된 TV 드라마 중에서 비교적 큰 영향을 미친 TV 연속극으로는 <서유기(西遊記)>, <홍루몽>, <양가장(楊家將)>, <사세동당(四世同堂)>, <위성(圍城)>, <신생(新生)>, <갈망(渴望)>,[29] <편집부이야기(編輯部的故事)>, <송경령과 그의 자매들(宋慶齡和他的姉妹)>, <외지에서 온 누이(外來妹)>, <뉴욕의 북경인(北京人在紐約)> 등이 있다.

1990년에는 중국 최초 실내극(室內劇)인 <갈망(渴望)>이 제작되었다. 중국 첫 번째 장편연속극인 <갈망>은 통속극이 중국 TV 드라마의 주류로 진입했음을 상징했다. <갈망>의 대성공은 평범한 가정 이야기를 주제로 하는 드라마를 많이 제작하도록 하였다. <갈망>이 방송될 때 거의 모든 골목이 조용했다고 한다.

1991년에는 중국 최초의 상업드라마인 <외지에서 온 누이(外來妹)>가 제작되었다. 이 드라마는 시골에서 광동으로 일하러 온 6명 여자들의 이야기이다. 이 드라마는 당시 경제사회의 실제 상황을 그려내었고, 근로자 가족을 반영한 최초의 작품이다.

---

29) http://culture.ifeng.com/popular/leisure/200811/1113_4092_876510.shtml
　　http://www.56.com/w33/album-aid-4349969.html(연속극 보기 1~51편)
　　http://video.baidu.com/s?f=0&n=2&word=%BF%CA%CD%FB 갈망(渴望)

　　1993년에는 중국 최초로 해외에서 촬영된 드라마 <뉴욕의 북경인
(北京人在紐約)>이 제작되었다. 이것은 이민 내용을 다룬 최초의 드
라마로, 한 북경인의 뉴욕 생활을 다루었다. 또 1993년에는 중국 최
초 시트콤인 <아애아가(我愛我家)>가 방영되었다.[30] <아애아가>[31]가
방송될 때 많은 시청자들이 리모컨을 고정하였다고 한다. 내용은
1990년대 개혁개방 물결 속에 있는 북경 한 가정과 그 이웃들의 이
야기이다.

　　1997년에는 중국 최초의 트렌드 드라마인 <분투(奮鬪, 1997.5.17.)>
가 방영되었다. 중국에서 텔레비전을 시청하는 것이 일반인들의 식
사하고 술을 마신 후 쉬는 시간에서 가장 일상적인 휴식방식으로 자
리 잡았다.

---

30) http://v.yisou.com/s?q=%E6%88%91%E7%88%B1%E6%88%91%E5%AE%B6&id=5764
31) 이 시트콤은 1993년에 40집, 1994년에 80집으로 총 120집이 제작되었다.

4) 2001년~현재

2000년대에는 청나라 시기 혹은 중국의 근대화시기를 다룬 드라마가 많이 제작되었다. 예를 들면, <황제의 딸3(還珠格格)>, <효장황후비사(孝莊皇后秘史)>, <금분세가(金粉世家)>, <반생연(半生緣)> 등 인기드라마들이 등장하였다.

2000년대에는 공산당 및 군대 간부, 경찰의 활동 등을 다루는 홍보성 드라마는 오랫동안 진부한 형식에서 벗어나지 못한다는 비난을 샀으나, 최근 들어 제작된 몇 편의 드라마는 시청자들에게 좋은 반응을 얻었다. 예를 들면, 군대를 제재로 한 <DA사(DA師)>·<군가료량(軍歌嘹亮)>·<귀도여홍(歸途如虹)>, 반부패 제재의 <절대권리(絶對權利)>·<지고이익(至高利益)>, 경찰을 제재로 한 <영예(榮譽)>·<정복(征服)> 등이 포함된다. 이러한 테마 드라마들은 인정미를 테마 속에 강하게 표현하면서 시청자들로부터 많은 사랑을 받았다.

그리고 지역적 문화 특성을 잘 살린 드라마가 인기를 얻었다. 대표적인 예로 중국 동북부 문화 특징을 짙게 띠고 있는 <류로근(劉老根, 2001)>을 들 수 있다. 이 드라마는 하얼빈에서 40% 이상의 시청률을 기록했으며, 심양(沈陽), 란주(蘭州), 북경 등 북방 도시에서 20% 이상의 시청률을 기록하였다. 하지만 상해, 광주(廣州) 등 도시에서는 시청률 순위에도 오르지 못하였다. 그 중요한 원인은 바로 <류로근>에 내재된 동북 지역 문화와 남방 지역인 상해와 광동 문화의 차이 때문이라 할 수 있다.

2003년은 소설가 김용(金庸)의 무협극이 최고의 인기를 얻었다.

<사조영웅전(射雕英雄傳)>, <의천도룡기(倚天屠龍記)>, <서검은구록
(書劍恩仇錄)>, <의객행(俠客行)>, <천룡팔부(天龍八部)>, <연성결
(連城訣)> 등이다.

2005년 이전에 제작된 중국 드라마들은 대체적으로 스토리가 과
장이 심하고 제작이 매우 조잡하였다. 그러나 최근 중국 사극의 경
우 사실주의가 강조되면서 일종의 역사교과서 역할도 하고 있다.

2007년에 모택동의 대학시절 좌익활동과 사랑이야기를 로맨틱하
게 담아낸 캠퍼스드라마인 <흡동학소년(恰同學少年)>[32]을 방영하였
다. 이 드라마는 '혁명 청춘스타 드라마'라는 영역을 개척해 냈다.
그리고 <사병돌격(士兵突擊)>은 "여자 주인공이 없으면 드라마를 만
들 수 없다"라는 편견을 깨고 진실성을 기반으로 흥미진진한 군대
이야기를 만들었다.

2008년, 드라마 제작에 영향을 주는 정책성 요소는 아주 많았다.
예를 들면 북경 올림픽, 중국 개혁개방 30년 등이다. 2008년 중국
드라마 제작(방영)이 '주선율', 즉 "정부가 주창하는 이데올로기와
궤를 같이하는 작품의 제작을 위주로 할 것"임을 결정하였다.

SARFT(국가광파전영전시총국)는 중국 개혁개방 30년 되는 해인
2008년을 맞이하여, 개혁개방이라는 역사적 사건 및 개혁개방 30년
이래 역사적 발전을 드라마 소재로 하고, 개혁개방이 중국 사회생활
과 대중의 정신에 미치는 역할과 영향을 표현하며 개혁개방을 표현
할 수 있는 현실 소재의 '주선율'을 제작할 것을 명확히 요구하였다.

---

32) 모택동이 1913년에서 5년 반 동안 모교인 호남사범대학에서 남다른 학구열과 열정적인 동아리 활동으
로 혁명사업의 기초를 다지는 과정을 그려 냈다. 그리고 좌익 청년잡지 ≪신청년(新靑年)≫의 영향을 받
아 혁명의식을 동학들과 도탑게 구축하고 '신민학회'라는 동아리에서 리더십을 발휘하는 과정이 담겼다.

드라마는 도시와 농촌 그리고 남녀간의 사랑을 주로 다루었는데, 대체적으로 도시 소재 드라마, 멜로드라마, 농촌 소재 드라마 순이었다. 농촌 소재 드라마가 늘어난 이유는 2004년 이후 중국정부가 실시하고 있는 농촌살리기 정책과 관련이 있다.

그리고 사건 소재 드라마도 증가하였는데, 사건 소재 드라마는 미스터리, 생활의 참혹성을 표현하는 데에 있어서는 현실 반영이라는 장점을 갖고 있다. 하지만 일부 드라마는 부정적인 생활이 너무 많이 표현되고, 범죄 과정을 많이 다루다 보니 오히려 모방범죄가 발생하는 부정적인 면도 노출되었다.

인물 전기를 소재한 드라마도 등장하는데, 인물전기 소재 드라마의 주인공은 실물이 존재하고 대다수가 인물전기적 색채를 띠고 있다. 군사 소재 드라마와 혁명 소재 드라마는 안정적으로 발전하였다. 이는 2007년에, 건군 80주년과 중국공산당 17차 전국대표대회를 기회로 상승세를 나타냈다.

그런데 2007년 12월 13일, 한 미국 기자는 ≪남방주말(南方周末)≫에 "중국 드라마를 보지 않는다"라는 글을 기재하였다. 이 글에서 "중국 드라마를 보지 않게 된 원인은 드라마 속의 이야기에서 사회에 참여하겠다는 성의를 느끼지 못했다"고 지적하였다. 드라마 중에서 "21세기의 중국인은 무엇을 의미하는가"를 알고 싶지만 중국 드라마는 "오직 실현할 수 없는 환상의 세계만 그리고 있다"고 지적하며 "진실한 중국을 볼 수 없다"고 하였다.

4. 중국 애니메이션(動漫) 역사

중국에서 '동만(動漫)'이라는 단어는 만화영화, 만화, 게임(온라인 게임, 컴퓨터 게임 등) 등을 포괄하는 단어이다.

1) 1926~1946년

중국 최초의 애니메이션 창작은 1920년대 초까지 올라간다. 일반적으로 알려진 중국 애니메이션영화 원년은 1926년이다. 이는 만씨(萬氏) 4형제인 만고섬(萬古蟾), 만뢰명(萬籟鳴), 만초진(萬超塵), 만조환(萬滌寶)이 창작한 〈대료화실(大鬧畫室)〉로, 중국 애니메이션의 최초라고 간주되고 있다.

만씨 형제는 미국 麥克斯·弗萊休 형제의 영화인 <대력수수(大力水手)>, <발비소저(勃比小姐)>, <출자묵수병(出自墨水瓶)>의 영향을 받아, 1926년에 중국의 첫 번째 만화영화인 <대료화실(大鬧畫室)>을 제작하였다. 이후 만씨 형제는 1927년에 <일봉서신기회래(一封書信寄回來)>를 제작하였고, 이어서 1930년에는 <지인도란기(紙人搗亂記)>

를 제작하였다.

1935년, 만씨 형제는 명성영화공사(明星影片公司)의 협력하에 중국 첫 번째 유성 애니메이션인 <낙타헌무(駱駝獻舞)>를 제작하였다. 그 기간에 만씨 형제는 애니메이션 실험단편을 제작하였다. 그중에는 항일전쟁을 제재로 삼은 작품도 적지 않았다. 그런데 이러한 작품은 사회에서 크게 반향을 일으키지는 못했다. 일본제국주의 반대와 좌익 문화운동 영향하에, 만씨 형제는 <혈전(血錢)>, <항공구국(航空救國)>, <민족통사(民族痛史)>, <신조(新潮)>와 같은 항일전쟁 애니메이션을 제작하였다. 국산을 제창하는 <국화년(國貨年)>, <루동(漏洞)>을 제작 하였다. 또 아동 우언(寓言)영화인 <서여와(鼠與蛙)>, <비래화(飛來禍)>, <구토새포(龜兔賽跑)> 등 20여 편의 흑백 만화영화 단편을 제작 하였다.

1941년, 만씨 형제는 아시아 역사상 최초로 장편 애니메이션 <철 선공주(鐵扇公主)>[33]를 제작하였다. 이 작품은 서유기의 '우마왕편' 을 애니메이션으로 만든 것이다. 이는 중국이 애니메이션산업에 첫 발을 내딛는 것을 보여 주었고, 세계의 반향을 일으켰다. '일본 애니 메이션의 아버지'라 불리는 Tezuka Osamu(手塚治蟲, 1928~1989)도 이 영화의 영향을 받고 애니메이션사업에 뛰어들기로 결정하였다.

기록에 의하면, 이 영화는 "대상해(大上海), 신광(新光), 호광(滬光) 세 영화관에서 동시에 한 달여 동안 상영하였고, 공전의 성황을 이 루었다. 이는 당시 극영화 중에서도 적은 경우였다"라고 하였다. <철선공주>는 동남아지역에서도 상영하였는데, 열렬한 환영과 칭찬

---

33) 이 영화는 80분짜리이고, 필름도 9,700피트에 이르렀다. 1초당 24프레임이었고, 전부 사람의 손으로 채색을 완성하였다.

을 받았다. <철선공주>는 일본에서 처음으로 상영된 중국의 애니메이션이 되었다.

    <철선공주>는 중국 만화영화가 세계로 진출하는 매우 좋은 밑바탕을 만들었다. 태평양전쟁이 발발하면서, 만씨 형제는 만화영화창작을 중단하게 되었다. 전가준(錢家駿)을 중심으로 한 당시의 만화영화인들도 항일을 내용으로 하는 만화영화단편인 <농가락(農家樂)>을 제작하였다. 중국 만화영화창작 초기는 시점과 시대정신과 밀접한 관련이 있다.

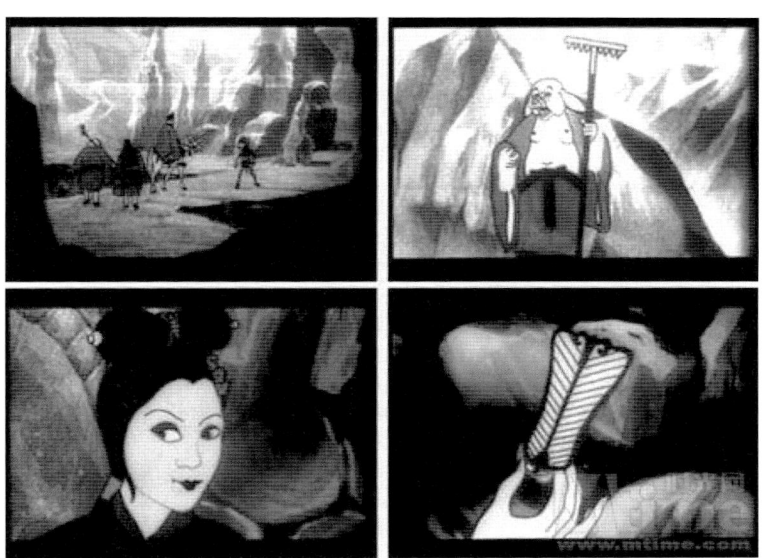

〈鐵扇公主〉動畫截圖

2) 1947~1965년

애니메이션은 중국이 건국되기 전에는 상해를 중심으로 제작되었으나, 신중국 건국 이후에는 동북지역에서 활발하게 움직이기 시작하였다. 당시 중국정부는 장춘영화제편창의 전신인 만주영화제편창을 인수인계 받았다.

1956년 동북미술영화제편창의 핵심인력들은 상해에 상해미술영화제편창 건립을 명령받았다. 1957년에 상해미술영화제작창(上海美術電影制作廠)이 정식으로 성립하였다. 이때부터 중국 국산 애니메이션 생산이 정상적인 궤도로 접어들었다.

그 후로 문화대혁명이 끝나기까지 중국 애니메이션산업은 완전히 계획경제방식이었다. 전국에 상해미술영화제편창만이 존재하였다. 당시에는 장편과 단편 두 가지 방식으로 제작하였다.

'미술영화(美術片, 미술창작 수단을 이용한 영화)'라는 명칭에서부터 중국의 애니메이션의 제작공예 및 수법을 적극적으로 반영하여 중국적 특색을 띠게 하였다. 종이모음, 인형(木偶), 그림자(皮影), 회화(繪畫) 등 독특한 수법으로 제작한 국산미술영화는 국제애니메이션계에서 두각을 나타내기 시작하였고, 세계로부터 주목을 받았다.

1952년에 출품된 <새끼고양이가 낚시를 하다(小貓釣魚)>[34]는 최초의 전국에 영향을 준 애니메이션 작품이다. 귀여운 새끼고양이의 만화형상과 아름다운 주제가인 "땀 흘려 일하는 자는 아름답다(勞動最光榮)"는 오늘날까지도 중국 관중들에게 깊은 인상을 주고 있다.

---

34) http://v.youku.com/v_show/id_XMTA2MzM5ODY4.html

그런데 이 영화는 소련과 동구유럽의 특색이 남아 있다. 이는 또 신중국 제1대 애니메이션 제작들이 민족적 성격을 띤 애니메이션을 창작하는 데 영향을 주었다.

小貓釣魚　　　　　　　　　　木偶片〈神筆馬良〉

1955년에 제작된 <신기한 붓 마량(神筆馬良)>은 최고 권위 있는 인형(木偶) 애니메이션으로 인정되고 있다. 국제적으로 아동오락영화(兒童娛樂片)에서 1등상을 수상하였다. 이것은 중국미술영화(美術片)에서 처음으로 해외에서 수상한 작품이다. 1958년, 중국에서 첫 번째 실루엣영화(剪紙片)인 <저팔계가 수박을 먹다(豬八戒吃西瓜)>가 제작되었다. 이 영화는 중국 미술영화에서 새로운 한 영역을 만들었다. 같은 해에 출품된 애니메이션 <오만한 장군(驕傲的將軍)>은 민족특색이 농후하다.

중국의 애니메이션 예술가들은 적극적으로 새로운 애니메이션수법을 탐색하고 기예를 더 높이려 하였다. 1959년에 제작된 실루엣애니메이션(剪紙動畫)인 <고기 잡는 아이(漁童)>와 <제공투실솔(濟公鬪蟋蟀)>, 1963년에 제작된 <금색적해라(金色的海螺)> 등은 중국피영극과 민간 창문장식의 예술특색을 띠고 있다. 이들 작품은 인물형상이 더욱 생동감이 있게 되었고, 중국의 민간예술도 알리게 되었다. 1960년에는 독특한 풍격을 띤 '수묵애니메이션(水墨動畫)'이 만들어졌다. 대표적인 작품이 <소과두조마마(小蝌蚪找媽媽, 1960)>와 <목적(牧笛, 1963)>, <산수정(山水情, 1988)>이다. 이 작품들은 해외로부터 매우 높은 평가를 받았다.

| 목적(牧笛) | 소과두조마마(小蝌蚪找媽媽) | 산수정(山水情) |

〈피리 부는 목동〉으로 번역된 〈목적(牧笛)〉은 덴마크 아동영화제에서 금상을, 〈소과두조마마(小蝌蚪找媽媽)〉[35]는 프랑스 영화제에서 은상을, 〈산수정(山水情)〉[36]은 상해 국제만화영화 영화제에서 대상을 수상

1961년부터 1964년까지 상해영화제편창(上海電影制片廠)은 만씨 형제가 제작한 대형애니메이션인 <대료천궁(大鬧天宮)> 상하집을 내

---

35) http://www.tudou.com/programs/view/6_wBp13EL9U/ 中國經典動畫－小蝌蚪找媽媽
   http://www.61flash.com/flash/4219.htm 小蝌蚪找媽媽
   http://www.lbx777.com/yw0002/x_xkdzm/xkdzm_x.htm
   http://www.kejianhome.com/flash/302/303/20060219195.html

36) http://v.youku.com/v_show/id_XMjEyODU2MDQ=.html
   http://movie.douban.com/subject/1316626/ 산수정(山水情(1988)
   http://www.9bt.org/redirect.php?tid=907&goto=lastpost
   http://v.youku.com/v_show/id_XMzc5NzM4NDg=.html 山水情

놓았다. 이는 국산 애니메이션의 최고의 작품으로 꼽힌다. 이 영화는 인물설정(造型), 배경설치(設景), 배역(用色) 등에서 고대 회화(繪畫), 종묘예술(廟堂藝術), 민간세화(民間年畫) 등 특색을 참조하였다.

3) 1966~1976년

문화대혁명이 발발하면서, 중국 국산 애니메이션은 매우 심각한 장애에 부닥치게 되었다. 이 시기는 중국 애니메이션의 암흑기로 평가된다. 이 기간은 중국의 문화혁명이 중국 본토를 휩쓸 때여서 대부분의 휴머니즘적 주제의식이나 작가주의적 창작활동은 가능하지 못했고, 사회주의적 리얼리즘에 기초한 사상적 주제가 대부분 작품을 구성하게 된다.

실제 그러한 주제가 아니면 애니메이션 작품을 제작할 수가 없었다. 상해미술영화제편창(上海美術電影制片廠)은 1966년부터 1971년까지 영화를 제대로 제작하지 못하였고, 공식적으로는 10년 동안 한 편의 애니메이션도 발표하지 못하였다.

4) 1976~1989년

문혁이 끝난 후, 중국 애니메이션은 전면적으로 부활하기 시작하였다. 1979년은 하나의 전환점이 되었다. 이해에 중국 최초의 컬러

시네마스코프 장편 영화인 <나타료해(哪吒鬧海)>37)가 제작되었다. 명나라 때의 ≪봉신연의(封神演義)≫를 애니메이션으로 제작한 이 영화는 사회주의를 바탕으로 한 소재에서 탈피하여 새로운 소재를 다룬 작품이다. 이 영화는 "색채가 아름답고 선명하고, 풍격이 있고 품위가 있으며, 상상이 풍부하다"라는 평가를 받았고, 국내외에서 모두 좋은 평가를 받았다.

1979년 <나타료해>가 상영된 이후부터 국산 애니메이션의 '황금 10년(1979~1989)'이라 불린다. 1989년까지 중국 국산 애니메이션은 국제적으로 46개의 상을 수상하였다. 1999년 <보련등(寶蓮燈)>이 제작된 이후 국산 애니메이션이 다시 부흥되었고, 중국판 뽀로로라 불리는 <시양양과 후이타이랑(喜羊羊與灰太狼)>이 2009년 신년영화로 흥행에 대성공을 거두면서 30년간, 국산 애니메이션은 '9'라는 숫자에 반드시 변화가 생겨났다.38) 이 시기에는 사회주의 리얼리즘을 비

37) 왕수심(王樹沈), 서경인(徐景刃), 엄정헌(嚴定憲) 감독
　　http://www.zgnyrw.cn/54/2010110224110.html
　　http://v.pps.tv/play_3289WH.html 1979. 哪吒鬧海25周年D9珍藏版
　　http://tv.sohu.com/20100612/n272749867.shtml 兒童系列哪吒鬧海: 1979年的哪吒
38) http://blog.sina.com.cn/s/blog_5f591cb70100e5ds.html

판하는 실질적인 내용들이 등장하면서 풀 애니메이션이 아닌 UPA
식39)의 리미티드(Limited) 기법40)이 적절하게 수용되기 시작하였다.
내용도 유머적인 만화표현 양식이 증가하여 애니메이션 중단편을
지속적으로 제작하였다.

　　1978년 중국 영화사업은 회복되어 정상적으로 운용되기 시작하였다.
문혁기간에 피급되었던 건국 초기의 우수한 국산 영화들도 다시 상영
되었다. 동시에 일부 전작(前作)은 '내부참고영화(內參片)'가 되었다.

> 1979년에, 인형애니메이션작품인 〈아판티(阿凡提)〉
> 도 나오기 시작하였는데, 그 영향력은 지금까지도
> 미치고 있다. 같은 시기의 작품인 〈바보가 신발을
> 사다(愚人買鞋)〉, 〈묘오시수규적(喵嗚是誰叫的)〉, 〈웅
> 묘백화상점(熊猫百貨商店)〉, 〈호묘미미(好貓咪咪)〉
> 도 좋은 평가를 받았다.

阿凡提

　　1979년, <나타료해>가 상영될 때, 일본 애니메이션 <Swan Lake(天鵝
湖)>도 중국 영화관에서 상영되었다. 이는 개혁개방 이래로 중국에 상
영된 첫 번째 외국애니메이션이었다. 이후 근 10년 동안 약간의 국산
애니메이션도 아동절과 여름방학기간 동안 직접 본 영화를 영화관에

---

39) UPA 'United Production of America' 그래픽아트의 조형의식을 받아들여서 동작을 최대한 줄인 리미
　　티드애니메이션의 기수로서 실사와 유사하게 그려진 디즈니 식 애니메이션에 반발해 극히 단순한 선 위
　　주의 애니메이션을 추구한다.

40) 리미티드 애니메이션(Limited Animation): 모든 동작을 그리지는 않지만 움직임에 필요한 캐릭터의 일부
　　동작과 키 포즈에 의존하는 애니메이션을 가리키는 용어. 리미티드 애니메이션은 풀 애니메이션보다 빠
　　르고 경제적으로 제작할 수 있기 때문에 텔레비전 방송용으로 전 세계적으로 이용되고 있다. 리미티드
　　애니메이션은 원래 1초에 24장을 쓰는 애니메이션기법에서 1초의 장수를 많게는 6장까지 줄여서 애니
　　메이션을 만드는 기법이다. 액션이 역동적으로 보이지만 캐릭터가 부드럽게 움직이지 않는 단점이 있다.
　　이 때문에 액션에서는 리미티드, 다른 부분에서는 일반 애니메이션으로 제작을 한다.

서 상영하였다. 게다가 극영화가 상영하기 전에 '영화를 보여 주는 (貼片)' 형식으로 상영하였다. <구색록(九色鹿)>, <호로형제(葫蘆兄弟)>, <흑묘경장(黑猫警長)> 등이 1980년대에 아이들에게 매우 환영을 받았다. 북경과 요녕 등지에서 과교전영제편창(科敎電影制片廠)이 제작한 <호고고(好呱呱)>, <소소기기인(小小機器人)> 등과 같은 과학을 보급하기 위한 애니메이션도 영화관에서 자주 상영되었고 호응이 좋았다.

1980년부터 1982년까지 3년간, 비록 중량급의 애니메이션은 없지만 가작도 없지는 않았다. 해마다 적어도 5편 이상의 권위 있는 저작이 만들어졌고, 관중들도 접하게 되었다.

1980년: 〈雪孩子〉, 〈三個和尚〉, 〈人參果〉, 〈張飛審瓜〉, 〈小馬虎〉, 〈丁丁戰猴王〉
1981년: 〈善良的夏吾冬〉, 〈眞假李逵〉, 〈咕咚來了〉, 〈南郭先生〉, 〈嶗山道士〉, 〈九色鹿〉, 〈猴子撈月〉
1982년: 〈曹沖稱象〉, 〈狼來了〉, 〈老虎學藝〉, 〈假如我是武松〉, 〈鹿鈴〉, 〈蟈蟈〉, 〈小熊學木匠〉 등

이 중에서 아달(阿達)이 감독한 <삼개화상(三個和尚)>41)은 전통적인 예술형식을 계승하였다. 또 외국의 현대적인 표현수법을 받아들였다. 민족 풍격 속에서 실험적인 방법을 적용하였다. 이 작품은 셀 애니메이션으로서 종래와는 달리 UPA식으로 빠르게 제작한 진일보한 작품이다.

---

41) http://video.sina.com.cn/v/b/19576798-1567278243.html

세 승려의 심리적 갈등과 성격을 유머와 페이소스를 바탕으로 한 이야기 속에 재치 있게 표현하였고, 민족적 색채가 짙으면서 과장과 유머가 넘치는 작품을 제작하였다. <설해자(雪孩子)>[42) 화면은 아름답고 시적인 맛이 풍부하다. <남곽선생(南郭先生)>[43)은 한대(漢代)의 예술풍격과 격조의 우아함을 표현하였다.

1983년에서 1985년까지 3년간, 좋은 작품이 모여 있고, 사람들이 많이 볼 수 있었다. 그 작품을 살펴보면 다음과 같다.

1983년: 〈天書奇譚〉, 〈捉迷藏〉, 〈鷸蚌相爭〉, 〈小松鼠理發師〉, 〈老鼠嫁女〉, 〈蝴蝶泉〉
1984년: 〈黑猫警長〉, 〈白鴿探長〉, 〈食猴鷹〉, 〈一只耳〉, 〈吃猫鼠〉, 〈西嶽奇童〉, 〈金猴降妖〉, 〈快樂的數字〉,[44) 〈除夕的故事〉, 〈三毛流浪記系列〉
1985년: 〈網〉, 〈小蛋殼〉, 〈女媧補天〉, 〈夾子救鹿〉

이 중에서도 호진경(胡進慶, 1936~)이 감독한 <어부지리(鷸蚌相爭, 휼방상쟁)>,[45) 임문초(林文肖, 1935~)와 상광희(常光希)가 감독한 <협자구록(夾子救鹿)>[46)은 이 시기의 대표적인 작품이다. 수묵(水墨) 풍격의 실루엣영화(剪紙片)인 <휼방상쟁>[47)은 상해미술영화제편창

---

42) http://donghua.cntv.cn/xuehaizi/classpage/video/20120203/100817.shtml
　　http://video.baby.sina.com.cn/v/b/61219980-2219832185.html

43) http://video.sina.com.cn/v/b/60440386-2219832185.html

44) 감독은 전가준(錢家駿)이고, 내용은 동화〈驕傲的0〉에서 소재를 취하였다.

45) http://v.youku.com/v_show/id_XMjQzODEwMTEy.html
　　http://video.sina.com.cn/v/b/59249976-2219832185.html에서 볼 수 있음.

46) http://video.sina.com.cn/v/b/24752368-1510402103.html
　　http://video.sina.com.cn/v/b/13588050-1226126093.html

에서 연구에 성공한 종이 '기모(拉毛)'를 처음으로 사용한 작품이다. 그리고 <협자구록>은 우아하고 서정적이다. 돈황벽화의 수수하면서도 고풍스러움을 갖고 있다. 의미도 심오하여 성인관중들도 칭찬이 끊이지 않았다.

1983년 상해미술영화제편창에서 제작한 사상 네 번째 애니메이션 장편영화인 <천서기담(天書奇譚, The Legend of Sealed Book)>이 나왔다. 이 영화는 국산미술영화48)로서 강한 민족회화풍격을 띠고 있다.

---

47) 이 영화는 제13회 베를린 국제단편영화제에서 은곰상을 수상하였다. 유고슬라비아 제6회 자그레브국제 애니메이션영화제특별상을 수상하였다. 캐나다 토론토국제애니메이션영화제 특별상과 문화부 1984년 우수미술영화상을 수상하였다.

이 영화는 기존의 신화를 제재로서 ≪서유기(西遊記)≫, ≪봉신연의(封神演義)≫에 국한되었던 것을 돌파하여, ≪평요기(平妖記)≫ 중에서 소재를 삼아 대담하게 창작하였다. 이 영화의 주인공인 '단생(蛋生)'은 널리 알려져 있는 손오공(孫悟空), 나타(哪吒)와 같은 '도식화(臉譜化)'된 인물이 아니었다. 그리고 1984년에는 상해미술영화제편창에서 역사상 다섯 번째 장편 애니메이션인 <금후강요(金猴降妖)>를 제작하였다. 이는 ≪서유기≫를 소재로 삼았다.

1984년에는 <흑묘경장>49)이 제작되었는데, 이 작품은 철저하게 민간전설과 고전명저의 속박에서 벗어났다. 치밀한 극 스토리 배열과 1980년대의 시대적 풍격이 매우 잘 맞았다. 상영이 된 후 강열한 반향을 일으켰다.

1989년대까지 사람들은 이해가 국산 애니메이션 방영의 전환점이 될 것이라고 인식하지 못하였다. <서극화패탑(舒克和貝塔, 1989, 13집)> 등 장편 애니메이션이 나왔지만 예상과는 달리 인기를 크게 얻지 못했다. 사람들의 입에 회자되는 것도 이전 몇 년간의 창작품보다는 미치지 못하였다. 단편으로 뛰어난 작품은 더욱 적었다. <대도적(大盜賊, 1989)>은 어느 정도 인기를 얻기는 하였다. 상해미술영화제편창을 대표로 하는 중국 애니메이션 제작은 날이 갈수록 적어졌다. 그리고 연령층이 낮거나 교육적인 측면의 애니메이션이 많이 제작되었고, 작품의 질도 떨어졌다.

---

48) (만화영화·인형영화 따위와 같이) 각종 미술 창작 수단을 이용하여 촬영한 영화.
49) 감독: 戴鐵郎, 範馬迪, 熊南淸. http://www.56.com/u82/v_NjAwMzc4MDc.html

5) 1990~2000년

1990년대에 들어와, 몇 년 동안 미국, 일본 유럽의 TV판 장편 애니메이션은 거의 모든 지역의 TV방송국을 지배하였다. 중국 애니메이션 관중을 사로잡았지만, 이와 동시에 국산 애니메이션의 생존공간은 더욱 협소해졌다. 더욱 나빠진 상황은 뒤이어 터졌다. 1991년, 홍콩위성TV 중앙방송국(中文台)이 중국으로 방송되기 시작하였다. 애니메이션 상영은 국가 주관부서에서 관할을 받지 않기 때문에 중국 관중은 이 채널을 통해 많은 수량의 일본 만화영화를 볼 수 있게 되었다. 이때부터 일본 애니메이션이 중국 애니메이션시장을 절대적으로 지배하기 시작하였다.

이 기간 동안 시장에 나온 <호로소금강(葫蘆小金剛, 1991, 6집)>, <해이형제(海爾兄弟, 1995, 212집)>, <람피서화대검묘(藍皮鼠和大臉猫, 1993~1994, 26집)>, <대두아자화소두파파(大頭兒子和小頭爸爸, 1995, 156집)> 등 낮은 작품은 광범위하게 비판을 받았다. 국산 애니메이션은 매우 심각하게 손실을 보았다. 이때부터 점차적으로 중국인 특히 청소년의 관심에서 멀어졌다.

葫蘆小金剛   海爾兄弟

한편, 1993년에 각지에서 유선TV방송국이 잇달아 생겨났다. 관리의 결함 때문에 1993년부터 1995년까지 국가의 심사 허가를 받지 않은 대량의 일본 애니메이션이 이러한 채널을 통해 방영되었다. 해외 애니메이션이 중국으로 들어오면서 연약한 중국 애니메이션산업은 타격을 받게 되었고 점차적으로 힘든 상황에 처해졌다.

1994년, 광동총국은 매년 기본적으로 세계의 우수한 문명성과와 당대 영화예술, 기술성과를 반영하고, 동시에 중국 국정에 부합하는 외국영화 10편을 수입한다고 결정하였다. 이를 가리켜 '十部大片'이라 부른다. 1995년에 상영되었던 디즈니 애니메이션 <라이언 킹(獅子王)>은 '극장애니메이션'의 개념을 사람들의 마음에 깊이 새겼다. 비록 이전에 상해미술영화제편창에서 이미 <대료천궁>, <나타료해>, <천서기담> 등 여러 편의 애니메이션 장편영화를 제작하였으나 수량은 너무 적었다. 당시 장편 애니메이션은 중앙방송국(中央台)에서 상영되었다. 그래서 영화관에서 상영되었던 <라이언킹>이 중국 내 관중에게 영향을 준 것을 미루어 알 수 있다. 이후부터 '미국 애니메이션＋일본 TV 애니메이션'이라는 유형이 중국 애니메이션 팬들로부터 사랑을 받았다.

 1996년 중국에서 전 세계 최초로 모두 컴퓨터로 제작되었던 애니메이션 〈Toy Story(玩具總動員)〉가 상영되었다. 중국 국산 애니메이션 제작이 세계의 수준과 현저한 차이가 남을 보여 준다. 1999년에 상영되었던 디즈니 작품인 〈화목란(花木蘭)〉은 국산 애니메이션이 한층 더 곤란한 상황으로 빠지게 하였다.

1999년 이전, 1990년대 국산 애니메이션 판은 단지 <마방대하 (魔方大廈, 1994. 10집)> 정도가 인기를 얻었으나, 1980년대의 국산 애니메이션과는 비교가 되지 않았다. 이후의 5, 6년 동안 국산 애니메이션은 엄격하게 말하면 가장 한랭한 시기였다. 1996년 이후, 중앙에서 지방까지, 국산 애니메이션을 진흥시키려는 계획을 세웠으나 쉽지 않았다.

魔方大廈

1989년이 중국 국산 애니메이션이 성하고 쇠하는 전환점의 해라면, 1999년은 중국 애니메이션의 전환기의 해라고 할 수 있다. 1999년의 국산 애니메이션계의 두 가지 커다란 사건은 중국이 애니메이션을 창조하는 '두 번째 봄, 세컨드 라이프 봄(生命第二春)'이라고 할 수 있다.

먼저 1999년에 상해미술영화제편창은 4년에 걸쳐 1,200만 원(RMB)을 투자하여 극장영화 <보련등(寶蓮燈, 1999)>을 제작하여 성공적으로 상영하였다. 이것은 상해미술영화제편창이 15년이라는 시간을 뛰어넘어 제작한 여섯 번째 애니메이션이다. <보련등>은 제작방식과 시장 매출과 경영상에서 세계와 전면적으로 궤를 같이하였다. 대량으로 2D애니메이션과 3D애니메이션을 결합하여 사용하였다. 관중 연령도 비교적 현저하게 높아졌다. 특히 서범(徐帆), 강문(姜文), 진패사(陳佩斯) 등 영화배우를 초대하여 주연배우 성우로 발탁하였다. 게다가 이민(李玟), 장신철(張信哲), 류환(劉歡) 등의 가수에게 영화 속 노래를 부르게 하였다. 이 영화가 영화관에서 상영되었을 때 약 2,000만 원(RMB)이라는 수익을 얻어 대성공을 하였다. 이 영화가 비록 창작성이 적고, 일본과 미국의 풍격을 모방한 흔적이 많기는 하지만 국산 애니메이션에 이미 실망하였던 많은 팬들에게 새로운 희망을 주었다는 것에 의미를 가진다.

6) 2001년 이후

21세기에 들어와 중국 정부는 국산 애니메이션산업을 육성시키고자 하였다. 2003년 12월 28일에 국산 애니메이션 방송을 위주로 하는 CCTV 어린이 채널(央視少兒頻道)이 정식으로 방송되었다. 2004년에는 호남금응만화영화(湖南金鷹卡通), 북경잡혹동화(北京卡酷動畫), 상해현동만화영화(上海炫動卡通) 등 3개 전문 애니메이션위성채널이 개통되었다. 같은 해 5월 1일에는 전국 유일의 국가급 애니메이션축제(動漫節, 中國國際動漫節)가 항주에서 개막하였다. 이와 동시에 정부는 애니메이션산업기지건설을 가속화하였다. 2005년까지 광동총국은 19개 국가급 애니메이션기지 건설을 비준하였다.

2005년 이후, 중국어 애니메이션이 제작되면서 점점 양호한 시장을 형성하였다. <양산백여축영대(梁山伯與祝英台)>, <홍해아대전화염산(紅孩兒大戰火焰山, 2005, 95분)>, <섬섬적홍성(閃閃的紅星, 2007, 83분)>, <서악기동(西岳奇童, 2006, 90분)>이 매우 뛰어난 흥행성적을 거두지는 못했을지라도 관객들로부터 비교적 좋은 평가를 받았으며, 국산 애니메이션에 대한 중국인들의 인식이 크게 변화하였다.

2007년 여름방학 때 개봉된 <조롱박의 비밀(寶葫蘆的秘密)>은 애니메이션 속에 진짜 사람이 등장하는 작품으로서 흥행대박을 기대하게 하였다. 2008년에는 다시 새롭게 편집된 <조롱박형제(葫蘆兄弟)> 영화판이 어린이날에 약 600만 원(RMB)을 벌어들였다. 중국산 애니메이션 시장 운영이 날이 갈수록 성숙해졌다. 그런데 이렇게 애니메이션으로 제작된 제재와 내용을 보면, 대체적으로 민간전설과 고전명작에서 소재를 취해 왔음을 알 수 있다. 그리고 복제하여 만든 작품들은 창조정신이 결핍되어 있다 보니, 세계적으로 애니메이션을 제작하는 회사의 작품과는 여전히 차이가 있었다.

2006년 11월 5일 중국청년보에 의하면, "청소년을 성장시키는 동만 문화, 동만산업을 촉진시키는 청소년"이라는 주제의 포럼이 산동성 청도에서 열렸는데, 중국 청소년이 가장 좋아하는 10대 중국 애니메이션 결과를 발표하였다. 이 평가에는 총 178편이 참여하였고, 30만 명 네티즌의 투표로 결정되었다.
〈정령세기(精靈世紀)〉, 〈감팔귀적고사(憨八龜的故事)〉, 〈흑묘경장〉, 〈천안(天眼)〉, 〈로산도사(嶗山道士)〉, 〈나타료해〉, 〈삼모유랑기〉, 〈쫄병짱알〉, 〈남색쥐와 대두고양이〉, 〈남묘도기3000問(藍猫淘氣3000問)〉이 선정되었다.

5. 중국 대중음악 역사

1) 개황

중국 대중음악은 크게 중국 대륙가요계, 홍콩과 대만가요계로 나눌 수 있다. 중국 대륙가요계는 다시 북방가요계, 남방가요계, 그리고 상해가요계로 구분할 수 있다.

북방가요계는 북경과 그 주변 지역을 일컫는다. 북방에서는 록 음악이 주류를 이룬다. 현재 최고의 로커로 공인받고 있는 조선족 3세 최건(崔建)을 비롯하여, 당조(唐朝), 초재악대(超載樂隊), 그리고 중국 록의 3인방으로 불리는 두유(竇唯), 하용(何勇), 장초(張楚) 등이 활발히 활동하고 있다.

남방가요계는 광동성을 중심으로 이루어졌다. 광동성에서는 광동어로 된 노래가 인기를 끌었다. 다른 지역에서는 대만의 국어(國語) 노래가 널리 사랑받는다. 남방에서는 발라드가 주류이다. 곽부성(郭富城), 주화건(周華健) 등 홍콩 및 대만 가수들이 인기가 있다.

상해가요계는 상해를 중심으로 이루어졌다. 상해는 일찍부터 개방된 국제도시답게 매년 국제적인 음악행사가 많이 개최된다. 따라서 매우 개방적인 지세로 홍콩, 대만, 일본 가요계와 교류가 잦다. 이런 분위기 때문인지 재즈가 꽤 발달되어 있다.

홍콩가요계는 상업적인 계산 아래 배우와 가수를 겸업하는 '만능 엔터테이너' 방식이다. 1970년대에는 대만가수들이 부르는 국어노래가 인기를 얻었다. 1980년대에는 광동 노래의 전성기로 장국영(張國榮), 담영인(譚永麟), 매염방(梅艷芳)이 인기를 얻었다. 1990년대에는 사대천왕의 광동어로 된 노래가 전성기를 누렸다.

사대천왕: 류덕화(劉德華), 장학우(張學友), 여명(黎明), 곽부성

홍콩가요계의 대표가수로는 류덕화·장학우·여명·곽부성·소영강(蘇永康)·허지안(許志安)·장국영·담영인·매염방·왕비(王菲)·팽영(彭羚)·정수문(鄭秀文) 등이다.

대만가요계는 국어가요계와 민남가요계로 구분할 수 있다. 국어가요계는 홍콩의 광동 노래와 달리 대만 표준어로 부른다. 발라드가 주류를 이루며, 최근 랩, 댄스뮤직 등이 많이 시도된다. 대표적인 가수로는 대만 본지 출신인 장우(張宇)·오사개(伍思凱)·유징경(庾澄慶)·장신철(張信哲)·만방(萬芳)·허여운(許茹芸)·신효기(辛曉琪)·이민(李玫), 홍콩 출신인 장학우·류덕화(유덕화)·장국영·소영강·주화건·왕비·팽령·임억련(林憶蓮), 싱가포르 출신인 무계현(巫啓賢)·허미정(許美靜), 말레이시아 출신인 무인양품(無印良品, 객가인 남성 듀오)·진경상(陳慶祥)·가이민(柯以敏) 등이 있다.

민남가요계는 대만의 토속어인 민남어로 부른다. 대부분이 트로

트이고, 근래 들어 민남어로 락을 비롯한 여러 장르를 시도하고 있다. 대표적인 가수는 오월천(五月天)이다. 현재는 원래 대만 가수가 부른 노래보다 홍콩 가수들이 부른 '국어로 된 노래'(광동어에서 국어로 바꾸어 부른다)가 인기를 끌고 있다.

2) 시대별 중국음악 특징

(1) 1900~1920년대 중국음악

1908년 상해에서 프랑스 인에 의해 음반사가 설립된 이래로 대체적으로 미국이나 일본의 자본들이 구중국 음반시장을 지배하고 있었다. 중국 현대 창작 가곡은 대략 청말 민국 초에 시작한다. 당시 이미 직접 외국어 곡을 차용하여 곡조에 새로 가사를 붙여 군가와 학당가(學堂歌)로 사용하던 현상이 있었다. 예로 '중국의 사나이(中國男兒)'(석경(石更) 작사), '한족역사가(漢族歷史歌)'(왕인재(王引才) 작사) 등이다. 이는 서양 음악적 요소가 중국음악에 사용된 시점이라고 말할 수 있다.

> 음반산업 태생: 1908년 상해 남양교 일대(현재 상해 서장남로)에 프랑스인 락홍생(樂洪生)이 동방백대창편공사를 설립하고 프랑스에서 수입한 축음기와 음반 등을 판매하였고, 영파에서 장장복을 고용하고 경극 배우 등 중국 저명 예술인들을 초빙하여 녹음한 후, 이를 프랑스로 보내어 음반으로 제작하고 다시 중국에서 판매하였다.

1914년에서 1917년 사이에 중국 최초의 음반 생산 외국회사인 法商百代唱片公司가 설립되었다.

중국 초기의 창작가곡은 소우매(蕭友梅, 1884~1940),[50] 황자(黃自),[51] 청주(靑主), 이숙동(李叔同), 조원임(趙元任) 등의 사람들로부터 시작된다.

이 시기에 서양에서 유학한 음악 종사자들을 통해 서방의 음악문화가 중국에 소개되었고, 음악교육의 실행과 보급은 5·4신문화운동의 일부분으로써 대중들에게 영향을 주었다. 현대창작가곡의 맹아기는 두 가지 뚜렷한 특징을 보인다. 하나는 서양 가곡 창작유형을 채용하거나 모방한 것인데, 완전히 '서양화'된 작품도 다수 있었다. 다른 하나는 중국 전통음악, 특히 민간음악의 기질이 창작 가운데 드러나 있기도 하였다.

현대 창작가곡: 조원임(趙元任)의 '매포요(賣布謠, 베 파는 노래)', '교아여하불상타(敎我如何不想他, 어떻게 하면 그를 생각하지 않을 수 있을까요, 나에게 가르쳐 주세요)', 청주(靑主)의 '대강동거(大江東去, 강이 동으로 흐르다)', 진소공(陳嘯空)의 '상루(湘累)' 등

중국 대중음악의 창시자로 알려진 여금휘(黎錦暉, 1891~1967)가 1927년에 창작한 '가랑비(毛毛雨)'[52]란 노래가 중국 최초의 대중음악이라

---

50) 탁월한 업적을 이었던 음악 교육가이자 가장 이른 시기의 작곡가 가운데 한 사람이다. '問(문): 질문', '卿雲歌(경운가)': 舜 임금이 군신과 함께 태평성대를 즐거워하며 불렀다는 노래. 그의 작품은 외국음악의 영향이 짙기는 하지만, 이미 중국 전통음악 요소를 주의하기 시작하였다.

51) 체계적인 서양음악 훈련을 받은 작곡가로, 곡 창작에서 높은 성취를 이루었다. '天倫歌 천륜가', '玫瑰三願 매괴삼원: 장미의 세 가지 소원' 모두 유명한 抒情歌曲(서정가곡)이다.

고 할 수 있다. 이는 중국인에게 대중음악이 어떤 것인가를 깨닫게
한 획기적인 곡이다.

여금휘는 젊은 시절 신 음악운동에 심취하였으며
신음악과 신문학운동이 함께 협력 발전하기를 주장
하였다. 이런 의식을 바탕으로 그는 아동가극, 가무
및 가곡을 다수 창작하였다. 이 작품들은 대륙에서
한 시대를 풍미하였을 뿐 아니라 홍콩과 南洋 각지
에 영향을 미쳤다.

'참새와 아이(麻雀與小孩)', '포도선자(葡萄仙子)', '신선매매(神仙妹
妹)', '가련한 추향(可憐的秋香)', '월명지야(月明之夜, 달이 밝은 밤)' 등
노래가 널리 유행하였다. 이 시기 작품은 대부분 어린이의 창조력 보호
와 봉건교육 반대를 주제로 하였으며, 글이 대중적이어서 이해하기 쉬
웠고, 음악언어가 간결하고 생동적이며 명쾌하였다. 심심공(沈心工)과
이숙동(李叔同)이 제창한 학당가곡(學堂樂歌)의 전통을 계승 발전시켰다.
동시에 그는 민간음악 소재를 운용하는 데 뛰어났다. 이 동요들 속에서
민가(民歌), 소조(小調), 곡패(曲牌) 등은 모두 창작의 소재가 되었다.

여금휘의 유행음악창작은 당시 상해의 사회적 배경과 관련이 있다. 당
시의 상해는 자본주의 상업화 도시의 특징을 가지고 있었다. 그리고 미
국 유행음악이 댄스홀·영화·방송 등 매체를 통해 유입되었다.

---

52) http://you.video.sina.com.cn/b/7918201-1213477011.html
　　視頻描述: 毛毛雨中國第一首公認流行歌曲(一九二七年黎明暉唱黎錦暉詞曲 百代34278A) &nbs
　　p: 毛毛雨　下個不停　微微風　吹個不定　微風細雨柳青青　唉唷唷　柳青青
　　小親親　不要你的金　小親親　不要你的銀　奴奴　只要你的心　唉唷唷　你的心
　　毛毛雨　不要盡爲難微微風　不要盡麻煩　雨打風吹行啊路啊難　唉唷唷　行啊路
　　啊難　　年輕的郎太陽剛出山　年輕的姊荷花剛展瓣　莫等花殘日落山　唉唷唷　日落山
　　視頻標簽: '毛毛雨'中國第一首 流行歌曲 黎明暉唱 黎錦暉詞曲 1927年

1928년, 여금휘는 중화가무단(中華歌舞團)을 이끌고 홍콩과 남부 연해지역을 도는 순회공연을 가졌을 뿐만 아니라 태국과 인도네시아, 말레이시아, 싱가포르 등 해외로도 진출하였다. 공연한 작품은 <마작여소해(麻雀與小孩)> 등과 같은 아동 가무극을 제외하고 모두 '가랑비(毛毛雨)' 등 대중가요였다.

1929년 경제적 곤란으로 싱가포르에 체류하며 중국으로 돌아갈 수 없었는데, 이 때문에 그는 한 서국(書局)의 주문을 받아 한 번에 100곡의 유행가를 불러 상해로 보냈으며, 상해문명서국(上海文明書局)에서 16권의 노래 모음으로 출판하였다. '도화강(桃花江)', '쾌속열차(特別快車)' 등 곡목은 이때 만들어졌으며 크게 성공을 거두었다. 이후 대중가요 '가랑비(毛毛雨)', '누이야 너를 사랑해(妹妹我愛你)', '복숭아꽃 가득한 강어귀(桃花江)', '쾌속열차(特別快車)' 등이 순식간에 전국을 풍미하기 시작하였다.

'명월가무단(明月歌舞團)'은 중국 유행음악 발전에서 중요한 단체이다. 주선(周旋), 백홍(白虹), 엄화(嚴華) 같은 제1대 스타와 여금광(黎錦光), 요민(姚敏) 같은 유행음악 작곡가가 모두 이 단체 소속이었다. 섭이(聶耳)도 이곳에서 음악 창작의 길을 걸었다

당시 자체 음반 제작 시설을 구비한 업체는 百代(백대), 勝利(승리), 大中華(대중화)였으며, 모두 상해에 있었다. 1930년대 이미 설비와 제작 기술이 낙후된 백대는 영국전기음악실업유한공사(EMI)에 넘어가게 되었고, EMI의 상해분공사로서 새롭게 최신설비와 전문가들을 고용하여 중국과 동남아에서 가장 영향력 있는 음반제작사가 되었다. 상해가 일본에 점령되면서 백대는 일본인들의 손에 넘겨졌고, 1945년, 일본의 항복과 더불어 생산을 재개하였다.

(2) 1930년대

- 여금휘의 음악: 중국 유행음악 풍격의 기초
- 항일전쟁이전
  첫째, 여금휘를 대표로 하는 유행음악
  둘째, 섭이, 성승해 등을 대표로 하는 대중적 가곡
  상해의 시대곡

1931~1936년 사이 여금휘는 또 '인간선자(人間仙子)' 등 10여 편의 영화음악을 만들었는데, 그중 대부분의 삽입곡이 유행가였다. 동시에 그는 댄스홀에서 쓰이는 음악도 손을 댔는데, 민간의 선율을 재즈화하였다. 당시의 '백대(百代)/EMI', '승리(勝利)' 등 음반회사가 여금휘의 유행가를 대량 녹음제작 발행하였다.

여금휘의 유행음악 창작은 중국 유행음악의 기본 풍격 기초가 되었다. 즉 민간선율과 서양 춤곡의 리듬을 서로 결합한 것으로, 당시에는 주로 탱고와 폭스트롯이었다. 악기 배치도 미국 재즈 음악의 풍격을 모방하였다. 앞에서 열거한 '가랑비', '도화홍', '쾌속열차' 등 작품은 격조가 높지 않고 어떤 것은 상당히 비속한데, 소시민의 저급한 취미에 영합한 것으로 당시에 심한 비판을 받았다. 섭이(聶耳)는 이런 작품을 비판하는 글을 쓰기도 하였다. 초기의 중국유행음악은 저속한 내용 외에도 조잡한 곡이 많았다.

항일전쟁이 일어나기 전 중국의 가곡 창작은 소수의 예술가곡을 제외하면 대체로 두 가지로 나눌 수 있다. 하나는 여금휘를 대표로 하는 유행음악이며, 다른 한 가지는 섭이·승성해(洗星海) 등을 대표로 하는 대중적 가곡이다.

1931년 9·18사변을 일으킨 일본은 중국을 침략하였다. 일제의 침략으로 항일을 주제로 한 민족적인 음악이 강조되었다. 영화 <풍운아녀(風雲兒女, 1935)>의 주제가로 작곡되었던 '의용군행진곡'은 이후 중국의 국가로 지정되었다.

섭이는 구국(救國) 가곡 창작에서 뛰어났는데, 2년 정도의 짧은 기간 동안 쓴 30여 곡 대부분이 널리 애창되었다. '졸업가(畢業歌)'·'신여성(新女性)'·'개척자(開路先鋒)'·'의용군행진곡(義勇軍進行曲)' 등은 행진곡 영역에서 선구자적 공헌을 한 작품이다. '비화가(飛花歌)', '새외촌녀(塞外村女, 변새 밖 마을의 여자)' 등은 민가풍(民歌風) 서정 가곡 중에서 독특한 풍격을 가진 작품이다.

구국 노래운동 중에 또 '대도진행곡(大刀進行曲)'(맥신(麥新) 작사/작곡), '적의 후방에 가다(到敵人後方去)'(승성해 작곡), '유격대가(遊擊隊歌)'(하록정(賀綠汀) 작사/작곡) 같은 행진곡풍의 곡을 들 수 있다. 이 시기에 기초를 다진 행진곡풍의 대중가곡(훗날 '대열(隊列)가곡'으로 불림) 등은 화음이 분화된 선율을 비교적 적게 채용하였고, 오음계(五音階)를 위주로 하였다.

이와 동시에 진보음악 종사자는 영화를 주요 매개로 하는 유행음악 창작활동을 하기도 하였다. 섭이의 '남양을 이별하며(告別南洋)', '매낭곡(梅娘曲)', '말발굽 아래의 가녀(鐵蹄下的歌女)', 임광(任光)과 안아(安娥)의 '어광곡(漁光曲)', '왕로오(王老五)', 하록정(賀綠汀)의 '사계가(四季歌)', '천애가녀(天涯歌女)'(작사: 전한(田漢)), '춘천리(春天裏)'(작사: 관로(關露)·하록정), '맑은 눈의 그 사람(秋水伊人)'과 유설암(劉雪庵)의 '하일군재래(何日君再來)'(작사: 패림(貝林)) 등은 모두 진보영화를 위해 만든 삽입곡이다.

한편 서구 문화의 영향을 받은 상해에서는 클럽들을 중심으로 향락적이며 낭만적인 노래들이 유행하였는데, 이를 '시대곡(時代曲)'[53]이라 부른다. 이 시기의 대표적인 가수로는 주선(周璿), 백광 등이 있으며 이들은 주로 클럽에서 노래하거나 라디오에서 라이브로 노래하면서 인기를 얻었다. 주선 같은 경우는 여기서 인기를 얻어 후에 영화계로 진출하기도 했다.

(3) 항일전쟁 시기

항일전쟁 기간 피점령지구의 괴뢰정권 통치자는 유행가의 선전 효과를 대단히 중시하였다. 만주국 시기에 유명 가수 이향란(李香蘭)은 유행음악의 풍운아였다.

> 이향란(李香蘭): 일본인. 중국에서 출생하였으며 본명은 야마구치 요시코(山口淑子, 산구숙자)이다. 전후 일본으로 돌아가 일본 참의원이 되었다.

그는 항전기간에 '만주아가씨(滿洲姑娘)', '금연가(戒煙歌)', '중국의 밤(支那之夜)', '소주야곡(蘇州夜曲)' 같은 다수의 유행가를 불렀다. 이러한 노래들은 모두 일본 군국주의 미화와 대동아공영(東亞共存)에 목적을 두고 만들었기 때문에 당시 중국 지식인과 민중들의 강렬한 반대를 불러일으켰다.

---

53) 상해에 뿌리를 둔 오래된 노래들, 이른바 '라오거(老歌)'를 당시에는 '시대곡(時代曲)'이라고 불렀다.

당시 활약하던 중국 유행음악 작곡가로는, 여금광(黎錦光)·진가신(陳歌辛)·요민(姚敏)·양락음(梁樂音)·엄공상(嚴工上) 등이다. 그중 영향력이 가장 컸던 사람은 여금광과 진가신이다.

- 여금광의 대표작: '야래향(夜來香)', '오월의 바람(五月的風)', '미친 세상(瘋狂世界)', '빈랑을 따다(採檳榔)'
- 진가신의 대표작: '어디나 장미가 피었어요(薔薇處處開)', '어부의 딸(漁家女)', '사랑의 불(戀之火)', '높은 곳에서(高崗上)' 등
- 정률성(鄭律成, 1914~1976): 조선사람
· '중국인민해방군군가': 1988년 중국공산당 중앙군사위원회 정식군가 비준
· 1937년 이후 중국에서 항일투쟁과 탁월한 음악적 업적으로 최고의 중국음악인 반열에 오름
· 1990년 북경아시아경기대회 개막식 첫 프로그램과 2000년 6·15공동선언 당시 김대중 대통령과 김정일 위원장의 첫 만남에 울려 퍼진 곡이 모두 정률성의 곡

---

(4) 항일전쟁 이후

항일전쟁 이후부터 연안을 중심으로 한 진보음악가들은 구국 노래운동을 계속했다. 승성해의 '황하대합창(黃河大合唱)'(광미연(光未然) 작사), 정률성의 '연안송(延安頌)'(막야(莫耶) 작사), 이겁부(李劫夫)의 '창가이소방우랑(歌唱二小放牛郞)'이 있으며, '군민대생산(軍民大生産)'·'남니만(南泥灣)'과 가극 '백모녀(白毛女)'·'류호란(劉胡蘭)' 등도 있다.

해방전쟁 시기에 들어서면 또 '해방구의 하늘(解放區的天)', '그 산은 좋은 곳(山那邊好地方)', '우리 노동자들은 힘이 있어요(咱們工人有

力量)'와 '승리행진곡(勝利進行曲)'이 출현하였다.

(5) 중국 건국~1978년 개혁개방 이전

'1949'년 공산당이 진주한 이후, 단칼에 모든 시민문화를 잘라 버렸다.
－문화부 부주임이자 문화평론가 해새장(解璽璋)－한마디로 침체기

중국 건국 이후 중국의 대중음악 중에는 사회 민생에 관심을 가지고 불합리성을 고발하는 비판적 작품이 적지 않았다. 하지만 대중가요는 음란가요니, 대중가요의 죄상이니 하며 본질이 왜곡되었다. 혁명가요를 제외하고 진실한 정감을 토로한 '경가요'와 '경음악'은 모두 금지되고, 무대 뒤로 사라졌다.

이 시기의 음악 공연(가창)은 민족창법과 미성창법을 서로 결합한 창법을 주축으로 하는데, 가세준(賈世駿)·마옥도(馬玉濤)·왕곤(王昆)·곽난영(郭蘭英)·곽송(郭頌)·호송화(胡松華)·여문과(呂文科)처럼 크게 대중들의 사랑을 받은 가수들이 있었다.

이 시기에는 가곡창작, 특히 군중가곡 창작이 주류를 이루었다. 그리고 행진곡과 신민가(新民歌) 창작이 위주였다. 행진곡은 점차 서정성에 편중되었고, 유명작곡가로는 왕신(王莘)·이겁부(李劫夫)·구희현(瞿希賢)·부경신(傅庚晨) 등이다. 신민가 창작은 민간소재를 가지고 변화 발전시킨 것과 민간음악 기초 위에 재창작한 두 가지 방향이 있었다. 이 분야는 진경(晨耕)·당가(唐訶)·부림(傅林)·우추(遇秋)·여원(呂遠) 등 부대작가(部隊作家)들이 참여하였다.

뇌진방(雷振邦)·석부(石夫)는 소수민족 음악 소재 운용 방면에서 독특하고 남다른 면이 있었다. 이 밖에 왈츠곡·설창가곡(說唱歌曲) 등의 방면에도 훌륭한 작품이 있었다. 또, 송가(頌歌)류의 대형 서정 가곡 발전은 독특한 체제로 발전하였다. 이 시기의 우수 가곡 작품 은 '혁명가곡대가창(革命歌曲大歌唱)'에 수록되었다.

문화대혁명 시기에는 '지청(知青, '知識青年'의 준말)'을 중심으로 가 요가 유행했었다. '지청(知青)'은 문화대혁명이 시작할 무렵 중고등학교 를 졸업하여 문혁에 파묻혔다. 그리고 문혁이 종료된 1977~1979년에 다시 학교에 늦깎이로 입학한 이들을 지칭하였다. 단지 '지청'들이 만 들어서 부른 지청가요(知青歌謠)가 대중가요의 풍격을 지니고 있지만, 이 또한 제국주의와 반동파를 대변하는 반동가요로 지정되어 금지되 고, 체포된다. 지청가요는 농촌 현지에서 유행하던 민가의 스타일을 보존하고 있다. 그래서 일부에서는 '민가'나 '민요'라고 부르기도 한 다. 하지만 대중음악의 풍격을 제대로 갖추지 못하고 있기 때문에 민 가나 민요에서 대중음악으로 건너가는 과도기의 형태로 볼 수 있다.

신중국 초기의 중국 음반업계는 구중국 시대를 이끌던 3대 百代, 勝利, 大中華는 1954년 상해인민창편창(上海人民唱片廠)으로 합병되었 고, 1955년 1월에 중국창편창(中國唱片廠)으로 개명함으로써 중국 전 역에서 유일하게 음반제작 공장만 남게 되었다.[54]

1958년 중국창편사(중국음반사)가 성립되었다. 같은 해에 품질 좋 은 음반생산에 성공하면서 음반 출반의 양과 종류가 큰 폭으로 성장 하게 되었다. 1963년 중국창편발행공사(中國唱片發行公司)는 중국창 편창에서 생산되는 모든 음반과 축음기, 부품 등 유통을 담당하였다.

---

54) http://baike.soso.com/v543562.htm

1964년부터 중국 음반의 해외 수출이 대폭 증가되면서, 소련·동남아 등 각국으로 수출되었고, 1965년의 경우 홍콩음반시장에서 중국음반의 점유율의 70%에 달하기도 했다.

> 이 시기의 중국음반은 혁명투쟁, 생산건설을 반영했고, 민족적 장점을 위주로 하였다. 특히 가곡 부분이 매우 빠른 성장세를 보였다.

(6) 개혁개방 이후의 음악산업(1978~)

1978년 중국공산당 11차 3중전회 직후 개혁개방정책과 더불어 문화예술 사업은 일대 전환기를 맞이하게 되었다. 홍콩과 대만의 영향을 받은 대중음악은 중국인들에게 많은 사랑을 받았다. 특히 등려군[55]은 많은 사람들로부터 사랑을 받았다. 개혁개방 천명으로 문호가 개방되었지만, 당시 유행가는 사회도덕을 문란하게 한다고 여겼다.

이 시기 음반사업은 다채롭게 확장되었고, 전국에 하나뿐이던 음반공사가 300여 개로 늘어나면서 크게 발전하기 시작하였다. 전통적으로 인민들의 사랑을 받아 오던 소제금(小提琴)협주곡, 월극(越劇), 로극(盧劇) 등과 중국예술가 전집 등이 발간되었다. 젊은이들의 열렬한 인기를 모은 중국 유행음악 또한 이 시기에 태동되었다. 유행음악의 출현은 중국음반사업의 발전을 이끌었다.

이 시기에 청년작곡가들은 활발한 창작활동을 하였다. 이들은 작

---

55) http://blog.daum.net/northbrook/998
http://blog.daum.net/kimjoannes/422. Teresa Teng / Dèng Lìjūn. 등려군의 원명은 등려균(鄧麗筠)이다. 대만 중남부의 운림현(雲林縣)에서 출생하였으며 조부의 고향은 하북성 대명현(大名縣)이다. 북경어, 대만어, 광동어, 인도네시아어, 영어 및 일어로도 노래를 불러 동아시아 전역에서 전성기를 구가하였다.

품에서 시대상을 잘 나타냈다. 예를 들면, 축주가(祝酒歌), 연경적붕
우래상회(年輕的朋友來相會), 결백적우모기심정(潔白的羽毛寄深情), 군
항지야(軍港之夜), 대해일양적심정(大海一樣的深情) 등이다. 이러한 곡
들과 영화삽입곡들이 어울려, 신시기의 첫 번째 유행가곡을 이루었다.

- 1982년: 국무원의 비준으로 '녹음녹화제품 관리임시규정'이 반포된 후에 각
  성시와 자치구의 방송사들 산하의 수많은 자체 음반영상출반기구가 성립
- 1984년: 전국에 약 100여 개 음반영상출판기구가 생겨났다.

1979년 광주 태평양영음공사 성립을 필두로 각종 음반 관련사들
이 출현하였다. 1979년 5월 태평양영음공사가 중국 최초로 '운작'이
란 브랜드의 카세트테이프를 내놓았다. 이와 동시에 음반제작기술도
많은 발전을 거듭하게 된다. 1980년 중국창편공사가 최초로 스테레
오 음반을 출시하였고, 1982년 스테레오 음반이 국가검증을 거쳐 대
량생산에 들어갔다. 중국 최초의 스테레오 카세트테이프는 역시 태
평양영음공사가 출시하였다. 녹음기와 카세트테이프의 보급은 유행
음악 발전에 획기적인 수단을 제공했다.

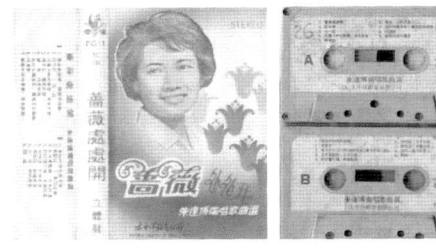

彌足珍貴的新中國第一盒卡帶[56) 出版日期: 1979年 新中國最早的電影原聲卡帶

성방원(成方圓)이 기타를 치며 노래하던 모양이 사람들에게 크게 어필하였고, 이때부터 중국 전국에 기타 열풍이 몰아쳤다. 중국 각지에서 기타를 배우려는 사람이 많아졌고 대회도 열렸으며, 이를 통하여 많은 음악 인재가 양성되었다. 또한 수많은 복제기법이 나타나면서 해외, 외국과 홍콩 등지의 중국 곳곳으로 퍼져 나갔으며, 다양한 음악 장르가 전파되었다.

그러나 대중가요는 대중화, 유행화, 개인화의 성향이 강하여 초보적 전환기의 사회 기풍과는 조화되지 못하고, 한동안 뭇사람의 비난의 대상이 된다.

 일본의 산요(Sanyo)사가 '카세트'를 덤핑으로 중국에 수출하였다. 카세트의 보급으로 일본과 대만, 홍콩에서 활동하던 등려군의 이름이 중국 전 지역에 널리 알려지게 되었다.

거리의 아이들은 카세트를 들고 다니며, 등려군의 '살며시 입 맞춰 줘요(輕輕的一個吻)', '달님이 나의 마음을 드러내고 있네요(月亮代表我的心)'[57] 등 노래를 들었다.

1979: 광주에 太平洋影音公司 설립. 중국 최초 테이프 음반 발행

1983년 ≪가곡(歌曲)≫이라는 잡지에서 '가장 사랑받는 15곡의 가

---

56) http://blog.sina.com.cn/s/blog_5452015c0100c275.html
57) http://tv.mofile.com/8HAUXS7S/ 月亮代表我的心.

곡'을 선정하였다. 이 곡들은 무수한 청년들의 마음을 움직임으로써 유행음악에 대한 인식에 대전환점을 마련하였다. 모두가 서정가요였고, 혁명가요는 한 곡도 찾아볼 수가 없었다.

15곡

'오빠를 찾은 누이 눈물을 흘리네(妹妹找哥淚花流)', '태양의 섬에서(太陽島上)', '축하주의 노래(祝酒歌)', '우리의 생활은 햇빛으로 가득하네(我們的生活充滿陽光)', '안녕 엄마(再見吧!媽媽)', '콸콸 솟는 샘물소리(泉水叮咚響)', '변방의 샘물은 맑고 깨끗하네(邊疆的泉水淸又純)', '사랑하는 사람이여, 어서 내게 힘을 주오(心上人啊, 快給我力量)', '바다와 같은 마음(大海一樣的心情)', '청춘아 청춘(靑春啊靑春)', '하얀 깃털에 내 마음 실어(潔白的羽毛寄心情)', '우리의 내일은 달콤할 거야(我們的明天比甜蜜)', '융화(絨花, 자귀나무꽃)', '날아오르는 물보라 속의 환희의 노래(浪花裏飛出歡樂的歌)', '영원히 그대와 함께 하리(永遠和你在一道)'

1930년대의 대중음악의 작곡 기법과 비슷하며 탱고풍격인 '고향 연정(鄕戀)'이 나오면서 중국 대중들은 열광을 하였다. 사람들은 진정한 대륙 대중가요가 드디어 세상에 나왔다고 하였다.

1983년 하반기에 들어 대부분 대중가요가 금지된다. 1984년과 1985년 두 해 동안에 대중가요가 방송을 탄 경우는 '보름달(十五的月亮)', '별밤 바라보기(望星空)'가 전부이다.

1986년 '제1회 전국 청년 민간음악, 통속가요 경연대회'와 1986년 5월 9일 북경 공인체육관에서 거행된 '100인 콘서트'가 열렸다. 이 시기를 기점으로 중국 대중음악은 스위트송, 서북풍, 수인가요, 풍속가요, 민요 등으로 다양해졌다.

이 두 대회는 당시 가수와 국민들 사이에 일대 센세이션을 일으켰다. 며칠 뒤 중국 전역 각지에서 '세계에 사랑이 충만토록 하세(讓世界充滿愛)'가 울려 퍼졌고, 카세트테이프가 180만 개가 팔렸으며 세계 각국에서 판권을 사들였다. 콘서트에서 최건이 '아무것도 가진 것 없네(一無所有)'를 불렀는데, 이는 중국 로큰롤의 시발점이라 할 수 있다.

1987년부터 1988년 사이에 서북풍이 인기를 얻었다. 서북풍은 서북지방의 특색을 지닌 유행가곡으로써 그 풍격이 민가, 지방희곡과 일맥상통한다. 그중 전진(田震)의 '아열련적고향(我熱戀的故鄕)', 항천기(杭天琪)의 '신천유(信天遊)', 호월(胡月)의 '황토고파(黃土高坡)'와 '주서구(走西口)', 나영(那英)의 '산구구(山溝溝)' 등이 유명하다.

서북풍의 인기가 사라진 후, 중국에는 TV연속극 삽입곡 정도가 인기를 얻었다. 모아민(毛阿敏), 유환(劉歡), 이나(李娜) 등이 인기를 얻었다. 1980년대 중후기부터 1990년대 초기에는 TV를 통해 유명해진 사람들이 가수로 전환하여 인기를 끌었다.

1987년을 전후로 홍콩이나 대만의 음악풍과는 차별된, 호방하며 웅장한 북방민족가의 선율과 로큰롤이 유행하였다. 최건은 절규에 가까운 록음악을 하였는데, 최건의 음악은 중국 록음악의 역사를 바꾸게 되었다. 이 시기는 중국 자체의 최초의 유행음악시기라 할 수 있다. 1980년대 이래 역사와 문화에 대한 반성이라는 시대적 정서를 반영하여 대중의 억눌린 감정을 대변하였다.

- 1989년에 가라오케가 중국에 들어오면서 중국에서 매체의 개혁이 이루어지기 시작하였다.
- 1980년대 중반부터 1990년대 초반까지는 중국 카세트테이프 판매가 최고조에 이른 때이다. 이때 자신의 노래이건 남의 노래이건 카세트테이프의 놀랄 만한 판매호조는 음반업계에 고액의 이윤을 안겨 주었다.
- 서북풍, 치우거(囚歌, 수감자가 부른 노래) 심지어는 1980년대 말 1990년대 초 유행한 홍콩, 대만 음악 열풍 할 것 없이 모두가 당시 음반업계에 엄청난 판매량과 고액의 이윤을 가져다주었다.
- 1990년대에 들어서서는 1992년 중창상해공사의 '홍태양'이 700만 장의 마치 '회광반조' 같은 판매신화를 이루었고, 이는 중국 음반 역사상 카세트테이프 판매의 최고 정점이 되었다.

1987년 CD음반이 태평양영음공사에서 출판되었고, 이는 중국 음반업에서 녹음매개체의 새로운 전환점이 되었다. 1990년대 중기부터 오디오 컴포넌트가 일반 가정에 보급되면서부터 CD음반이 점차 음반제품의 주요 소비품으로 떠오르며 음반제품의 매개체 또한 LD, VCD, DVD 등으로 확대되기 시작했다.

중국 현실 비판 민요(民謠)

- 1980년 중반 농민의 애환을 담은 민요 -
자가용 타는 사람 호요방보다 월급 많네
큰길가 높은 담장집 조자양보다 더 잘 버네
공산당은 태양 같아 멀리멀리 비추는데
당 정책은 달과 같아 나날이 달라지네

- 혁명간부들의 한탄을 담은 민요 -
땅 부자는 우쭐대고 지식인은 오만하네

공농은 맥 빠지고 간부는 원통하네
ML 주의 빛을 잃고 사회주의 방향 없네
당의 지도 무력하고 무산 독재 대상 없네

− 퇴근하는 서민의 애환 −
연해 사람 살판나고 가게주인 부자 되고
부패관리 술 취하되 월급쟁이 괴롭구나
공농병학상(工農兵學商) 모두를 장사로 나서니
당 중앙 거침없이 물가만 올리네
모(毛) 선생의 나쁜 시절엔 1元이 1元이더니
등(鄧) 선생의 좋은 시절엔 1元이 10錢이라네

− 퇴폐적인 사회기풍을 개탄하는 민요 −
중앙은 조각(組閣)에 바쁘고
성시(城市)는 출국에 바쁘고
현급(縣級)은 먹고 마시기에 바쁘고
대중은 도박에 바쁘구나

− 관리들의 부패 관련 민요 −
그대가 옳다면 옳고, 그른 것도 옳다네
그대가 그르다면 그르고, 옳은 것도 그르다네
일 잘하는 것이 말 잘하는 것만 못하고
말 잘하는 것이 뇌물 잘 쓰는 것만 못하다네

− 당시 유행하던 '공민가(公民歌)' −
1등 국민은 공복이로세, 자자손손 복누리네,
2등 국민은 매판이로세, 양년 끼고 놀아나네,
3등 국민은 부패관리, 먹고 마실 걱정 없네,
4등 국민은 개인업자, 세금포탈로 치부하네,
5등 국민은 배우로세, 엉덩이 흔들어 돈 번다네.

등외 국민은 백성이로세, 뢰봉 배워 혁명하네.

- 1992.4.20. 경향신문에서 발췌 -

(7) 1990년대~현재

1990년대로 들어오면서 대륙음악계는 힘을 잃었고, 홍콩과 대만 스타들이 음반 시장을 장악하였다. 홍콩과 대만 가수들이 중국가요 계를 점령한 이유로는 ① 홍콩, 대만의 발전된 스타산업, ② 중국에 는 스타산업의 체제적 기반의 전무, ③ 정신노동을 평가절하했던 당 시 중국의 사회적 분위기, ④ 특히 작곡가의 경우 주체성 확립이 미 약하여 뚜렷한 음악적 개성이 부족하였기 때문이다.

1990년대부터 외국과 활발한 대중문화 교류가 이루어지지만, 여 전히 제한은 있었다. 당시, 외국의 대중음악이나 영화가 중국으로 유입하려면 정부기관이 발행하는 허가증을 가지고 있는 단위로부터 정부의 심사절차를 거쳐야 했다.

- 1993년: 음반회사가 '가수와 계약'을 맺는 것이 유행. 기획 포장 제작 인 프로덕션 제도 등을 만들어 가수를 위해 상업화를 하기 시작
- 전속 열풍 형성: 알맞은 음악 프로듀서 확보의 중요성을 대륙 가수들 이 인식하기 시작. 그리고 음악 프로듀서의 소질, 관념, 의도가 직접 적으로 가수의 부침을 결정하게 되었음
- 1993년 초: 북경의 제1호 가수 매니저 회사 창업-음악 매니저를 '음 악상인'이라 부름
- 1993년: 애경(艾敬)의 '나의 1997(我的1997)'[58]＝도시민요를 중국어 권 음악계의 주류 음악으로 만듦

- 1995년: 전속사 해약 열풍
- 1998~1999년: 세계적인 음반사들이 본격적으로 대륙의 음반산업에 개입하기 시작. 음악도 재즈, R&B, 힙합, 레게, 랩 등 다양해졌다.
- 2000년대: 한류의 영향으로 한국음악(H.O.T, NRG 등) 유행
- 2002년: '2002년 운남 려강(麗江) 화이트 마운틴 음악축제' 개최＝진정한 의미가 있는 최초의 록음악 페스티벌이라는 평가

한편, '90 현대음악회'를 통해서 신세대 록그룹과 로커들이 대거 선을 보이고 주목을 받았다. 1991년 12월 26일, 중상상해공사(中常上海公司)에서 모택동 탄생 98주년을 기념하여 '紅太陽－毛澤東頌歌新節奏聯唱'을 만들었다. 이때 700만 개의 음반을 팔게 되면서 '붉은 태양현상(紅太陽現象)'을 일으켰다.

중국창편회사(CRC)가 독점해 오던 음악 출판과 음반 배급이 정부가 관리하고 지원하는 음악출판회사들에 의해 분권화하는 변화가 시작하였다.

1992년 이후 중국의 대중음악은 정상적인 궤도에 진입한다. 북경과 광주가 음악 제작 양대 중심지가 되었다.

광주의 '신시대(新時代)'는 이미 1991년에 강서성 출신인 청순가련형의 양옥영(楊鈺瑩)을 데려와 '스타 만들기 운동'을 벌였다. 신시대는 회사에서 출품된 비디오테이프의 전반부에 모두 양옥영의 청순한 이미지를 담은 30초의 홍보영상을 삽입했다. 1991년 양옥영이 취입한 3개의 스위트송 앨범은 100만 장을 넘게 발행되었고, 1992년 '바람에 사랑 품고 물결에 미소 담아(風含情水含笑)'는 몇 개월 만

---

58) http://you.video.sina.com.cn/b/19620659－1599672891.html 艾敬 我的1997.

에 50만 장이 발행되고, 그해 최고의 앨범이 되었다. 1990년대 초, 홍콩과 대만의 가수가 인기를 얻고 있을 때, 신인가수였던 양옥영은 1991년을 자신의 해로 만들었다.

신시대는 1992년 다시 모녕(毛寧)과 계약을 하고 또 한 명의 새로운 신인스타를 제조하는 데 전력을 기울였다. 1992년 7월 모녕, 양옥영, 모아민(毛阿敏), 해효동(解曉東) 등이 홍콩의 '92중국풍 대중가요 콘서트'에 참가하였는데, 이때, 모녕의 인기는 폭발적이었다. 1993년도에 광주음악계의 스타 만들기 활동이 전면적으로 확대되었다.

1993년 중국어권 4대 히트 가요로 꼽힌 가요
- 모녕(毛寧): '파도소리는 예전 그대로인데(濤聲依舊)'[59]
- 이춘파(李春波): '샤오팡(小芳)'[60]
- 주화건(周華健): '미인의 마음(花心)'[61]
- 장학우(張學友): '작별의 입맞춤(吻別)'[62]

2000년 초반에 들어 로큰롤은 무더기의 노브레인 펑크들로 인해 열기가 식어 버린다. 그다음은 랩 메탈(rap metal)의 양산과 복제다. 또한 전국을 흥분의 도가니로 몰아넣었던 노장 가수들은 점차적으로 열정을 잃어갔고, 팬들의 기억 속에서도 점점 잊혀 갔다. 2002년 하반기에 이르러, 왕봉(汪峰)과 도방자(跳房子)가 매스컴과 대중들의 주목을 끌면서 로큰롤을 대중음악의 대형 스테이지로 되돌려 놓았다.

---

59) http://you.video.sina.com.cn/b/19550066-1567278243.html 毛寧 濤聲依舊.
60) http://www.56.com/u48/v_NDIyMjA1MDE.html 李春波 小芳.
61) http://v.youku.com/v_show/id_XMTIxODY5ODQ=.html 周華健 花心.
62) http://v.ku6.com/show/EZ64TgsE5sL4c7fY.html 張學友 吻別.

3) 주요 가수

(1) 남주북이(南朱北李)

남주북이(南朱北李)는 상해를 주 무대로 한 주봉박(朱逢博)과 북경을 주 대무대로 한 이곡일(李穀一)을 가리켜 일컫는다. 산동성 제남 출신인 주봉박은 1960년대 상해 가극원에 있으면서 민족가극 '홍산호(紅珊瑚)', '유삼저(劉三姐)', '사장적여아(社長的女兒)' 등을 부르면서 유명해졌다. '사인방' 몰락 후, 창작가곡인 '미려적심령(美麗的心靈)', '나취시아(那就是我)' 등과 대만학원가곡인 '감람수(橄欖樹)' 스코틀랜드 가곡인 '하일최후적매괴(夏日最後的玫瑰)' 등으로 인기를 얻었다.

朱逢博

李穀一

이곡일은 호남예술학교에서 춤을 전공하고 1965년 화고희(花鼓戲) '보와(補鍋)'를 통해 유명해졌다. 1970년대와 1980년대 이곡일은 가장 인기 있는 가수였으며, 당시 인기를 끌었던 영화들의 삽입곡 대부분을 불렀다. 그녀가 부른 '난망금소(難忘今宵)'은 오늘날에도 불리고 있다. 1980년대 말에 부른 '전문정사대완다(前門情思大碗茶)' 등은 지방색과 곤곡 특색을 지녀, 다시 희가(戱歌) 풍조를 일으키기도 하였다.

> 이곡일이 氣聲창법(그녀 자신은 경성으로 부를 뿐이라고 해명함)으로 노래를 불렀다고 하여 변절한 매국노가 되었다.

(2) 등려군(鄧麗君, 1953~1995)

"등소평은 노등(老鄧), 등려군은 소등(小鄧)"

신시기(1976~1989), 중국인들에게 대중음악을 가르쳐 준 전도사라 할 수 있는 등려군은 1995년 42세 때 심한 천식으로 태국 치앙마이에서 사망하였다.

중국 대중음악계에서는 정치적으로 국민당에 경도되어 있다는 이유로 등려군의 노래를 '미미지음(靡靡之音, 퇴폐적 음악), 음란가요'로 규정한 뒤 부르지 못하도록 하였다. 혁명음악가들은 등려군과 1930년대에 만들어진 모든 대중가요를 비난하였다. 하지만 녹음기의 대량 보급으로 중국 전역에 급속히 전파되었다.

게다가 당시 유행하던 몇몇 서정가요에 대해서도 비난을 멈추지 않았다. 1991년에 이르러 '중창'과 '폴리그램(Polygram) 홍콩'의 노력에 힘입어 등려군의 테이프가 합법적으로 중국 대륙으로 들어왔다.

1980년 9월 ≪北京晚報≫에서 '신예스타 음악회'란 공연을 주관하였다. 이때 이 무대에 올라 인기를 얻은 젊은 가수로는 朱明英, 成方圓, 朱逢博, 蘇紹明, 遠征, 鄭緒嵐, 王潔實, 謝莉斯, 朱曉琳, 沈小岑, 程琳(鄧麗君을 모방함) 등 신시기 제1세대 가수들이었다. 하지만 이들은 모두 블랙리스트에 올랐고, 노래가 금지되었다.

(3) 정림(程琳, 1967~)[63]

 '중국의 등려군'이라 불리는 정림은 하남성 낙양 출신이다. 7세 때 二胡를 배우기 시작하였고, 10세 때 무대에 올라 연주를 하였다. 13세 때 가수로 데뷔를 하게 된다. '작은소라나팔(小螺號)' 등 5곡을 불러, 관중들로부터 70차례의 박수를 받았다고 한다.

무대에서 내려왔을 때도 환호하는 사람들로부터 에워싸였다고 한다. 하지만 두 달 뒤, 어떤 신문에서 정림이 관중을 조롱했다는 기사가 실렸고, 이에 소속 단체에서는 그녀가 무대에 오르는 것을 금지시켰다.
1981년에 재기를 한 정림은 광주태평양영음공사(廣州太平洋影音公司)와 계약을 하여, '어린 시절의 유모차(童年的小搖車)'를 녹음하였다. 이때 50만 장이라는 음반을 팔았지만, 다시 공연이 금지되었다.[64]
1982년 정림은 대만의 후덕건(侯德健)과 함께 듀엣으로 '너와 나의 내일(你和我的明天)'을 열창하였다. 이때 후덕건은 기타를 치고, 정림은

---

63) http://play.hupo.tv/tv/8649346.html 程琳 小螺號.
64) http://play.hupo.tv/tv/8829204.html 童年的小搖車.

二胡를 연주하며 중국인의 공통된 염원을 함께 노래하였다. 이를 계기로 금지령이 풀린다.[65]

(4) 장명민(張明敏, 1956~)

1984, 홍콩의 장명민은 안경을 쓰고 중산복을 입은 채 새해맞이 버라이어티쇼 무대에 오른다. 걸으며 노래하는 그의 모습은 당시 중국인에게는 파격적인 느낌을 주었다. 그가 부른 '나의 중국사랑(我的中國心)'[66]은 팬들뿐만 아니라 대중음악에 대한 가치를 느끼지 못하던 사람들에게도 감동을 주었다. 그리고 당시의 신문과 잡지에서는 장명민에 대해 찬사를 보냈다.

---

65) http://www.tudou.com/programs/view/G_hEP1cYmnA/ 你和我的明天.
66) http://v.blog.sohu.com/u/vw/2485887 張明敏 我的中國心.

제2부

중국문화산업과
스토리텔링

1. 문화산업의 정의와 특징

문화산업의 좁은 의미는 "오락의 요소가 상품의 부가가치 형성에 커다란 역할을 하는 산업"을 의미하고, 넓은 의미로는 "문화와 예술 분야에서 창작되거나 상품화되어 유통되는 모든 단계의 산업", "이윤 추구를 목적으로 문화와 예술을 상품화하고 생산하여 시장에서 거래하는 것"을 의미한다.

> 미국의 재정수입 중 가장 많은 부분을 차지하는 게 국방산업이고, 문화산업이 그 뒤를 잇고 있다. 그리고 미국이 국가 이미지를 긍정적으로 만들고, 자국의 이데올로기를 선전하는 기능을 담당하는 게 바로 '소프트파워(Soft Power)'라 불리는 '문화산업'이다. 중국도 최근 소프트파워를 강조하고 있다.

문화산업의 대표적 특징은 '창구효과(Window Effect)'이다. 하나의 문화상품이 문화산업의 일개 영역에서 창조된 후 부분적인 기술적 변화를 거쳐 문화산업 영역 내부 혹은 다른 산업의 상품으로서 활용이 지속되면서 그 가치가 증대되는 효과이다. 단점은 원소스(One-Source)의 흥행 여부에 따라 파생상품의 흥행이 결정한다.

OSMU(One-Source Multi-Use)는 하나의 원천 콘텐츠가 게임/만화/영화/캐릭터/소설/음반 등 여러 가지 2차 문화상품으로 파급되어 One-Source의 흥행이 2차 상품의 수익으로까지 이어지는 문화상품만이 가지는 연쇄적인 마케팅 효과이다. 효과는 제품이나 서비스의 인지도를 높이기 위해 사용되는 마케팅 비용을 상대적으로 줄일 수 있을 뿐만 아니라 한 장르의 성공이 다른 장르의 문화상품 매출에도 영향을 끼친다는 점에서 문화콘텐츠의 핵심 마케팅 전략이다.

OSMU의 사례
아기공룡 둘리, 미키마우스

OBMU(One-Brand Multi-Use)이다. '미디어 믹스'전략이라 불리는 이 개념은 하나의 문화콘텐츠를 게임/출판/음반/영화/애니메이션 등으로 동시에 발표하는 것을 말한다. OBMU는 시너지 효과를 겨냥한 새로운 마케팅 전략으로 최근에 각광을 받고 있다.

OBMU의 사례
영화 〈매트릭스〉, 〈해리포터〉 등 게임과 애니메이션의 동시발매

'립스틱 효과'는 경제학에서 특정 소비현상을 비유한 데에서 유래한 용어로, 불경기에 립스틱과 같은 저렴한 비생필품 매출이 큰 폭의 상승세를 보이는 현상을 가리킨다.

---

2. 중국문화산업

- 1994년: 문화산업이란 말 처음으로 사용
- 1998년: 문화부 산하에 '문화산업처' 설립
- 2002년: 공식적으로 문건화(제16차 전국대표대회)
- 2009년: 문화산업진흥규획
- 2010년: "문화산업진흥과 발전 및 번영을 위한 금융지지에 관한 지
  도의견"이 반포
- 2011년 제17차 6중전회: 중공중앙 문화체제 개혁 심화 및 사회주의
  문화 대발전 대번영 촉진에 관한 몇 가지 중대 문제 결정
- 2020년까지 문화개혁발전의 완성을 목표

---

1) 중국문화산업의 현황과 특징

중국은 문화사업 및 문화산업을 국가적 전략사업으로 지정하고
전 국민의 문화적 소양 제고, 국가 문화 소프트파워(soft power,
軟實力) 증대 및 중화문화의 국제 영향력 강화를 목표로 하고 있다.
또한 중국 특유의 사회주의 문화발전 방식을 유지하고 과학, 기술,
창조력을 기반으로 현대화·세계화·미래화를 지향하여 2020년까

지 문화개혁발전의 완성을 목표로 하고 있다.

'문화산업'이란 말은 1994년 ≪중국문화보(中國文化報)≫에서 처음으로 사용하였다. 그 이전에는 "문화는 문화선전사업 등으로 사상을 강화하는 수단 정도"로만 인식하였다. 그리고 1998년 문화부 산하에 '문화산업처'를 설립하면서 정부의 체계적인 지원하에 발전할 수 있는 토대를 마련하였다.

문화산업이라는 개념이 공식적으로 문건화되어 사용하기 시작한 때는 2002년 중국공산당 제16차 전국대표대회에서였다. 이때 문화산업의 진흥을 '전면적인 소강사회 건설'에 필수 불가결한 전략적 부문으로 확정하였다. 문화시장체제의 개혁과 관리메커니즘의 정비 및 문화산업정책의 강화를 통해 중국문화산업의 총제적인 국제경쟁력을 강화할 것을 강조하였다.

중국의 문화산업은 2004년 이후 연평균 20% 이상의 성장률을 보였다. 2009년 7월 22일 국무원 총리 온가보가 주최한 국무원 상무회의에서 문화산업진흥규획(文化産業振興規劃)이 통과되었다. 문화산업진흥규획은 문화산업을 국가적인 산업으로 삼아 정식으로 국가 차원의 조정과 진흥 기획에 들어간다는 중요한 의미를 보여 준다. 문화산업을 국가 지주성 산업으로 성장시키겠다는 중국 정부의 의지에 따라 2009년 9월 "문화산업진흥규획", 2010년 4월 "문화산업진흥과 발전 및 번영을 위한 금융지지에 관한 지도의견"이 반포되었다.

그리고 2011년 제17차 6중전회에서 "중공중앙 문화체제 개혁 심화 및 사회주의 문화 대발전 대번영 촉진에 관한 몇 가지 중대 문제 결정(中共中央關於深化文化體制改革, 推動社會主義文化大發展大繁榮若干重大問題的決定)"이 통과되었다.

2011년 중국 재정부 장소춘(張少春) 부부장은 최근 "전국 재정, 교육·과학·문화 및 사업자산 관리업무 회의"를 통해, 12·5규획기간 동안 "정부의 물자조달, 문화사업 보조, 기금마련 등의 정책을 수립하여 각계 기업 및 개인의 문화건설 참여를 도모하고, 문화산업 정책 관련 재정, 세금징수, 금융 등 각 분야의 업무관리를 강화하고, 문화사업을 시행하는 국유기업에 정책지원 기간을 5년 연장"하는 등 기업의 체제개혁을 독려할 것이라고 밝혔다.

중국문화산업진흥 5대 사업의 일환으로 2011년 7월 6일 중앙재정은 북경에서 200억 원(한화 약 3조 3,400억) 상당의 중국문화산업투자펀드(中國文化産業投資基金)를 설립하였다.

통계에 따르면, 11·5규획기간(2006~2010) 동안 문화교육 및 매스미디어 분야의 지출이 연평균 20.9%의 증가율로 전국 재정 수입의 연평균 증가율인 21.3%에 못 미쳤다. 이에 장소춘 부부장은 "공익성 문화사업 기업의 체제개혁을 지속적으로 촉진하고 사회기여를 독려하며, 공익성 문화사업을 시행하는 기업에 대한 세금혜택 정책을 수립해야 한다"고 언급했다.

2) 중국의 문화산업 원칙과 분류

중국의 문화산업분류 원칙은 3가지로 요약할 수 있다. 첫째, 중앙당 국무원 등 문화사업과 문화산업의 방침 및 정책 개혁정신을 지도원칙으로 한다. 둘째, 문화체제로의 개혁수요를 만족함과 동시에 정부 부분 관리 수요를 제대로 감독하여 문화활동 및 산업이 보유하고 있는 특장점을 고려한다. 셋째, 중국자체분류체계인 국민경제산업분류 국민경제업종분류(國民經濟行業分類)를 기초하고 있다. 이 외에 중국이 처해 있는 현실적인 면인 1) 사회 대중에게로 문화 오락 및 서비스의 제공, 2) 문화와 기존산업과의 연관관계 등을 고려하고 있다.

2003년 7월에 중국정부가 발표한 '문화 및 관련 산업분류'에서는 문화산업을 크게 '주요 산업층', '외부산업층', '관련 산업층'으로 분류하였다.

2004년 16차 전국대표대회에서 문화 건설과 문화체제 개혁에 대한 요구를 실현시키기 위해서, 국가통계국의 주도로 과제팀이 결성되었고, ≪문화 및 관련 산업분류(文化及相關產業分類)≫가 발표되었다.[67] 이 분류기준은 UNESCO(국제연합교육과학문화기구)의 문화통계기준에 비교적 근접했다.

마경규(馬京奎) 국가통계국 사회과학기술통계사(國家統計局社會和科技統計司) 사장(司長)은 "경제 센서스에서 국가통계국은 '문화 및 관련 산업'을 '문화산업'으로 통칭했으며 '사회 대중에게 문화, 오락 상품과 서비스를 제공하는 활동이다. 그리고 이와 연관되는 활동의 집합'이라고 정의했다. 이런 분류기준에 따라 문화산업은 9개 대부류와 24개 중간부류로 구분되고 여기에 국민경제산업(行業)의 99개 소부류가 포함된다"고 밝혔다. 또한 문화산업의 9개 대부류는 3가지 범주로 구분되는데, 첫째는 전통적 의미의 문화산업을 위주로 하는 '핵심층(核心層)', 둘째는 개혁개방 이래 발전하기 시작한 문화산업 중심의

---

67) http://www.stats.gov.cn/tjbz/t20040518_402369832.htm 國家統計局關於印發≪文化及相關產業分類≫的通知 國統字[2004]24號.

'외연층(外圍層)', 셋째는 문화상품을 생산, 판매하는 '연관층(相關層)' 이다. 문화산업 '핵심층'에는 뉴스서비스(新聞服務), 출판발행과 판권서비스(出版發行和版權服務), 라디오·TV·영화서비스(廣播, 電視, 電影服務), 문화예술서비스(文化藝術服務) 4개 영역이 포함된다. 문화 산업 '외연층'에는 인터넷문화 서비스(網絡文化服務), 문화·레저·오락서비스(文化·休閑·娛樂服務), 기타 문화 서비스(其他文化服務) 3대 영역이 포함된다. 문화산업 '연관층'에는 문화용품(文化用品), 설비 및 관련 문화상품(設備及相關文化産品)의 생산과 판매 두 영역이 포함된다.[68]

2012년 7월 국가통계국이 발표한 《문화와 관련 산업분류(文化及相關産業分類)(2012)》에서 문화와 관련 산업분류를 10개 대부류로 분류하였다. 그중에서 '문화창의와 설계서비스'가 분류되었다. 문화창의와 설계서비스에는 구체적으로 광고서비스, 문화정보서비스, 건축설계서비스(建築設計服務)와 전문설계서비스(專業設計服務)가 포함되었다.[69]

국가통계국은 2004년의 《문화 및 관련 산업분류》와 비교해 볼 때 2012년의 《문화와 관련 산업분류(2012)》는 다음과 같이 세 가지 특징이 나타난다.[70]

첫째, 문화와 관련 산업의 정의가 한층 더 완성되었는데, "사회 대중에게 문화상품과 문화 관련 상품의 생산활동을 제공하는 집합체를 가리킨다"라고 하였다. 게다가 범위를 문화상품의 생산활동과

---

68) http://www.cnci.gov.cn/content/2010616/news_58376.shtml 中國文化産業"家底"大盤點.
http://www.stats.gov.cn/tjbz/t20040518_402369832.htm 文化及相關産業分類.

69) http://house.focus.cn/news/2012-08-01/2216038.html 國家統計局修訂文化産業分類 新增"文創"類.

70) http://news.xinhuanet.com/yzyd/fortune/20120808/c_112655971.htm 統計局頒布《文化及相關産業分類》新標準.

문화 관련 상품의 생산활동으로 해석하였다.

둘째, 중국문화산업 발전의 새로운 정황과 새로운 변화에 적응을 위해, 원래 갖고 있던 분류구조와 구체적인 내용을 조정하였다. 문화창의(文化創意), 문화 새로운 산업 형태, 정보설계서비스, 문화를 함유하는 특색 있는 상품 등 내용과 일부 산업 소분류를 증가하였다. 그리고 여행사, 레저건강오락활동, 교학 모델사용 및 교구제조, 기타 문화교육의 사무용품 제조, 기타 문화사무기계제조와 경품권활동 등을 삭제하였다.

셋째, 중국문화체제개혁은 이미 새롭게 시작하였고, 문화산업형태가 끊임없이 융합하고, 문화의 새로운 산업형태는 끊임없이 생겨나고 있다. 그리고 많은 문화산업활동이 핵심층인지 외연층인지 구분하는 게 매우 어려워졌다. 이러한 이유로 이번 수정안은 더 이상 3개 구분으로 유지하기는 힘들어졌다.

2012년에 수정된 새로운 분류에서는 '문화상품의 생산활동, 문화상품 생산의 보조활동, 문화상품의 생산활동과 문화전문설비의 생산활동' 4개 방면으로 분류하였다. 그중에서 문화상품의 생산활동은 문화와 관련 산업을 구성하는 주체이고, 다른 세 가지는 문화와 관련 산업의 보조이다.

3. 개혁개방 이후 중국문화산업 발전

중국이 개혁개방 이후 문화산업의 발전과정을 4단계로 나눌 수 있는데, 구체적인 내용은 다음과 같다.

1) 문화산업의 태동(1979~1985)

1978년 12월 11차 3중전회에서 개혁개방을 천명하였다. 이 이후부터 1985년까지는 중국문화산업 발전의 태동기라 할 수 있다. 문호개방으로 홍콩, 대만, 일본, 미국 등에서 드라마가 수입되었다.

그리고 일본의 소니사 제품의 워크맨이 보급되면서 중국인들은 새로운 문화를 접하게 되었다. 이를 기반으로 1980년대 초 중국에서는 녹음과 음반제작이 가능하게 되었고, 촬영기기 등이 수입되었다. 1983년에는 상해와 광주에서 촬영기기 생산이 최초로 이루어져서 중국의 음악영상산업이 가능토록 하였다.

개혁개방 이후 경제발전과 사회변화 속에서 중국의 문화산업은 초기 단계에 접어들었다고 할 수 있다.

2) 문화산업의 점진적 확대(1985~1992)

개혁개방 이후 서구 시장메커니즘의 도입과 선부론에 입각한 불균형발전전략에 힘입어 동부 연해를 중심으로 경제가 발전하기 시작하였다. 경제발전과 소득증가는 중국문화산업 시스템의 변화를 초래하였다.

중국인들은 문화산업에 대한 인식과 태도 및 소비성향이 점점 오락성과 다양성 및 참여성으로 바뀌기 시작하였다. 그리고 각종 유락시설과 오락시설이 증가하기 시작하였다. 중국정부는 1988년에 효율적인 문화산업관리를 위해 문화산업 전담 부서를 설치하였다.

3) 문화산업의 전면적 확대(1992~1999)

1989년 천안문 사건 발생 이후 보수파가 집권하면서 개혁개방의 속도가 다소 주춤거렸다. 1992년 초 등소평은 남순강화를 통해 지속적인 개혁개방을 강조하였다. 이후 중국의 경제발전에 더욱 박차를 가하였다.

남순강화 이후, 중국문화산업에도 변화가 일어났다. 그동안 중국정부가 주도적으로 직접 관리를 하다가 간접관리로 변하기 시작하였다. 그리고 일방적 처리의 문화에서 관리의 문화로, 소규모문화에서 규모경제의 문화로 변하기 시작하였다.

- 개혁개방 이후~1992년: 중국문화산업이 어느 정도 완성되는 시기
- 1992년 이후
  - 외국자본들이 중국문화산업에 관심을 갖기 시작
  - 문화요소시장이 발전하기 시작
  - 북경, 상해, 광주 등 주요 거점도시를 중심으로 발전하였고, 문화산업이 전문화되고 규범화되었으며 국제화를 이루기 시작

4) 문화산업의 체계적 확대(2000년 이후)

2000년대에 들어서서 중국이 문화산업은 체계적으로 발전하는 토대가 마련되었다. 2000년에 문화산업 발전정책이 제정되었다. 주요 내용은 문화산업 발전을 가속화하고, 문화건설의 새로운 국면을 창조하는 것이다. 주요 목적은 중국문화의 선진성과 독특성, 응집력과 감화력을 나타내는 데 있었다.

2001년 12월 WTO 가입은 중국의 문화산업을 체계화하는 데 가장 큰 영향을 주었다. WTO 가입으로 지적재산권보호 및 서비스산업 등을 개방할 수밖에 없었던 중국은 10차 5개년 계획(2001-2005)을 통해 문화산업의 개념을 정립하였다.

2002년 11월 16차 전국대표대회에서 중국은 문화산업에 대한 인식을 하고 이와 관련한 일련의 정책 방향을 수립하였다.

2003년에는 중국문화부(中國文化部)를 중심으로 '문화 및 관련 산업분류'라는 자체적으로 문화산업분류체계를 확립하였다. 또한 중국문화부, 국가광파전영전시총국(國家廣播電影電視總局, '국가광전총국'

이라 약칭), 국가신문총서(國家新聞總署) 등 3개 국가기관이 각각 고유한 권한과 기능을 통해 다양한 문화산업정책 및 규칙들을 발표하고 시행하였다.

- 문화부: 문화산업, 문화사업 포함하여 전반적인 부분의 정책수립 및 시행
- 국가광전총국: 방송, 영상, 영화, 애니메이션 등
- 국가신문총서: 출판과 저작권에 관련된 것

2006년 3월 14일 개최되었던 제10차 전인대에서 제11차 5개년 규획(2006~2010)의 주요 강령을 통과시켰다. 이 강령을 통해 중국 정부는 문화산업 발전을 위한 정책 방향을 제시하였다. 향후 중국의 중앙 및 지방정부, 지역별 문화산업 클러스터, 문화산업 관련 기업들의 이정표가 되었다. 11·5규획에서 "적극적으로 국제문화시장을 개척하고 중화문화의 세계화를 촉진할 것"이라고 하였다. 중국문화 부장 손가정(孫家正)은 소프트파워로서 문화를 거론하면서 "민족문화의 자주적인 창조성을 강화하고, 사회주의시장경제 여건하에 세계를 향한 중화문화의 발전능력을 강력하게 향상시키는 것이 곧 중화문화를 발전시키는 것"이라고 말했다.

중국문화산업투자펀드는 재정부(財政部), 중은국제공고유한공사(中銀國際控股有限公司), 중국국제TV총공사(中國國際電視總公司), 심수국제문화산업박람회유한공사(深圳國際文化産業博覽交易會有限公司)가 공동으로 발기하고 설립한 최초의 국가급 문화산업펀드이다.
펀드규모는 200억 원(RMB, 재정부 출자액: 5억 원(RMB))이고,

펀드를 운영하는 과정에서 지속적으로 자금 모집할 계획이다. 그리고 VC/PE 범위 내 민간자본의 유입도 허용할 예정이다. 폐쇄형 투자로 운용기간을 10년으로 계획하고 있다(1~5년: 투자기, 6~10년: 퇴출기).

운용방식은 주권투자방식으로 신문, 출판, 발행, 라디오, 영화, 방송, 문화예술, 온라인문화, 문화여가 등 관련 업종에 투자하는 것이다. 투자대상은 국유문화기업, 중외합자·합작기업, 외상독자기업, 유한책임공사 등 모든 소유제(所有制) 문화기업이다. 국가급 펀드조성을 통해 사회자금이 문화산업으로 유입될 수 있도록 유도, 문화산업이 중국의 국제경제 지주성 산업으로 성장할 수 있도록 지원하고자 한다.

4. 중국문화산업 발전정책과 관련 법률

1) 문화산업 발전정책 제정(2000)

2000년에 제정된 문화산업 발전정책의 주요 목적은 중국문화의 선진성과 독특성, 응집력과 감화력을 나타내는 데 있다. 주요 내용으로는 문화산업 발전을 가속화하고, 문화건설의 새로운 국면을 창조하는 것이다. 2004년 7월 중국 상해에 국가애니메이션 게임산업진흥기지를 설립하면서, 문화콘텐츠사업과 인력양성을 주도하기 시작하였다.

2) 문화 분야 외자 도입에 관한 몇 가지 의견(2005)

2005년 9월 중국의 문화산업 시장개방에 맞춰, 중국 정부가 그동안 국영으로 유지해 온 대중문화산업의 일부 분야에 대해 민간 및 외국자본 진입을 허용하는 등 개방 정책을 발표하였다.

중국문화부는 4개 관련 부처와 함께 제정한 "문화 분야 외자 도입에 관한 몇 가지 의견"을 보면, 외국자본의 합자·합작·독자투자 등이 허용되는 분야는 '포장 인쇄', '출판·정기간행물의 판매', '공 CD 생산', '예술품 경영 기업' 등이다. 또 중국기업이 지분의 51% 를 확보하는 조건 아래 합자·합작이 허용되는 분야는 '출판 인쇄와 시디 복제', '영화 이외의 음향·영상 제품 판매', '공연장·영화관· 기획사·영화기술 등', '극장·영화관 등'이다. 그러나 '신문', '방송', '프로그램 제작 프로덕션', '영화 제작사', '인터넷 문화 경영 기구', '인터넷 서비스업', '영화 수입사' 등에는 외국기업의 참여가 계속 금지된다. 이 조치는 9월 1일부터 시행에 들어갔다.

3) 국무원 비공유 자본 문화산업진입에 관한 몇 가지 결정(2005)

2005년 8월 "국무원 비공유 자본 문화산업진입에 관한 몇 가지 결정(國務院關於非公有資本進入文化産業的若干決定)"을 발표하였다. 주요 내용은 문화예술단체, 공연장, 박물관 및 전람회장, 문화예술 중개 업, 애니메이션 및 인터넷게임, 광고, 영화 및 TV 드라마 제작 및 배급, 방송영상기술 개발응용, 영화관, 도서간행물 소매, 음반 소매 등 영역에 민간자본이 문화상품 및 문화 서비스 수출업무에 종사하 는 것을 격려하고 지지하며, 민간자본이 국유문화예술기관의 광고 및 발행, 라디오와 텔레비전 방송국의 음악, 과학기술, 스포츠, 오락 관련 프로그램의 제작, 영화제작 및 배급, 상영 등의 영역에 있는 국 유문화기업에 출자나 투자를 할 수 있지만, 그 출자총액의 49%를 넘지 못한다고 하였다. 그리고 케이블 TV 접속망 건설과 경영, 케이블 텔레비전 단말장치의 디지털화 개조에도 민간자본이 참여할 수 있지만, 그 출자총액의 49%를 넘지 못한다고 하였다.

한편, 민간자본이 참여하지 못하는 분야도 소개하고 있는데, 통신사, 신문·잡지, 출판사, 라디오와 텔레비전 방송국, 방송 송신시설, 중계시설, 방송위성, 위성중계시설, 모니터링시설, 케이블 TV 전송 핵심망 등이 이에 속한다. 또한 인터넷을 이용해 시청프로그램 서비스 업무에 종사하거나 뉴스 사이트 등을 개설해서도 안 된다.

4) 삼정(三定)방안(2008.7.)

'삼정(三定)방안'은 1990년대부터 중국정부가 시행하고 있는 조직기구 개혁의 일환으로 '직책 조정, 기구 결정, 인원 확정'을 뜻하는 것으로 2008년 7월 국무원은 "신문출판총서 및 문화부 등에 삼정방안에 관한 통지"를 발표했다. 하지만 해당 통지문에 대한 일부 내용의 해석이 명확히 이뤄지지 않아 9월 7일, 중국 공산당 중앙정부조직개편위원회에서 문화부, 광전총국, 신문출판총서의 편성에 있어서 '삼정방안' 중 애니메이션, 온라인 게임 및 문화시장 관련 법률 집행 관련 부분에 대한 해석을 배포 및 통지했다.

이 통지문에서 "문화부는 온라인 게임 및 애니메이션 관련 산업발전 계획 수립, 인프라 구축, 프로젝트 구축, 전시회 및 시장 관리 감독 등의 업무를 담당하는 온라인 게임 관련 주관부서"임을 명시하면서 온라인 게임의 통합 관리 주무부처임을 확인했다. 또한 "신문출판총서는 온라인 게임 및 애니메이션의 출판관리, 온라인 게임의 온라인 출판에 대한 사전 심사를 담당"한다고 정리했다. 여기에서 '온라인 게임의 온라인 출판'은 온라인 게임의 출판물을 의미하며, '사전 심사'는 공업신식화부의 허가를 받은 업체가 서비스를 제공하기 전에 신문출판총서에서 받아야 하는 온라인 게임 출판물에 대한 심사라고 정의했다.

5) 중국문화산업진흥규획(2009)

2009년 9월 27일, 중국 국무원은 "중국문화산업진흥규획(中國文化産業振興規劃)"을 공포하였다. '규획'은 중국 최초로 '문화산업'에 관한 전문적인 강령을 담고 있다. 이것은 개혁개방 이후에도 공식적으로는 문화를 사회주의 체제의 우월성을 선전하는 정신문명 건설을 위한 교육의 도구로만 인식해 오던 전제와 그에 따라 문화체제 내부를 개혁대상으로 간주하거나 산업적 특성을 경제정책의 일환으로만 여겨 오던 관습에서 탈피하겠다는 의지를 반영한 것으로 보인다. 즉 '문화'가 '산업'적 사이클을 통해 유통, 소비되는 현상임을 '공식적'으로 인정했다는 역사적 의미를 보여 준 것이다.

'규획'은 2009년 7월 22일 온가보(溫家寶) 총리가 주재하는 국무원 상무회의에서 토론을 거친 뒤 원칙적으로 통과되었다. '규획'은 문화산업진흥의 공익성과 시의성을 강조하고 있는 전문(前文) 격의

'선언'과 '문화산업진흥 가속화의 중요성과 긴급성', '지도사상 및 기본원칙, 계획의 목표', '중점 임무', '정책 시행', '조건의 보호' 등 모두 여섯 부분으로 이루어져 있다. 그중에서도 핵심적이고 구체적인 내용은 '중점 임무'에서 다루고 있다.

문화창의산업, 영상제작업, 출판업, 인쇄업, 광고, 엔터테인먼트, 전시, 디지털 콘텐츠, 애니메이션을 중점적으로 발전시켜야 할 주요산업으로 규정

---

6) 문화부: 퇴폐공연의 신속한 색출을 위한 부서 조직 (2011)

2011년 4월 18일 저녁 CCTV 중점탐방(焦點訪談)에서 절강성의 가선(嘉善), 여요(餘姚) 등 일부 지역에서 성행하고 있는 퇴폐공연에 대해 방송이 나간 후 중국문화부와 절강성 문화부처는 신속한 조치를 취하고 퇴폐공연 색출에 나섰다.

프로그램이 방송된 날 저녁, 문화부 구양견(歐陽堅) 부부장은 관련 성의 문화부처에 신속하게 사실을 조사하라고 지시를 내렸으며, 불법행위에 대한 엄중한 책임을 묻겠다고 밝혔다. 합법적인 절차에 따라 신속하게 처리한 후 그 결과를 대중에 공개할 예정이다. 동시에 퇴폐공연에 대한 관리감독을 강화하겠다고 밝혔다.

문화부는 12318전국 문화시장(www.12318.gov.cn) 긴급 지휘 플

랫폼을 통해 각 지역의 입법기구로 하여금 관할 구역 내 공연장의 감사를 지시했다. 절강성 위원회와 절강성 정부는 이 사건을 심각하게 받아들이고, 관련 부서를 소집하여 보도에서 언급했던 공연장소를 색출하고 퇴폐공연에 대한 전말을 조사하라고 지시하였다. 절강성 문화청은 5개의 조사팀을 파견하여 소산(蕭山), 가선(嘉善), 임안(臨安), 여요(餘姚), 포강(浦江) 등을 조사하도록 하였다. 또한 퇴폐공연 색출 및 처벌을 위한 긴급부서가 조직되었다.

7) 국유문화예술원단 체제개혁촉진에 관한 통지(2011.5.)

중국 선전부(中宣部)와 문화부(文化部)는 2011년 5월 11일 "국유문화예술원단 체제개혁 촉진에 관한 통지(關於加快國有文藝院團體制改革的通知)"를 발표하였다. '통지'에서 2012년 상반기 내에 국유문화예술원단의 체제개혁을 전면 실시·완성하라고 지시하였다.

'통지'에서는 체제를 전환한 문화예술원단의 자금 지원에 힘쓰겠다고 강조하였다. 체제 전환 전에 각급 정부 재정에서 안배된 사업경비는 체제 전환 후에도 일정 기간 지속적으로 지원한다. 또한 중앙 및 지방정부의 재정에서 문화산업 발전을 위한 전문 자금을 마련하여 각종 설비 및 공연환경 개선을 위해 지원하겠다고 밝혔다. 정부 차원의 설비구매를 통해 체제를 전환하면서 직면하게 될 각종 리스크의 최소화를 추구한다.

체제 전환 문화예술원단 단원의 합법적인 권익을 보장한다. 체제 전환 전 은퇴한 단원에 대한 대우는 변하지 않을 것이며, 체제 전환으로 인해 발생하게 될 은퇴 이후의 복리후생과 관련하여 다양한 방법을 통해 그 차이를 최대한 줄여나갈 것이다. 예술가 및 기타 연기자들의 주식참여를 유도하여 주식형 기업으로의 전환을 시도할 예정이다.

중앙문화체제개혁공작(中央文化體制改革工作) 영도소조(領導小組)가 지정한 소수의 특수 예술원단을 제외한 모든 국유문화예술원단[신강(新疆)과 서장(西藏) 제외]은 국유제에서 기업제로 체제개혁을 진행해야 한다.

8) 국가문화창신공정 프로젝트 관리 실시 방안(2011)

"국가문화창신공정 프로젝트 관리 실시방안(國家文化創新工程項目管理實施方案)"에 의거, 국가문화창신공정 프로젝트는 내용에 따라 육성형 프로젝트와 시범형 프로젝트로 나뉘며, 책임기관에 따라 보통 프로젝트와 중점 프로젝트로 구분된다.

문화부 문화과기처는 프로젝트의 종류와 중점도에 따라 정책적·경제적 지원을 아끼지 않을 것이라고 밝혔다. 이번 보고는 각 지방정부의 동의하에 성(省), 자치구, 직할시 문화청의 승인을 받은 후 문화부 문화과기처의 비준을 받게 된다.

9) 문화부 문화산업 발전을 위한 금융지원체제 구축
   (2011.12.17.)

　문화부 문화산업사 부사장 오강파(吳江波)는 문화산업 발전 촉진
은 문화강국 건설의 핵심으로 간주되고 있으며 문화산업의 빠른 발
전에 따른 자금부족현상을 해결하기 위해서 문화산업에 대한 금융
지원을 한층 더 강화할 것이라고 밝혔다. 문화부는 앞으로 문화산업
에 대한 금융지원 체제를 지속적으로 완비해 나갈 것이며 금융과 문
화산업이 win-win할 수 있도록 지원할 것이라고 표명했다.

　오강파는 신랑상해금기린논단(新浪上海金麒麟論壇)에서 최근 몇 년
간 설립한 문화산업과 투융자 체계를 언급하며 문화부는 앞으로 문
화산업의 자금부족 해결을 더욱 중점적으로 다룰 것이라고 밝혔다.

　2010년 문화부는 중국인민은행 등 8개의 부처와 "문화산업진흥
및 발전번영에 대한 금융지지와 관련한 지도의견(關於金融支持文化産
業振興和發展繁榮的指導意見)"을 발표하였다. 문화산업 발전을 위한
금융지원과 관련하여 기본적인 정책적 틀을 마련하였으며 관련 부
서와 금융기구의 지원하에 문화산업 보험상품을 출시하였고 문화
재산권 교역 등 다양한 수단을 규범화하는 등 금융과 문화산업의 공
생국면이 조성되어 가고 있다.

10) 문화산업 세수우대정책 실시(2011~2013)

2011년부터 2013년까지 중국은 문화기업을 대상으로 일련의 세수우대정책을 펼칠 계획이다. 증가가치세, 영업세, 수출입세 등이 이에 해당된다. 이 세금우대정책은 방송영상문화기업의 발전을 도모하고 문화상품 및 서비스 수출을 장려하며, 부분적인 문화 하드웨어의 수입과 더불어 기술혁신을 추구하기 위해 신문출판, 방송영상, 문화예술 기업을 대상으로 실시한다.

문화산업 기술영역은 "<뉴하이테크기업인정관리방법> 발표에 관한 통지(關於印發<高新技術企業認定管理辦法>的通知)"(국가과학기술부반포문건(國科發火), 2008. 172호)와 "<뉴하이테크기업인정관리지도> 발표에 관한 통지(關於印發<高新技術企業認定管理工作指引>的通知)"(국가과학기술부반포문건(國科發火). 2008. 362호)의 규정에서 인정한 뉴하이테크기업에 한하여 기업소득세를 15% 감면하겠다고 밝혔다. 문화기업의 신기술 및 신제품 개발 시 투입되는 연구비용을 국세법에 의거해 소득세 납입금액 확정 시 공제하기로 하였다. 문화산업기술영역의 범위는 과학기술부(科技部)와 재정부(財政部), 국가세무총국(國家稅務總局), 중국선전부(中宣部)에서 별도로 공시한다.

그 외에 출판 및 발행기업 등이 보유하고 있는 적체된 출판물(종이출판물: 5년 이상, 음향영상제품과 전자출판물, 필름류: 2년 이상, 종이로 된 정기간행물, 달력 등: 1년 이상)은 재산손실목록으로 처리하여 세전공제를 받을 수 있다. 라디오영화TV행정주관부서(廣播電影電視行政主管部門)는 제한적으로 영화제작, 발행, 방영에 종사하는 영화그룹회사(電影集團公司), 영화제작소 및 기타 영화기업에 한해 영화의 카피, 판권양도, 발행 및 농촌상영을 통해 발생되는 수익의 영업세를 징수하지 않겠다고 밝혔다.

2010년 말 방송서비스기업은 유선디지털 TV의 기본 시청 유지비(有線數字電視基本收視維護費)와 관련해 성급 인민정부와 재정부, 국가세무총국의 비준을 받은 기업의 영업세를 징수하지 않으며, 그 기간은 3년을 넘지 않는다. 문화기업이 경외(중국을 제외한 지역: 홍콩, 대만을 포함한 외국)에서 벌어들이는 공연수익의 영업세 또한 징수하지 않는다.

11) 2011년 문화청서(文化藍皮書)

2011년 중국문화청서가 발표되었다. 문화청서는 중국 사회과학원 문화연구중심과 문화부가 공동으로 집필한 10번째 국가문화산업 연도보고서이다.[71]

2010년 10월 17차 5중전회에서 제시한 12·5규획 내용에서는 문화산업을 국민경제 지주성 산업으로 인식, 정식으로 국가전략산업으로 주목받기 시작하였다.

먼저 영화 방면을 살펴보면, 2010년 전국 영화생산량은 총 526편으로 세계 3위를 차지했다. 또한 당해 애니메이션 16편, 다큐멘터리

---

71) 중국 사회과학원 문화연구중심(中國社會科學院文化硏究中心)과 사회과학문헌출판사(社科文獻出版社)가 2011년 ≪문화청서(文化藍皮書)≫, ≪문화청서: 2011년 중국문화산업 발전보고(文化藍皮書: 2011年 中國文化産業發展報告)≫를 발표하였다.

16편, 과학교육영화 54편, 특별영화 9편, 영화채널에서 출품한 디지털 영화 100편 등이 제작되는 등 영화의 종류가 다양해지고 있다. 특히 2010년 중국의 박스오피스 수익은 100억 원(RMB)을 돌파했으며, 성장 폭 64%를 기록하면서 중국이 세계에서 가장 큰 영화시장임을 입증했다.

2010년 전국에 새로 건설된 영화관은 313개이며 새로 증설된 스크린 수만 1,533개에 달한다. 하루 평균 4.2개의 스크린이 증설되었음을 의미하며 연 성장률 32.5%를 보였다.

영상투자 면에서, 2010년 한 해 동안 주권 펀드시장에서는 영상업에 대한 투자가 활기를 띠었다. 영상업은 문화산업 가운데 가장 큰 투자매력을 보유한 산업으로 투자기구들의 관심이 지속적으로 증가하고 있다.

온라인 간행물에서는, 전통 인쇄 출판물의 수량은 2.19% 증가한 철학류, 사회학류 서적을 제외한 전범위의 출판물 수량이 약 1.85% 감소한 반면 모바일잡지, 온라인 간행물, 온라인 학술 자료실, 전자잡지 등 신흥 전자형태의 간행물이 무섭게 성장하고 있다. 특히 iPad로 대표되는 태블릿 PC, 전자 열독기 등의 판매 증가와 더불어 급성장하고 있다. 모바일 잡지 구독자의 연성장률은 40.6%에 달한다. 모바일 사용자들이 가장 많이 구독하고 있는 온라인 출판물은 신문, 컨설팅 등 정보를 위주로 한 잡지였으며 총 출판물의 64.6%를 점하고 있다.

12) 문화상품과 서비스의 '해외진출' 촉진에 관한 2011~2015년 총규획

"문화상품과 서비스의 '해외진출' 촉진에 관한 2011~2015년 총체규획(關於促進文化產品和服務"走出去"2011~2015年總體規劃)"에서 언급한 주요 임무는 다음과 같다.

첫째, 중점적으로 지원할 분야를 확정하였다. 먼저, 중화문화를 대표하는 문화기업 및 상품을 지지한다. "문화부의 문화산업 발전촉진에 관한 지도의견(文化部關於加快文化產業發展的指導意見)"에 따라 공연예술, 예술품, 공예미술, 동만, 게임 관련 문화기업과 상품을 국제무대에 진출할 수 있도록 중점적으로 지원한다. 그리고 영상, 출판, 예술, 디자인, 문화관광, 온라인 문화, 문화상품 디지털 제작 및 관련 서비스 산업의 수출을 적극 협조한다.

둘째, 문화상품 및 서비스 '수출' 자원고를 건설한다. 문화기업, 상품 및 인재자원고를 건설한다. 공연예술 편집, 예술품 및 공예미술, 도암, 게임기업 및 상품 목록을 작성한다. 각 분야별로 5~10여 개의 국제 경쟁력을 갖춘 골간수출기업 및 수출 프로젝트를 육성한다. '문화수출시범기업', '문화수출우수상품' 등의 이름을 부여한다.

셋째, 정기적으로 해외시장 및 진출루트, 플랫폼 등 정보를 공개한다. 해외시장에서의 중국문화상품 진출 조사연구를 실시한다. 해외 문화산업 및 시장에 대한 분석을 강화하고 국내외 사례를 소개한다. 문화산업 각 영역, 특히 중점영역에 대한 해외 상업루트와 플랫폼에 대한 정보를 수집한다. '대외문화무역참고(對外文化貿易參考)',

'해외문화시장정보(海外文化市場信息)', '해외 주요 문화상품 마케팅 회사, 전시회 목록(海外主要文化産品營銷公司、會展名錄)' 등 자료를 출간하여 정부의 정책 결정 및 기업의 국제시장 동태 파악에 도움을 줄 수 있도록 하며 나아가 해외 마케팅 네트워크를 조성한다.

넷째, 수출심사를 간소화한다. 문화기업인의 해외 진출 관련 업무에 대한 심사절차를 간소화한다. 국가 관련 규정에 의거하여 문화계 통업계 사람이 개인비자로 해외 상업 프로젝트를 집행할 수 있도록 관련 방법을 제정한다. 정부 관련 부서와 기업이 적극 협조하여 문화상품 수출 통관 간소화 방안을 연구 제정한다. 중점 항구도시에 문화부 대외 문화무역 수출 기지 및 서비스 플랫폼을 구축한다.

다섯째, 외향형 상품개발을 지원한다. 기업들이 중화 문화자원의 장점을 부각하여 창조력을 발휘, 국제시장에 진출 가능한 창작품을 개발할 수 있도록 장려한다. 국제 문화산업 합작을 적극 촉진하며 중국과 외국기업이 연합으로 외향형 상품 연구 개발을 지지한다. 중점 영역의 인재 교류와 육성을 강화한다. 주중외국 문화기구와 합작하여 문화상품 연구개발 프로젝트를 적극적으로 추진한다.

여섯째, 우수상품의 대외홍보를 지원한다. 국제시장 잠재력을 갖춘 우수 문화상품의 정부 문화교류 및 대외홍보 비중을 늘린다. 국제시장 잠재력을 갖춘 우수 문화상품이 대형 국제문화 페스티벌에 참여할 수 있도록 편의를 제공한다. 기업들을 조직하여 각종 국제 전시회 및 무역회에 참여하도록 유도하며 기업 부스 제작비용, 홍보비용, 출장비용 등을 지원한다. 중점 지원 영역의 국제 라이선싱 대회 등 각종 국제 홍보 페스티벌을 개최한다. 주중 외국 문화기구로 하여금 중국의 문화상품, 작품, 기업을 홍보할 수 있는 플랫폼을 구축하고 의사소통 루트 구축 및 해외 소비자층을 육성한다.

　일곱째, 우수한 상품의 수출과 해외진출 경영을 지지한다. 상업루트와 시장화 운영을 통해 수출된 우수 문화상품(프로젝트)은 일정 조건하에 국제 운송비, 광고 홍보비, 통역비용 등을 지원한다. 문화기업이 해외문화자산을 융자, 합자, 주식통제, 주식참여, 인수합병 등 다양한 자본운영 방식으로 문화상품을 수출하고 국외 경영실체 설립을 지원한다. 문화상품의 장기 마케팅 네트워크를 구축하고 해외 자주 경영을 실현한다.

　여덟째, 우수한 수출 기업과 프로젝트를 격려한다. "국가 문화수출 중점 기업 목록(國家文化出口重點企業目錄)"과 "국가 문화수출 중점 프로젝트 목록(國家文化出口重點項目目錄)"을 작성하고 수출업적이 좋은 우수 기업과 프로젝트를 격려한다. 연도 표창 시스템을 구축하고 장려의 강도를 확장한다. 이를 통해 다양한 문화기업 및 문화상품이 국제시장에 진출할 수 있도록 격려한다.

　아홉째, 홍콩·마카오와 합작을 강화한다. 중앙정부 문화부서와 특별행정구 정부, 대만의 문화 주관부서는 문화기업과 상품, 서비스의 국제시장 진출과 관련하여 합작을 강화한다. 홍콩과 마카오의 외향형 문화상품 개발 및 해외시장 마케팅 경험 등을 참고하여 학습한다. 플랫폼 구축, 대만과 함께 '양안문화산업박람회(兩岸文博會)'를 개최하여 양안삼지(兩岸三地: 중국 내륙, 홍콩 마카오, 대만)의 교류 및 연합 제작을 장려한다. 정기적으로 업종별·수준별·지역별 연구토론회를 진행하며 양안삼지 '중화문화상품창의대회' 프로젝트를 실시하여 국제시장에 중화문화상품을 알린다.

　열째, 지역 분할 홍보기획 제정을 실시한다. 중국문화상품 및 서비스가 유럽, 미국 등 주류시장에 진출하여 중점 상품의 브랜드효과를 실현할 수 있도록 적극 추진한다. 중·일·한 정부 문화산업 합작 플랫폼에 의거하여 공연, 동만, 게임산업의 3국 합작을 지지한다. 동남아지역에 진출하는 문화상품과 서비스의 질을 향상시켜 영향력을 강화한다. 문화기업들의 남아시아, 동유럽, 중앙아시아, 라틴아메리카 등 신흥시장 개척을 지원하며 아프리카 등지와의 문화교류 및 문화원조 등의 방식을 통해 중화문화상품시장을 적극 육성한다.

13) 2011년 17차 6중전회(2011.10.15.~18.): 문화개혁

중국공산당 제17차 6중전회가 2011년 10월 15일부터 18일까지 북경에서 개최되었다. 전체회의에서 "중공중앙 문화체제 개혁 심화 및 사회주의 문화 대발전 대번영 촉진에 관한 몇 가지 중대 문제 결정(中共中央關於深化文化體制改革、推動社會主義文化大發展大繁榮若干重大問題的決定)"이 통과되었다. '문화건설'이라는 대전제하에 문화사업 및 문화산업을 국가적 전략사업으로 지정하고 전 국민의 문화적 소양 제고, 국가 문화 소프트파워 증대 및 중화문화의 국제 영향력 강화를 목표로 하고 있다. 또한 중국 특유의 사회주의 문화발전 방식을 유지하고 과학, 기술, 창조력을 기반으로 현대화·세계화·미래화를 지향하여 2020년까지 문화개혁발전을 완성하는 것을 목표로 하고 있다.

- 주요 내용은 다음과 같다.
- 공익성 문화사업 활성화
- 인민의 기본적 문화권익 보장
- 문화산업 발전 촉진
- 문화산업을 국민경제 지주성 산업으로 성장
- 대규모 문화인재 양성
- 신문 여론 업무의 개선 및 강화
- 우수 문화작품 개발
- 건전한 온라인 문화 건설
- 문화상품의 평가체계 및 지원 시스템 구축
- 문화수출의 새로운 모델 구축
- 문화과학기술의 창신을 통한 문화소비 확대
- 새로운 문화관리 체제 마련
- 정책보장시스템 완비
- 중화문화의 세계화 촉진
- 국외 우수문화 성과 적극적 수용

중국은 정부 주도하에 문화 기초설비 건설에 박차를 가하고, 공공문화 서비스 네트워크를 구축하여 대중들이 무료로 혹은 저렴하게 기본 공공문화 서비스를 접할 수 있도록 힘쓰고 있다. 또한 도시와 농촌의 문화 일체화 및 공동발전에 주력하고 있다. 그리고 문화산업의 과학화, 하이테크 기술 발전과 인재 양성을 위한 지원을 핵심으로 하고 있다.

5. 중국의 문화원형과 콘텐츠 개발

1) 문화원형

　　민족문화원형은 사람이 태어나기 전부터 있는 집단무의식의 본성적 경향, 같은 자연환경과 역사적 환경에서 유사한 경험을 반복하는 동안 일정한 유형으로 나타나는 의식적 경향이라 할 수 있다. 시대적 자극과 충돌을 겪으면서 외면적으로 변화하기도 하지만 내면적으로 비슷한 유형의 본성을 유지한다. 문화원형은 문화 정체성을 형성하는 근간으로 고대부터 현재까지 문화적 저류로 지속하면서 특수한 역사적 조건, 생태적·시대적 환경에 따라 다양한 양태의 문화를 생산해 내는 문화 생성의 힘이다. 그리고 신화, 전설, 민담, 노래, 언어, 예술, 문학작품 등에 드러나거나 놀이, 의례, 말, 풍속 등에 나타나는 공통된 행동유형이다.

　　오늘날 문화원형은 문화콘텐츠의 흥미롭고 창의적인 소재로 많은 문화콘텐츠 영역에서 활용하고 있으며, 문화경쟁력의 보로이자 잠재적 자원으로 새롭게 자리매김하고 있다.

2) 중국문화원형 특징

중국문화원형의 특징은 실록(實錄) 중심의 역사서사(歷史敍事)와 기이(奇異)한 환상서사(幻想敍事)이다. 먼저 실록 중심의 역사서사는 천하통일과 영웅의 이야기이다. 왕조의 흥망 반복, 왕조를 파멸시키는 군주와 난세의 혼란을 평정하고 새로운 왕조를 건립하는 군주, 그리고 그들의 대결이다. 최근 진시황과 한고조, 당의 이연, 명의 주원장 등을 제재로 한 드라마를 많이 제작하고 있는 것이 하나의 예이다.

기이한 환상서사는 신선, 귀신, 외계인 그리고 여우의 변신담(變身談)과 인신연애(人神戀愛) 이야기이다. ≪봉신연의(封神演義)≫, <화피(畵皮)>, <청사(靑蛇)> 등이 예이다.

3) 문화원형과 디지털 콘텐츠화

문화원형을 테마별로 디지털 콘텐츠화하여 문화콘텐츠산업에 필요한 창작소재로 제공함으로써, 문화콘텐츠산업 경쟁력 향상을 도모해야 할 필요성이 대두되었다. 애니메이션, 음악, 출판, 전자책, 만화, 캐릭터, 게임, 방송영상, 영화, 모바일·인터넷 문화콘텐츠 등 창작소재화가 가능한 문화원형 관련 디지털 콘텐츠의 제작 등과 '문화콘텐츠 시나리오 소재 개발 분야',[72] '문화콘텐츠 시각 및 청각 소재 개

---

72) 문화콘텐츠 시나리오 창작소재 개발을 위해 설화, 역사, 신화, 전설, 민담, 서사무가 등의 문화원형을 비교, 분석, 해설 및 재구성하여 디지털 표현양식에 맞춰 구성한 디지털 콘텐츠.

발 분야',73) '전통문화·민속자료 소재 콘텐츠 개발 분야'74) 등이다.

그리고 중국고전문학은 오늘날 문화산업에 중대한 콘텐츠 중의 하나이다. 중국의 영향을 가장 많이 받은 편에 속하는 한국에도 알려진 것은 극히 일부에 불과하며 얼마나 많은 작품이 있는지 중국인들도 짐작조차 못하고 있다. 중국 고전문학에는 소설, 시 외에 경전, 잡문, 희곡 등 영화, 애니메이션, 게임 등 각종 콘텐츠의 보고가 될 만한 작품이 무수히 많다.

4) 중국 주요 문학작품

(1) 4대 기서와 8대 기서

중국 문학작품 중에 가장 많이 알려진 것은 4대 기서와 8대 기서이다. 4대 기서는 ≪삼국지≫·≪수호전≫·≪서유기≫·≪금병매≫이다. 4대 기서에 ≪금병매≫를 포함하는 것에는 사람에 따라 차이가 있다. 4대 기서에 ≪홍루몽≫, ≪유림외사≫, ≪금고기관(今古奇觀)≫, ≪요재지이(聊齋志異)≫ 등을 포함하면 8대 기서가 된다. ≪금병매≫와 ≪홍루몽≫은 사랑에 빠진 남녀의 심리변화를 잘 포착한 애정소설의 수작이다. ≪유림외사≫, ≪금고기관≫, ≪요재지이≫는 흥미로운 이야기를 다수 담고 있다.

---

73) 문화콘텐츠 시각 및 청각 소재 개발을 목적으로 고분벽화, 색채 등 미술, 구전민요 등 음악, 건축, 무용, 무예, 공예, 복식 등의 문화원형을 디지털 복원, 비교, 분석, 해설 및 재구성한 디지털 콘텐츠.

74) 의식주, 관혼상제, 세시풍속, 민속축제 등 문화원형을 비교, 분석, 해설 및 재구성하여 문화콘텐츠 창작에 활용할 수 있도록 한 디지털 콘텐츠.

> **≪요재지이≫: 포송령(蒲松齡, 1640∼1715)**
>
> - 청나라 초기 1697년에 만들어진 괴기담으로, 민간에서 떠돌던 이야기 500여 편을 수록하고 있다. 그리고 초현실적인 요괴와 자연을 융합한 괴담 단편소설집이다.
> - '요재(聊齋)'는 작자 포송령의 서재 이름이고, '지이(志異)'는 괴이하고 기이한 것을 기록했다는 뜻이다. 전 16권 431편으로 이루어졌다.
> - 중국판 전설의 고향이라 할 수 있다.
>
> **≪요재지이≫ 영화화**
>
> - 2008년 개봉작 〈화피(畵皮)〉[75)]는 ≪요재지이≫가 원작. 화피(Painted Skin) "사람의 피부를 그린다"라는 뜻
> - 1987년에 제작된 〈천녀유혼〉은 ≪요재지이≫의 섭초천 원본을 각색

> 4대 금서: ≪금병매≫, ≪여의군전≫, ≪육포단≫, ≪치파자전≫ −〉영화나 드라마로 많이 제작

(2) 수신기(搜神記, 350년경)

간보(幹寶)가 지은 ≪수신기≫는 유령과 요괴의 존재에 대한 이야기를 기록한 고대 설화문학의 보고이다. ≪수신기≫는 "신을 찾아다닌 이야기"라는 뜻이다. 여기서 신이란 초자연적인 힘을 말한다. 원래는 30권이었으나, 산실되어 후에 재구성되었다.

현존하는 ≪수신기≫에는 20권본과 8권본 두 종류가 있다. 20권본에는 464편의 이야기가 수록되어 있는데, 방사(方士＝도사)·점술·민간신앙·전조(前兆) 등에 관한 이야기, 효자·열녀·정부(貞婦)의 이야기,

---

75) 〈화피〉는 인간을 사랑하게 된 아름다운 요괴와 사랑을 위해 스스로 운명을 바꾼 여인의 사랑을 동시에 받는 용맹한 한 장군의 엇갈리고 기이한 사랑을 그렸다. 이 영화는 2008년 9월 26일 중국과 홍콩을 비롯해 아시아 6개국에서 동시 개봉한 뒤 19일 만에 중국 역대 박스오피스 사상 세 번째로 최단기간에 2억 원(RMB)을 돌파하였다.

인간과 동물과의 교섭, 재생(再生)・유귀(幽鬼) 이야기 등을 볼 수 있다.

(3) 열미초당필기(閱微草堂筆記, 1798)

드라마 <철치동아 기효람(紀曉嵐)>은 ≪열미초당필기≫를 원작으로 하고 있다. 저자인 기윤(紀昀, 1724~1805)은 건륭 황제의 총애를 받아 ≪사고전서≫의 편집 책임을 맡았다.

≪열미초당필기≫는 픽션을 철저히 배제한 엄격한 기록 정신으로 편찬된 괴담집이다. 열미초당은 작가 기윤의 서재이름이고 필기란 수필이나 기록류의 글을 가리는 말이다.

(4) 충렬협의전(忠烈俠義傳, 1897)

우리나라에 소개되었던 드라마 <판관 포청천>은 석옥곤(石玉崑)이 지은 ≪충렬협의전≫을 원작으로 하고 있다. 1879년 청말 구어소설로 유명한 강석사(講釋師, 이야기꾼) 석온곤이 전하는 명판관과 의협에 관한 이야기이다. 전 120회본이며, 전반은 송대 명판관 포증의 '고양이와 태자의 바꿔치기' 사건을 중심으로 한 재판을 다룬 소설이다.

후반에는 남협과 북협, 상협, 오의(오서) 등 10여 명의 의협이 종횡무진 활약하는 내용을 담고 있는 있다.

1875년 ≪충렬협의전≫이라는 제목으로 처음 간행되었다. 광서 1885년 유월(兪越)의 ≪칠협오의(七俠五義)≫ 등 많은 책이 나와 붐을 일으켰다. ≪삼협오의(三俠五義)≫라는 제목이 정해진 것은 유월의 증손자인 유평백(兪平伯)이 교정한 아동도서관 활자본이 1925년에 간행된 뒤의 일이다.

(5) 봉신연의(封神演義)

≪봉신연의≫는 ≪삼국지연의≫와 쌍벽을 이루는 것으로 여겨진다. 명(明)나라 때의 작품으로 알려져 있는 ≪봉신연의≫는 저자가 육서성(陸西星)이라는 설과 허중림(許仲琳)이라는 설이 있다. 은(殷)나라에서 주(周)나라로 바뀌는 왕조 교체기를 다루고 있으며, 이전부터 내려오던 ≪무왕벌주평화(武王伐紂平話)≫가 그 원전이다. 은나라 30대 군주 주왕은 초기에는 훌륭한 정치를 했으나 기주후 소호의 딸 달기를 후궁으로 맞아들이면서 타락하고 폭군 정치를 한다. 작품 전면에 삼교합일(三敎合一: 유교, 불교, 도교를 하나로 합침) 사상이 나타나 있으며, 특히 도교 사상의 집대성이라 할 수 있다. 전기적(傳奇的) 요소도 강하게 띠고 있다.

(6) 모란정환혼기(牡丹亭還魂記, The Peony Pavilion)

탕현조(湯見祖)가 지은 ≪모란정환혼기≫는 1598년에 만들어졌다. 꿈속에서 맺은 약속이 이윽고 현실로 이루어진다는 내용으로서, 곤곡(崑曲)의 대표적 작품이었다. 청말(淸末)까지 큰 인기를 누렸다. 백화만발한 봄날의 화원에서 깜빡 잠이 든 남안태수의 딸 두여랑(杜麗娘)은 버드나무 가지를 손에 든 젊은 서생, 류몽매(柳夢梅)를 만나 사랑을 나누는 꿈을 꾼다. 그 후 서생을 그리워하다 병이 든 두여랑은 죽게 되나 그녀의 영혼은 지옥의 판관에 의해 다시 이승으로 돌아오게 되고 류몽매를 만나 우여곡절 끝에 사랑을 이룬다는 이야기로 극이 이루어져 있다.

(7) 중국 4대 민간설화

중국의 4대 민간설화인 "양산백(梁山伯)과 축영대(祝英台), 맹강녀(孟姜女) 이야기, 견우직녀 이야기, 백사전(白蛇傳)"도 영화나 드라마로 많이 제작되고 있다.

1994년 서극 감독의 <양축(梁祝)>은 양산백과 축영대의 슬픈 사랑얘기이고, '흰나비설화'를 모티브로 하고 있다. 중국판 '로미오와줄리엣'으로 부리는데, 항주 서호(西湖)의 장교(長橋)를 배경으로 하기 때문에 장교애련(長橋哀戀)이라고 한다.

양축설화는 당나라 중종(中宗, 683~684) 때 양재언(梁載言)이 저술한 ≪십도사번지(十道四蕃志)≫에 처음 등장한다. 송대에는 장진(張津)이 저술한 ≪건도사명도경(乾道四明圖經)≫에 등장한다. 한국에서도 조선시대 ≪양산백전≫이라는 제목으로 소설화되기도 했다. 강남 지방에서 유행한 월극(越劇)이나 천극(川劇) 등으로 제작되어 공연되었다. 양축 이야기는 1962년에 이한상 감독의 <양산백과 축영대(梁山伯與祝英台)>라는 영화로 제작되어 한국에 소개되었다.

1994년 서극이 연출한 <청사(靑蛇)>는 ≪백사전(白蛇傳)≫을 원작으로 하고 있다. 백사전은 항주를 배경으로 한 백사 전설을 1736년에 경극의 희곡으로 만든 것이다. 주제는 백사 백소정과 선비 허선의 사랑 이야기이다. 송나라 때 완성된 이야기이며 청나라 때 유행하였다. 배경은 항주와 소주에서 진강(鎭江)까지 달하며, 주요 배경은 항주의 서호이다. 경극, 월극 등에서 가장 인기 있는 소재로 사용된다.

맹강녀(孟姜女)이야기에서 맹강녀는 진(秦)나라 때, 만리장성에 얽힌 전설의 여주인공이다. 맹강(孟姜)이라는 말은 '강(姜)'씨 성을 가진 집안의 맏딸이라는 뜻이다. 이 맹강녀는 ≪시경(詩經)≫에도 여러 번 등장할 정도로 그 역사가 오래되었다(小雅-有女同車章). 현재 전해지는 전설의 핵심은 이미 당나라 때 형성된 것이다.

맹강녀묘: 중국 하북성 진황도 산해관 쪽에 맹강녀의 묘가 자리 잡고 있는 마을이 있다. 만리장성 축조를 위해 징용되어 죽은 남편을 찾아가는 전설로, 원망스러운 눈초리로 멀리 만리장성을 바라보는 그녀의 동상이 세워져 있다.

견우직녀(牽牛織女)는 우리에게 널리 알려진 얘기이다. 문헌상 중국에서 시작된 것으로 여겨진다. 한국에서는 견우직녀(牽牛織女)의 전설로, 중국은 우랑직녀(牛郎織女)의 이야기로 내용은 각 나라마다 조금씩 차이가 있다. 한국의 칠월칠석과 일본의 타나바타(七夕) 등의 풍습에도 영향을 주었다. 소를 끌어 농사를 짓는 견우와 베를 짜 옷을 짓는 직녀가 은하수를 사이에 두고 서로 만나지 못하다가 칠석에만 까마귀와 까치가 놓아 준 오작교 위에서 만난다는 이야기이다.

(8) 조씨고아(趙氏孤兒)

2010년에 진개가 감독의 <조씨고아(趙氏孤兒)>는 ≪조씨고아≫를 원작으로 한다. 이 작품은 햄릿에 비견되는 작품이라 할 수 있다. 춘추시대의 실제 사건을 바탕으로 문학적으로 재창조한 원대 잡극(雜劇)이다. 내용이 ≪좌전≫, ≪사기≫<조세가(趙世家)>, 유향(劉向)의 ≪신서(新序)≫와 ≪설원(說苑)≫ 등에 실려 있다. 이 작품의 작가는 원(元)대 기군상(紀君祥)인데, 기천상(紀天祥)이라고도 한다. 영화와 드라마 부문에서도 '조씨고아' 이야기는 여러 차례 작품화되었다. '동주 열국지'와 남희(南戱) '조씨고아원보원(寃報寃)', 명 전기(傳奇) '팔의기(八義記)', 경극의 수많은 작품 등이 모두 이 이야기를 다루고 있다. '조씨고아'는 소설과 각종 연극 작품, 영화 등 다양한 장르로 재창조되었다. 현대에 들어와서는 중국의 여작가 윤여천(尹麗川)이 동명의 현대극으로 각색하였고, 2003년에는 김해서(金海曙)가 동명 소설을 출판하여 큰 반향을 불러일으킨 바 있다.

≪조씨고아≫는 18세기부터 이미 외국에 소개되어 영어와 러시아어, 독일어, 프랑스어 등으로 번역되었다. 프랑스 선교사가 1731년 광주(廣州)에서 '중국비극 조씨고아'란 이름으로 프랑스어 번역본을 만들었고, 1734년과 1735년에 파리의 잡지에 이 번역본을 싣자 유럽에서 큰 반응을 얻었다. 프랑스 작가 볼테르는 이 번역본을 토대로 1753년부터 1755년까지 ≪조씨고아≫를 각색하여 '중국의 고아(中國孤兒)'라는 이름의 극본을 완성한 뒤, 1755년 8월 20일 파리의 각 극장에서 공연을 시작하였고 큰 성공을 거두었다.

(9) 경화연(鏡花緣)

이여진(李汝珍, 1763~1830)이 지은 ≪경화연(鏡花緣)≫은 신화적 색채가 농후한 중국 청(淸)대의 장편소설이다. ≪서유기≫, ≪요재지이≫, ≪봉신연의≫ 등과 같은 반열에 올라 있다. ≪경화연≫이란 이름은 '경화수월(鏡花水月, 거울 속의 꽃, 물속의 달)'이란 말에서 따온 것으로 작가 이여진이 꿈꾸는 세계가 공허하여 실현될 수 없음을 비유하는 말이다.

과거에 낙방한 주인공 당오(唐敖)가 친구인 다구공(多九公), 처남인 임지양(林之洋)과 함께 배를 타고 길을 떠나는 것으로 시작한다. 가족과 헤어져 길을 떠난 당오 일행은 배를 타고 30여 개 나라를 돌아다닌다. 다양한 풍속을 접하고 기이한 사람들을 만나며 괴이한 사건에 휘말려든다. 경화연은 이미 영어와 러시아어, 독일어와 일본어 등으로 번역돼 있다.

TV 드라마와 애니메이션 등 여러 매체를 통해 다양하게 변형되고 발전되고 있다. TV 드라마 〈경화연전기〉에서는 ≪경화연≫의 주요 줄거리에 새로운 이야기들을 첨가했다. 애니메이션 〈경화연〉은 1991년 영화로도 제작됐다. 미술이 지닌 풍부한 상상력을 잘 발휘하여 여러 나라의 모습을 생생하게 재현하였다.

광동(廣東)성 하원(河源)시는 '경화연' 콘텐츠를 활용해 경화연 관광지를 조성하였다. <경화연>의 주요 등장인물 백화선자가 강생한 곳이 영남(嶺南) 하원이라고 기록했기 때문이다. 시내에서 6㎞ 정도 떨어진 곳에 있는 경화연 관광지는 '화남(華南) 제일의 호수'로 불리는 만록호(萬綠湖)를 끼고 있다. 삼면이 호수로 둘러싸인 경화연 관광지는 국가 AA급 관광지로 지정됐다.

6. 스토리텔링

1) 스토리텔링의 개념

스토리텔링(Storytelling)은 말 그대로 '이야기하기'이다. 소설의 구성방식 중 하나인 스토리텔링은 단순히 말이나 문장으로 서술하는 것을 뜻한다. 즉 스토리텔링은 스토리와 말하기, 그리고 화자와 청중의 상호작용이 일어나는 말하는 현재 상황의 합성어이다.

> **storytelling = story + tell + ing**
> 구성요소는 스토리, 말하기, 현재성이다.
> 스토리는 이야기의 속성을 가진 것, 말하기는 구술성, 현재성은 상황을 공유하는 현장성 내지 상호작용성을 의미한다.

그런데 오늘날의 스토리텔링은 매체와 표현방식에 제한이 없고 자유자재로 변용이 가능한 것이 특징이다. 스토리텔링은 주로 온라인 영역인 광고와 문화콘텐츠(영화, 애니메이션, 게임, 모바일, 엔터테인먼트 방송), 오프라인 영역(도시, 테마파크, 박물관, 축제, 이벤트) 등을 기획하고, 홍보전략을 수립하는 전 과정에서 활용된다.

문화산업과 관련해서 스토리텔링은 문화기술과 결합하면서, 문학, 만화, 애니메이션, 영화, 게임, 광고, 디자인, 홈쇼핑, 테마파크, 스포츠 등 장르를 아우르는 상위범주로 새롭게 개념화되고 있다.

2) 디지털 스토리텔링

디지털 스토리텔링을 하나의 문화운동으로 조직화한 작업은 미국에서 먼저 시작됐다. 1995년 콜로라도 주에서 열린 '제1회 디지털 스토리텔링 페스티벌'을 기점으로 운동은 꾸준히 이어지고 있다.

디지털 스토리텔링은 디지털 기술을 표현수단으로 활용하는 스토리텔링을 말한다. 여기에서 매체환경에 활용되는 디지털 기술은 인터넷 방송, 지상파 DMB, 위성 DMB, 무선 휴대 인터넷 서비스인 와이브로(WiBro) 등 디지털 미디어를 뜻한다. 이들은 검색 등의 선택적 접근이 가능하고 한 정보에 대한 완벽한 복제를 무한 반복할 수 있다.

디지털 스토리텔링은 미디어와 사용자, 미디어와 미디어 사이에 자유로운 상호작용이 가능하다. 또한 문자, 사운드, 영상 등 여러 가지 형태 정보가 복합돼 있다는 특징을 가진다. 이용자끼리 상호작용하며 가상현실에서 이야기를 만들어 가는 온라인 롤플레잉 게임이 대표적 사례이다. 그 외에 <마시마로> 등의 플래시 애니메이션 등이 있다.

디지털 스토리텔링은 크게 2가지로 나눠 볼 수 있다. 하나는 엔터테인먼트(Entertainment) 스토리텔링이고 또 다른 하나는 인포메이션(Information) 스토리텔링이다.

한국소프트웨어진흥원에 따르면 엔터테인먼트 스토리텔링은 허구적인 이야기를 바탕으로 상업적인 디지털 콘텐츠들을 제작하는 것을 말한다. 디지털 영화, 디지털 애니메이션, 컴퓨터 게임, 디지털 방송, 디지털 음악, 디지털 출판 등이 여기에 해당된다. 인포메이션 스토리텔링은 주어진 정보를 바탕으로 이를 가공·배치·편집·디자인하는 과정을 거치는 것을 말한다. 여기에는 디지털 광고, e-러닝, 디지털 박물관 등이 해당된다.

3) 트랜스미디어 스토리텔링(Transmedia Storytelling)

트랜스미디어 스토리텔링은 여러 가지 미디어의 다양한 형태를 가진 각각의 요소가 시청자, 사용자 혹은 플레이어의 이야기에 대한 이해를 돕도록 하는 스토리텔링을 말한다. 이는 헨리 젠킨스(Henry Jenkins)에 의해 2006년 저서 ≪융합 문화≫(Convergence Culture)에서 처음 정의되었다. 트랜스미디어 스토리텔링은 영화나 TV쇼들을 프로모션하는 데 효과적이다.

현재 트랜스미디어 스토리텔링의 성장을 촉진하고 있는 두 가지 요소 중 첫 번째는 비디오 게임, 인터넷, 모바일 플랫폼 등으로, 새로운 미디어가 발전하고 있다. 또한 두 번째는 창조적 자산을 공유하는 것으로, 미디어의 창작자들로 하여금 경제적 이득과 제작비용의 절감 효과가 있기 때문이다.

4) 게임스토리텔링

MIT 대학의 미디어 연구가로 뉴미디어와 게임 프로그램을 연구하고 있는 헨리 젠킨스는 2005년 디지털게임 학회(DiGRA)에서 "게임 디자인이란 내러티브 구조를 설계하는 것이다"라고 정의되고 있다. 게임콘텐츠 개발을 위한 게임기획은 콘텐츠의 성공 여부를 결정하는 중요한 영역이다.

5) 테마파크(theme park)와 스토리텔링

테마파크(theme park) 또는 '테마공원'은 특정 주제를 기반으로 연출되는 관광시설을 말한다. 놀이공원, 박물관, 호텔, 상업시설이 같이 있는 경우도 있다. 대표적으로, 스포츠 테마파크, 푸드 테마파크 등이 있으며, 놀이공원과는 다르다고 할 수 있다.

테마파크는 엔터테인먼트, 즉 "사람을 환대한다"는 개념을 최우선으로 한다. 애디 밀맨(Ady Milman)에 의하면 "테마파크란 관광자원의 비교적 새로운 개념이고 다른 장소 혹은 시대의 분위기를 창조하는 것을 목표로 하고 일반적으로 핵심적인 주제를 중심으로 건축, 조경, 전통복장을 입은 인물, 놀이시설, 쇼, 식음료 서비스 그리고 상품이 조화된 공간이다. 이러한 주제는 캐릭터나 로고와 같은 일관적인 시각적 표현을 통하여 공원의 구조물과 조직을 통합하고 있다"라고 정의한다.

테마파크의 기원은 17세기 유럽의 플레져가든(Pleasure Garden)으로 교외에 위치하여 녹지와 광장, 인공호수나 화원 등으로 이루어진 공원 시설을 일컫는다. 플레져가든은 초기에 음악회 등의 이벤트를 제공하였고, 여기에 기구탑승형의 놀이시설이 설치되어 유원지 형태를 이뤘는데 오늘날 테마파크의 내용과 형식은 초기의 플레져가든과 흡사하다.

6) 중국의 테마파크(中國的主題公園)

2009년 1월 8일 월트디즈니社와 상해 시 정부는 상해 디즈니랜드에 관한 기본 협의를 체결하고, 국무원의 심사비준을 거쳐 '디즈니랜드 프로젝트' 추진을 결정했다. 케이엠파트너스가 한국 최초로 중국에 테마파크를 건설키로 하고 중국 지방정부와 협약식을 맺었다. 케이엠파트너스는 투자 컨소시엄을 통해 5억 달러를 조달하고 중국 대련시 금주구 132만㎡ 부지에 테마파크, 쇼핑몰, 호텔 등이 결합된 복합 테마 리조트를 조성한다.

(1) 북경 테마파크 해피벨리(歡樂谷)

해피벨리(Happy Valley)는 북경, 상해, 심수, 사천성의 성도 4개 도시에 각각의 독립적인 공원을 운영하고 있는 프렌차이즈 테마파크이다. 2006년 개장한 북경 해피벨리는 네 개 중 규모가 가장 크다. 해피벨리는 공원 가운데 큰 호수가 있고, 호수 주변의 땅에 각종 시설들이 들어서 있으며, 중앙 호수 위에는 커다란 섬 하나가 박혀 있는 모양을 하고 있다. 길쭉한 도넛 가운데 호수가 하나 있고, 그 호수 안에 동그란 섬이 박혀 있다.

호수 가운데 있는 큰 섬이 아틀란티스의 전설을 테마로 한 아틀란티스(Atlantis)이고, 정문을 기준으로 오른쪽으로 돌면 차례로 동지중해 그리스 바다를 모티브로 한 에게항구(Aegean Harbo)가 있다. 그리고 마야 문명의 로스트 마야(Lost Maya), 아시아 어딘가에 있다고 전해지는 전설의 나라 샹그릴라(Shangri-la), 어린이 놀이시설을 모아 놓고 개미왕국으로 꾸민 개미왕국(Ant Kingdom)이 있다. 공원을 한 바퀴 돌아 다시 입구 쪽으로 돌아오면 북유럽의 피요르드 협곡을 테마로 설정해 놓은 와일드 피요르드(Wild Fjord, 峽灣森林) 구역이 있다.

(2) 아시아 최대 테마파크, 상해 디즈니랜드 2015년 개관

세계 최대 규모로 건설되는 상해 디즈니랜드가 2015년에 개관되는 것으로 확정됐다. 상해 인터넷매체 신민망(新民網)은 2011년 5월부터 정식 착공에 들어가 2015년에 정식 개방될 예정이라고 밝혔다. 또한 현재 상해 엑스포가 열렸던 행사장을 중심으로 총 4만여㎡의 부지를 확보한 상황이며, 총공사비만 1천억 원(한화 10조 7천억 원)이 투자된다.

신적그룹(申迪集團) 관계자는 "현재 도쿄 디즈니랜드를 능가하는 아시아 최대 테마파크를 만들기 위한 준비 작업이 한창 진행 중이다"라며 "규모 면에서 상해 엑스포를 능가하는 초대형 프로젝트가 될 것이다"고 밝혔다.

전문가들은 "디즈니랜드 완공 시 상해의 부동산, 건축업, 교통 운송업, 상업, 백화점, 관광, 호텔 등 여러 경제분야에서 막대한 경제적 효과가 창출될 것이다"고 전망했다.

> 초콜릿 테마파크: 2010년 1월 29일에 중국 북경에서 세계 최초의 초콜릿 테마파크가 개장

(3) 세계의 창(世界之窓, Windows of the World)

중국 광동성 심수에 위치한 '세계의 창(世界之窓)'은 이름 그대로 한눈에 세계를 볼 수 있는 곳이다. 심수만 부근 48만㎡의 면적에 세계 각국의 자연 및 인문 경관 130여 개가 15분의 1 비율로 축소돼 펼쳐져 있다. 아시아, 유럽, 대양주, 아프리카 등 8대 풍경구로 나뉘어 있으며 한국 건축물로는 남대문, 경복궁 모형이 조성돼 있다.

세계의 창 중앙에는 108m 높이의 에펠탑 모형이 서 있어 테마파크 전체를 내려다볼 수 있다. 차나 커피를 마시면서 심수는 물론 멀리 홍콩까지 조망할 수 있다. 알프스 실내 스키돔, 피라미드 판타지홀, 아마존 정글 트릴라이드 등 다양한 부대시설도 운영된다.

130여 개 세계적인 자연 풍경과 조형물 등을 선택하여 모방을 해서 설치해 놓은 세계의 창은 세계지역과 유람활동의 내용에 따라서 세계광장, 아시아, 대양주, 유럽, 아프리카, 아메리카, 현대과학기술 오락구, 세계조각원 등 9분류로 나누며 모두 118개 풍경구가 있다.

(4) 금수중화(錦繡中華)

금수중화(錦繡中華)는 중국 내 명소만 따로 모아 모형으로 선보인 테마파크다. 소수민족들의 전통문화를 체험할 수 있는 중국민속문화촌과 나란히 위치해 있다. 30만㎡의 면적에 중국 각지의 명승지를 15분의 1 비율로 축소시켜 놓았다. 역대 중국 최고의 정원으로 꼽히는 북경 원명원, 항주의 상징으로 통하는 서호, 서안의 진시황 병마용, 티베트의 포탈라궁 등을 모형으로 만나 볼 수 있다.

(5) 중국 최대 공룡테마파크: 상주 중화공룡원[76]

상주(常州) 중화공룡원(中華恐龍園)은 '동방의 쥐라기공원'이라 불린다. 중화공룡원은 2007년 총 4억원(RMB)을 투자하여 6만 평의 쿠커 수크 밸리를 건립하였다. 상주 중화공룡원은 세계적인 공룡의 도시, 관광, 레저, 엔터테인먼트, 종합 휴가 도시이다.

중국의 공룡공원으로서 가장 큰 Suke 밸리 지역은 6만㎡의 총면적으로 군사 기지에 버금가는 공룡왕국이다. 기존 사업을 바탕으로 놀이 공원, 레스토랑, 쇼핑점 등 다양한 종류의 아이템이 추가된다.

(6) 중국 '난쟁이 마을' 테마파크 변신[77]

남부 운남성 곤명시의 난쟁이 마을이 2009년도 10월에 테마파크로 탈바꿈하였다. 이곳은 키가 작다고 차별받은 난쟁이들이 한두 명씩 모여 자연스럽게 만들어진 마을이다. 그동안 주민 120명은 자체 소방서와 경찰서를 세우고 키가 130cm 이상인 사람은 아예 들어오지 못할 정도로 철저히 외부인을 배격했다. 하지만 시간이 흐르자 차별과 장애를 '긍정의 힘'으로 바꾸자는 뜻이 생겼다. '난쟁이 마을'의 특성을 살려 테마파크로 만들자는 것이다.

난쟁이 소방관들은 작은 트럭과 소방차를 갖추고 주민들은 버섯 모양의 집을 짓고 요정 캐릭터의 옷을 입었다. 주민들은 동화 속 주인공처럼 변신해 관광객을 받아들이기 시작했고, 직접 출연하는 각

---

76) http://shanghaijournal.com/news.php?code=lc&mode=view&num=21834

77) http://widechina.net/bbs/view.php?id=tj_tour&no=781

종 쇼를 열어 관광 수익을 올리고 있다. 단 고용조건은 키 130cm 미만이어야 한다.

(7) 역사 테마파크

① 조승상부경구

하남성 허창시가 조조의 저택을 당시 모습 그대로 재현하였다. 2009년 6월 1일에 개장된 조승상부경구는 한나라 승상이었던 조조의 저택을 테마파크로 꾸민 곳이다. 관광용 지역이라는 뜻의 '경관지구'를 붙여 '조승상부경구'라 부른다. 1,200㎡에 달하는 거대한 면적 안에 7미터가 넘는 거대 조조석상을 비롯해 조조의 저택을 당시 모습대로 재현하였다.

② 청명상하도(淸明上河圖): 송나라 문화 테마파크

하남성 개봉시(開封市)에 위치한다. '청명상하도(淸明上河圖)'는 북송(960~1127) 시기 화가 장택단(張擇端)의 명작 '청명상하도'를 그대로 재현한 테마파크이다.

공원의 내부 건축물이 모두 송나라 건축양식으로 지어졌을 뿐만 아니라 안내원, 종업원, 이벤트 연기자들이 모두 송대 복장을 하고 있다. 유명한 연극이 특설무대가 아닌 여행자가 집중된 길가에서 펼쳐져 관람객으로 하여금 시공간을 초월하여 송나라에 와 있는 듯한 경험을 제공한다.

③ 대당부용원(大唐芙蓉園)

중국에서 처음으로 당나라 전성기의 찬란한 역사와 문화를 재현한 당나라 황실 원림식 테마공원이다. 중국 서북지역에서 제일 큰 규모의 테마공원이라고 하며 2005년에 문을 열었다. 원래의 대당부용원은 모두 완파가 되었는데, 홍콩 부동산 재벌의 투자로 새롭게 재현되었다.

전체를 둘러보기에는 너무 먼 거리여서 전동차를 타고, 보고 싶은 곳에서 내려 구경하고 또 다음 차를 타고 이동하는 시스템이다. 정원 내의 호수 다리는 직선이 아니고 S자로 굴곡이 있는데, 이는 중국의 귀신 강시는 일직선으로만 가기 때문에 귀신을 막기 위해 다리를 굴곡지게 만들어 놓았다고 한다.

7) 축제콘텐츠와 스토리텔링

(1) 축제콘텐츠의 개념

네덜란드의 문화사학자인 호이징가(Huizinga, Johan)는 호모 루덴스(Homo Ludens), 즉 '놀이하는 인간' 혹은 '유희의 인간'이라는 신조어를 만들었다. 호이징가는 "축제는 인간의 유희적 본성이 문화적으로 표현된 것"이라고 주장하였다. 이를 발전시킨 미국의 신학자 하비 콕스(Harvey Cox)는 일상에서 억압되고 간과된 감정표현이 사회적으로 허용되는 기회를 축제로 정의하면서 축제하는 인간의 본능을 가리켜 호모 페스티부스(Homo Festivus)라 부른다.

축제는 현대 도시인들에게 휴식과 카타르시스와 욕망 분출의 기회를 제공하기 때문에 시민들은 축제를 열망한다. 이러한 점은 일상에서의 개인적인 즐거움에 더하여 공동의 함의를 얻으며 함께 즐기는 '축제'라는 공동체적 문화현상을 낳았다.

(2) 중국 축제콘텐츠

① 낙양 모란꽃 축제(洛陽 牧丹花會, 매년 4월 15일~25일)

낙양의 모란꽃 축제는 1983년에 처음으로 개최되어 그 후로 1년에 한 번씩 개최되었다. 매년 4월 모란꽃 축제가 개최될 때면 국내는 물론 해외의 많은 관광객들이 낙양으로 몰려들고, 낙양의 대외개방에도 좋은 계기가 마련된다. 축제 기간에는 대형 문예공연, 꽃놀이, 서화, 사진전, 무역 상담회 등이 개최된다.

중국인들 사이에서 "낙양모란은 천하제일이다"라는 말이 있을 정도로 모란은 예부터 만화일품이라 칭송되어 왔다. 현재 이곳에서 재배되는 모란의 품종이 350여 종에 이르고, 그중에서도 '요황'과 '위자'는 모란의 왕과 왕후로 불리는 가장 뛰어난 품종이다.

② 하얼빈 빙등제

중국 흑룡강성 하얼빈에서 해마다 펼쳐지는 얼음축제 '빙등제'는 매년 1월 5일부터 2월 말까지 열리며 1985년 1회 대회가 열렸다. 축제는 항일 영웅인 리조린(李兆麟, 1910~1946)을 기념하기 위해 설립한 조린 공원에서 열리는데 얼음으로 조각된 작품이 1,500점에 달해 세계에서 열리는 빙등축제 중 가장 규모가 큰 것으로 알려져 있다.

조린 공원은 도리 공원(道裏公園) 혹은 하얼빈 공원으로 불린다. 1900년
에 조성되어 하얼빈 최초의 공원이 되었다. 당시 사람들은 항일 영웅이
었던 이조린(李兆麟) 장군을 기념하기 위하여 그 유해를 이곳에 안장하
고 공원 내에서 장례와 안장의식을 치렀다. 1946년부터는 중국의 항일
전쟁 영웅인 이조린 장군의 이름을 딴 조린 공원이 되었다.

中 제1회 중국관광축제: 2009년 9월 20일 천진서 개막
2010년 중국 방문의 해를 앞두고 '중국 최대 관광축제'인 제1회 중국관
광산업축제가 천진(天津)에서 개막됐다.

8) 레저파크(Parcs de loisirs)

(1) 레저파크의 개념

레저파크에는 '동물원, 수상공원, 놀이공원, 교육목적 혹은 문화목
적의 테마파크'가 있다. 우리말의 '유원지'에 가깝다. 그 사전적 의
미는 "유람이나 오락을 위하여 여러 가지 설비를 한 곳, 자연 속에
오락시설과 식당·매점 등을 갖추어 이용자들이 능동적으로 여가활
동을 즐길 수 있도록 관리되고 있는 옥외 여가 공간"을 가리키는데
미국의 영향으로 '유원지'나 '레저파크'라는 용어보다는 '테마파크'
가 사용되고 있다.

(2) 중국 레저파크

① 해남성 오지주도(蜈之洲島)

1년 365일이 여름인 해남성은 풍경과 해양스포츠로 유명하고, 신혼여행지로도 유명하다. 오지주도는 연인의 다리와 관일암이 유명하다. 투명한 바닷속을 들여다볼 수 있는 스쿠버다이빙부터 수상스키, 모터보트, 바나나보트, 카약, 고공을 가르는 패러글라이딩 등 다양한 해양스포츠를 즐길 수 있다.

② 해남 삼아애니월드쇼(三亞愛心大世界)

애니월드쇼는 중국과 태국이 합작으로 투자해 만든 동물 테마파크로 다양한 동물들의 쇼가 기다리고 있다. 태국에서 유명한 악어쇼는 물론, 불타는 링을 통과하는 호랑이쇼, 코끼리 서커스쇼, 돼지 달리기 경기 등 볼거리가 풍성하다.

9) 새로운 문화산업

(1) 타악기 연주단 사례

 북경 홍앵속(紅櫻束) 여자타악기 연주단은 1999년에 성립하였다. 중국 각지와 세계 10여 개 국가에서 1,000여 회를 공연하였다. 2004년 9월에는 '世界文化奧林匹克公展賽'에 참가하였고, 최고영예라 할 수 있는 '세계평화상'을 수상하였다.[78]

공연단은 2011년 3월부터 유럽 여러 국가를 돌며 16회에 달하는 타악기 전문 순회공연을 하였다. 공연단이 해외 관중들에게 인기를 모은 것은 세 가지 요인의 역할로 평가되고 있다. 첫째, 타악기 자체가 세계적으로 통용되며 중국 민족 음악을 연주하더라도 굳이 해석할 필요가 없다. 둘째, '용(龍)', '中國紅', '민족악기' 등 중국적 요소를 프로그램 배치와 전체 디자인에서 교묘하게 표현되도록 하였으며 특색이 선명하면서도 현대인의 심미관과도 합치되었다. 셋째, 국제 무대예술 붐에 맞추어 오락성을 강화하고 공연자들의 북, 의류, 시트콤과 같은 요소의 가미는 공연의 취미를 향상하였다.

---

78) http://baike.baidu.com/view/2979479.htm

(2) ERA時空之旅:[79] 상해곡마단(上海馬戲城)

2005년 9월 27일 'ERA-時空之旅' 공연이 상해곡마단에서 처음
으로 공연되었다. 2011년 12월 31일까지 2.6억 원(RMB)의 수입을
올렸고, 249만 명의 관중 중 174만 명의 외국인들이 관람하였다.

공연순서[80]
序: 時空盛會
一、時空鏡幻 一枝獨秀
二、時空漫步 時尚戲車 古彩新韻
三、時空秀水 碧波輕舟 嬉水鴛鴦 魚躍浪花 江南雅韻
四、時空慶典 華彩樂章 千古絶頂 風拂柳絲 龍騰虎躍 天外來客 生命之輪
　　中場休息——時光流動
五、時空天象 流星異彩 凝聚瞬間
六、時空極光 平地驚雷 壯志淩雲 玉樹淩風 翻江倒海 九天攬月 大鵬展翅
七、時空豪情 彩蝶舞花 雲中情話 飛越時空
尾聲——時空之戀

---

79) http://v.youku.com/v_show/id_XMTU3NjQ1NDQ=.html
80) http://event.mosh.cn/view/227445

제3부

중국 대중문화산업

1. 중국 영화산업
2. 중국 드라마산업
3. 중국 애니메이션산업과 만화산업
4. 중국 출판산업
5. 중국 음악산업

1. 중국 영화산업

2010년 1월 국무원의 공식 문건(2010. 9호)

"영화산업 번영 발전 촉진에 관한 국무원 판공청의 지도의견(國務院辦公廳關於促進電影產業繁榮發展的指導意見)"

→ 영화산업의 번영과 발전이 사회주의 문화건설의 강화, 인민 대중의 정신문화 수요의 만족, 경제사회의 협조적 발전 촉진, 중국문화의 국제적 경쟁력과 영향력 확대에 있어 매우 중요한 의미를 가진다.

→ 중국 정부는 쿼터 강제를 통해 자국영화 산업을 2015년까지 매년 20%씩 성장시킬 계획

1) 중국 영화산업 특징과 현황

(1) 미국엔 할리우드, 중국엔 찰리우드(Chollywood)

'찰리우드(Chollywood)'는 '중국(China)'과 '할리우드(Hollywood)'를 합친 신조어로써, 미국 언론들이 중국 영화산업을 지칭할 때 사용한다. 중국의 영화산업은 1978년 개혁개방 천명 이래로 부단히 발전해 왔다.

> 2008년 북경올림픽 이후: 정치 선전 도구에 불과했던 영화가 중요한
> 산업경제 수단으로 인식되었고, 중국정부는 영화산업을 중점 문화산업
> 으로 육성하기로 결정

2001년 12월, 중국이 세계무역기구(WTO)에 가입하면서 중국 영화산업은 두드러지게 변화하였다. WTO 가입 이후, 중국 영화산업은 기존의 국유기업 중심의 시스템을 탈피하여 민간기업으로 확대하게 되었다.

당시 가입의정서에 명시되어 있는 영화산업에 대한 합의 내용은 두 가지이다. 첫 번째는 "10편이었던 수입 분장제(分賬制) 영화의 개봉편 수를 우선 20편까지 확대하고, 3년 이내에는 50편 수준으로 늘려야 한다." 이 조항에 따라 수입 분장제 영화의 개봉이 1년에 20편으로 확대되었다. 두 번째는 "외국자본이 극장 소유, 운영권을 가질 수 있도록 허가해야 한다"는 것이다. 하지만 외국기업의 지분은 전체의 **49%**를 넘어서서는 안 된다는 전제가 있다.

2001년 중국은 중국전영그룹공사(中國電影集團公司)가 갖고 있던 수입영화 배급 독점권을 포기하고, 일정 요건을 갖춘 배급사라면 누구든지 수입영화의 배급을 진행할 수 있게 하였다.

(2) 중국 영화산업 시스템: 성 공사 → 원선(院線)으로 변화

2002년 6월, 중국의 '영화관을 관리하는 회사'라는 의미를 가진 원선(院線)을 대대적으로 개혁하였다. 예전에는 필름 프린트를 각 성의 성(省)공사에 보내었고, 성 공사는 다시 성에서 1차 도시, 2차 도시로 보내는 배급구조였다.

원선은 일종의 '배급망'이라 할 수 있다. 원선 아래에는 일정한 수의 영화관들이 소속되어 있다. 원선은 배급사와 함께 소속된 영화관의 상영 스케줄을 관리하고 조정한다. 영화관들은 3년마다 원선과 계약을 갱신해야 한다.

원선과 극장의 관계는 직속관계, 부분투자관계, 단순계약관계로 구분된다. 먼저 직속관계는 원선이 전액 혹은 메인 투자한 극장 혹은 극장의 운영을 원선에 위탁한 관계를 말한다. 원선과 직접 이 극장의 프린트 수량, 개봉횟수, 시간대 등을 합의하면 된다. 부분투자관계는 원선이 부분투자한 관계로서, 일정한 부분만 원선의 말을 듣는다. 단순계약관계의 특징은 극장은 마지못해 원선과 계약한 것이고, 원선의 경우 자신의 매출을 늘려 준 고마운 관계라 할 수 있다.

(3) 분장제와 매단제

영화 배급의 형식은 분장제(分賬制)와 매단제(買斷制)로 구분된다. 먼저 분장제는 영화의 배급에 있어 배급사에 배급을 위탁하는 형식이고, 매단제는 영화의 배급에 있어 배급권을 판매하는 형식이다. 분장제 영화의 쿼터는 1년에 20여 편이며, 대부분 할리우드 대작 영화로 채워진다. 매단제 영화의 경우 문화교류의 다원화를 위해 여러 국가의 영화를 포함하고 있지만, 국가당 3편을 넘어서지 않는다.

> 주변국가의 요청과 문화 개방화 물결에 따라 중국 정부는 2012년 2월 중국 진출 허용 쿼터를 20개에서 34개로 대폭 늘리고 추가로 3D와 아이맥스 영화를 허용하는 등 규제 완화를 위한 노력을 꾀하고 있다.

한국 영화가 중국 원선에 정식으로 상영될 가능성은 분장제와 매단제를 통틀어 1년에 최대 3편 정도에 불과하다. 그동안 대부분의 한국 영화들은 매단제 형식으로 개봉해 왔다. <해운대>가 처음으로 분장제 개봉을 하였지만 수입은 그다지 좋지 않았다.

(4) 중국 극장의 현대화

최근 중국정부는 극장시설의 개보수 혹은 신축에 대해 외자 유치 장려정책을 펼치고 있다. 중국 극장은 대부분 1950, 60년대에 세워져서 이미 많이 노후화되었고, 시설설비도 시대적으로 뒤떨어져 있다. 그리고 예전에는 거의 모든 영화관이 중국 정부 소유의 국영이었지만 현재는 국영, 외자투자, 개인 소유 영화관으로 나뉘어져 있다. 극장사업 부분에서 주목해야 할 점은 다음과 같다.

첫째, 대도시 중심의 멀티플렉스가 증가하고 있다.

둘째, 디지털 영화관의 빠른 확산을 들 수 있다.

셋째, 중국 정부의 정책은 외국자본을 최대 **75%**까지 허용하고 있다.

7대 시범도시인 북경, 상해, 광주, 무한, 서안, 청도, 남경: 75%
기타 지역: 최대 49%

---

(5) 중국 영화산업 고리

중국 영화산업은 "촬영, 제작, 광고마케팅, 배급 및 상영, 영화관 투자, 해외 마케팅"으로 분류된다. 그중에서 촬영이 전체 영화산업의 연결고리 중 가장 중요한 부분이라고 할 수 있다. 영화 관련 작업은 컴퓨터 특수 촬영, 촬영, 녹음, 미술, 분장, 의상, 도구, 현상과 인화 등이 포함된다.

(6) 중국 관객의 영화관람 형태

중국 관객의 영화관람 형태는 대체로 불법판을 구입하거나 인터넷으로 다운받아 본 뒤 극장에서 봐도 아깝지 않겠다 싶으면 보는 식이다. 불법 시장을 쉽게 근절하지 못하는 이유는 첫째, 저렴한 가격(원가가 1~1.5원, 판매가는 7~15원, 영화관람료는 30~60원), 둘째, 외화수입 제한정책(강력한 쿼터제로 1년에 약 50편 정도밖에 수입을 하지 못함. 불법 경로를 통해 외화 감상), 셋째, 신프로의 보급이 신속(개봉 전에 불법판 유통), 넷째, 정품 **DVD** 제작 기술보다 불법 복제판의 기술이 더 좋은 점을 들 수 있다.

중국에는 영화등급제가 없다. 중국 국가광파전영전시총국 전영국 우커 (Wu Ke) 주임은 "아직까지 극장 및 신분증 관리 등 여건이 성숙하지 않기 때문에 등급제를 실시하는 것은 어렵다. 몇 개 도시에서 시범적으로 해봤는데 결과가 좋지 않았다"고 설명했다.

2) 중국 영화산업 발전 전략

(1) 체인제도(2002)

영화관을 '체인점' 형태로 경영하는 방식으로 브랜드, 운영방식 등을 통합 관리하는 사업 유형이다.

(2) 하세편(賀歲片, Chinese New Year Movie)

하세편이란, 연말연시에 흥행대목을 겨냥하여 개봉하는 상업영화이다. 중국 최고 명절인 춘절 대목을 노리고 제작되는 작품이다. 1997년 말 풍소강 감독의 코미디 <갑방을방>이 대성공을 거두면서 효시가 되었다. 대표적인 작품은 2007년 12월 20일에 개봉되었던 <집결호>이다.

(3) 화요일 영화관(2006): 절반 가격의 날

2006년부터 시작된 '화요일 절반 가격의 날'은 중국에서의 영화관람 열풍을 일으키는 데 커다란 공헌을 하였다. 2006년 박스오피스를 봐도 중국 국산영화 중 무려 6편이 10위권에 올랐고, 1, 2위도 국산영화가 차지하였다.

영화관람료를 50%를 할인해 주는 화요일은 흥행수입이 평일의 3~4배에 달하고, 심지어는 주말 흥행수익을 넘어설 때도 있었다. 그래서 어떤 영화관은 주말 개봉의 관례를 깨고, 신작 개봉일을 화요일로 택해 좋은 성과를 거두기도 했다.

> 영화할인구역 등장: 영화할인구역이라는 공익상영활동, 할인영화를 초등학교, 중학교 및 빈곤지역 등에 보내는 학교연합영화할인 상영계획 등도 영화시장을 활성화하는 데 일조했다.

(4) 중국 영화카드

중국 영화발행상영협회의 건의로 추진된 중국 영화카드는 관객에게 실질적인 혜택을 가져다주었다. 카드를 구입하면 전국 각지의 수많은 영화관에서 카드로 표를 살 수도 있고, 가격할인 혜택을 받거나 영화관에서 기념품을 구입할 수도 있다. 대련에서는 10원 할인가격영화를 내놓았고, 북경의 몇몇 영화관은 21시 21원 가격을 제시하기도 했다.

(5) 예술영화관

2001년 10월 북경의 자금성삼련(紫禁城三聯) 영화사는 전국 중대형 도시를 위주로 아방가르드 영화(독립, 예술, 지하영화를 가리킴)

의 개념을 알리기 시작했다. 그때부터 200석 내외의 소형 극장을 중심으로 색다른 영화가 상영되기 시작했는데, 여기서 선보인 첫 번째 영화가 왕전안(王全安) 감독의 <월식(月蝕), 1999)>이다.

중국 영화계는 관객들의 취향에 따라 다양한 영화를 만날 수 있는 환경을 조성했다. 정부가 체제 밖의 영화를 포용한 것은 숨어 있던 지하영화가 지상으로 나올 수 있는 계기가 되었다. 비록 초창기에는 예술성이 높아도 관객의 호응을 얻지 못한 경우가 많았지만, 지하영화는 여전히 중국문화를 해외 관객들에게 전달하는 중대한 매개체가 되고 있다.

<그 산, 그 사람, 그 개(那山那人那狗: Postmen In The Mountains, 1999)>라는 영화는 가족 간의 따뜻한 정과 인간관계에서의 배려를 잔잔하게 그려 냈다. 줄거리는 그 산에는 그 사람이 개와 함께 수십 년을 우편가방을 매고 산을 넘고, 계곡을 건너고, 절벽을 오르고 정강이뼈가 드러나도록 편지를 전했다.

이제 나이가 들고 몸이 상한 집배원은 이제 아들에게 그 일을 물려주고자 하지만, 아들이 미덥지 않아 함께 산을 오른다. 이 영화는 중국 금계장의 최우수영화로 선정된 후 일본에도 수출되어 2억 6,000만 엔의 흥행실적을 올렸다.

(6) 영화와 비즈니스

2002년에 개봉되었던 <영웅> 이후 중국 영화계에는 "크게 배팅
을 해야 많이 남는다"라는 말이 생겨났다. <영웅>은 해외 배급권 사
전 판매, 국내 영상물 제작·판매권 양도에 경매방식 도입, TV·라디
오·인터넷 등 전 매체를 아우르는 강력한 홍보마케팅, 해적판 대응
을 위한 사전 조치, 유사 이래 가장 성공한 사전 프로모션 활동도 좋
은 선례를 남기게 되었다. <영웅>을 이어 <무극>, <야연>, <쿵푸허
슬>, <적벽대전> 등 대작들이 쏟아졌다.

3) 중국 영화산업 관련 정책과 법규

영화산업 관련 법률정책

국무원영화관리조례(電影管理條例) 2002년 2월 1일
광전총국, 문화부, 상무부 외국인투자극장 임시규정(外商投資電影院暫
    行規定) 2004년 1월 1일
광전총국 중외합작 촬영제작극관리규정(中外合作攝制電影片管理規定)
    2004년 8월 10일
광전총국, 상무부 영화기업경영자격허가임시규정(電影企業經營資格准
    入暫行規定) 2004년 11월 10일
광전총국 영화극본(줄거리)신고, 관리규정(電影劇本梗概)備案, 電影片
    管理規定) 2006년 6월 22일
광전총국 소수민족언어 영화 소재 수집강화에 대한 공고(總局加強少數
    民族語電影譯制素材收集的通知) 2009년 1월 14일

> 국무원사무청 금융기관이 영화 제작사에 대한 지원 역량강화 장려(鼓勵
>   金融機構加大對電影企業支持力度) 2010년 1월 21일
> 국무원사무청 국무원의 영화산업 발전번영 촉진을 위한 지도의견(國務
>   院辦公廳關於促進電影産業繁榮發展的指導意見) 2010년 1월 21일
> 국무원법제사무실 〈영화산업촉진법〉 의견수렴초안 발표 2011년 12월 15일

(1) 현재 영화업계 개혁의 심화에 대한 약간의 의견(1993)

국가광파전영전시총국은 1993년 1월에 '3호 문건'이라 불리는 "현재영화업계 개혁의 심화에 대한 약간의 의견(關於當前深化電影行業機制改革的若干意見)"을 발표하였다. 이 의견은 국영기관에 의해 독점화된 제작-배급-상영의 통일된 체계에 민영기업의 참여공간을 마련하여 산업 단위의 다양성을 꾀하고자 하였다.

(2) 우수 해외 영화 수입 결정(1994)

TV의 유행과 개혁개방의 여파로 극장 매표 수입이 급감했던 1994년 말, 광전총국 영화국은 매년 10편의 우수 해외 영화를 수입할 것을 결정하였다. 이 결정에 따라 1995년에 처음으로 10편 수입분장 영화가 상영되었다. 10편 중 3편은 <홍번구(紅番區)> 등 홍콩 영화였고, 나머지 7편은 <라이언킹>, <워터월드>, <미션 임파서블> 등의 할리우드 영화였다.

> 공산주의 선전 영화가 아닌 수입 영화는 중국 영화시장에 문화적 · 경제
>   적 충격을 가져옴
> 수입 분장영화들이 인기를 얻으면서, 침체되었던 시장이 잠시 회복되
>   는 모습을 보임
> 하지만 관객들이 수입 영화에만 몰리면서 중국 영화의 위기를 가져옴

(3) 영화관리조례(電影管理條例, 1996)

1996년에는 제작, 심의, 수입, 배급, 상영 등 부분별 활동규범을
정리한 "영화관리조례(電影管理條例)"가 발표되었다.

(4) 영화 촬영 허가증(단편) 자격 인증제 시행 세칙(2001)

2001년 중국 국가방송영화TV총국(國家廣播電影電視總局, 이하 '광
전총국')의 "영화 촬영 허가증(단편) 자격 인증제 시행 세칙"이 발표
됨에 따라 민영기업도 영화 제작 허가증 취득이 가능해졌다.

(5) "외국인영화관 투자에 관한 잠정규정", "중외 합작영화 제작에
관한 관리규정"(2003)

2003년 광전총국은 "외국인영화관 투자에 관한 잠정규정"을 발표
하고 외자 참여를 대폭 확대하였다. '잠정규정'은 처음으로 중국 영
화산업의 대외개방 내용을 담고 있는 법률규정으로 향후 외국 영화
기업의 중국시장 진출의 기폭제 역할을 하게 될 것이다. 중국 내 영

화사를 설립하기 위해서는 합자 혹은 합작형식으로 제한되며 외국인의 지분도 최대 **49%**까지만 허용한다고 밝히고 있다. 또한 합자혹은 합작회사의 자본금은 500만 원**(RMB)** 이상이며 파트너는 반드시 '영화제작 허가증'을 보유하고 있는 업체여야만 가능하다.

- 중국 영화산업에서 해외와의 공동작업: 합작(合拍)과 협작(協拍)
- 합작은 공동 투자를 전제로 한 공동 제작을 의미
- 협작은 중국 측이 노동력, 장소 등 부가적인 사항을 제공하는 것을 의미
- 단순히 중국에서 촬영했다거나, 중국배우를 기용했다거나, 한국인 스태프가 중국의 영화제작에 참여했다고 해서 합작영화라 부를 수 없음
- 최초의 한·중 합작영화로 알려진 김성수 감독의 〈무사〉는 엄밀히 말해 '합작'영화가 아닌 '협작'영화임

해외영화 제작사와 중국 측 영화제작사가 합작하거나 기타 형식으로 중국에서 영화촬영제작을 할 경우 준수사항
- 중국 헌법 법률 법규 및 관련 규정 부합
- 중국 각 민족의 풍속 종교 신앙과 생활 습관 존중
- 중화민족의 우수한 문화전통 발전에 유리해야 함
- 중국의 경제건설, 문화건설, 사상·도덕 건설과 사회안정에 유리해야 함
- 중국과 외국 간 영화교류에 유리해야 함
- 제3국의 이익에 손해를 끼쳐서는 안 됨

(6) 광전총국이 영화심사기준을 거듭 설명하기 위한 통지(2009)

국가방송영화텔레비전총국은 2009년 3월 3일 각 지방 방송영화텔레비전국과 영화제작기업, 중국 영화합작제작 및 영화채널프로그램센터 등을 대상으로 "광전총국이 영화심사기준을 거듭 설명하기 위한 통지(廣電總局關於重申電影審査標準的通知)"를 하달하였다. 최근 중국 내 개봉된 일련의 영화가 중국 국정에 반하거나 미풍양속을 해친다는 의견이 높은 가운데 나왔다. 이번 통지문은 통일·주권 등을 침해하는 내용이나 음란, 도박, 폭력을 선양하거나 범죄를 교사하는 내용 등 총 열 개의 내용을 영화작품 내 포함하는 것을 금지한다고 명시하였다.

영화에 포함될 수 없는 내용
- 헌법이 확정한 기본원칙에 어긋나는 내용
- 국가통일, 주권 및 영토권을 침해하는 내용
- 국가기밀을 누설하거나 국가안전과 국가명예, 이익에 위해를 입히는 내용
- 민족원한, 민족차별을 선동하는 내용이거나 민족 간 단결, 민족풍속을 침해하는 내용
- 국가 종교정책을 위반하고 사교나 미신을 선양하는 내용
- 사회질서와 사화안정을 파괴하는 내용
- 음란, 도박, 폭력을 선양하거나 범죄를 교사하는 내용
- 타인을 모욕하거나 타인의 합법적인 권익을 침해하는 내용
- 사회도덕에 어긋나고 우수한 문화를 비방하는 내용
- 국가법률, 법규가 금지하는 기타 내용

이 외에도 영화작품 내 아래의 장면이 포함될 경우 삭제 또는 수정해야 한다고 규정하였다.

영화작품 내 포함될 경우 삭제 또는 수정해야 하는 장면

- 중화문명과 중국역사 등 역사적 사실을 심각하게 왜곡한 경우, 다른 나라의 문명과 풍속을 존중하지 않은 경우, 영웅이나 주요 역사인물의 이미지에 타격을 입힌 경우
- 악의적으로 인민군대, 무장경찰, 공안과 사법기관의 이미지를 폄하한 경우
- 음란하고 조속한 저급내용이 뒤섞이고 음란·강간·매음·매춘·성행위·변태·동성애 등 줄거리와 남녀 성기 노출 등 기타 음부·음란하고 저속한 대사·노래·배경음악과 음향효과
- 폭력·공포·유령·요괴 등 내용, 선악과 진실·거짓의 가치가 전도되거나 정의와 비정의의 기본 성질이 뒤섞인 내용, 위법한 범죄가 기세를 떨치는 장면을 표현하거나 범죄행위과정을 구체적으로 묘사한 것, 특수정찰수단을 폭로하는 것, 자극적인 잔인한 살인·피비린내·폭력·마약흡입·도박 등의 줄거리, 포로학대, 범인이나 피의자를 고문 협박하는 줄거리, 과도하게 놀라거나 공포스러운 화면, 대사, 배경음악, 음향효과
- 소극적이고 퇴폐적인 인생관·세계관·가치관을 선양하고 민족의 우매하고 낙후한 면 또는 사회의 어두운 면을 과장하는 것
- 종교극단주의를 선동해 각 종교·종파 간 분규를 도발하거나 신앙이 있는 군중과 신앙이 없는 군중 간 충돌을 조장하고 군중정서를 해치는 것
- 생태환경 파괴행위를 선양하거나 동물 학대, 국가보호류 동물을 죽이거나 식용으로 하는 것
- 과도한 폭음과 흡연 등 누습을 표현한 것
- 관련 법규를 위반한 경우

(7) 영화산업 번영 발전 촉진에 관한 지도의견(2010)

2010년 1월 중국 국무원 판공청은 중국 국내 영화관의 연간 상영 시간 중 3분의 2 이상을 중국 영화로 배정하라는 지시를 내렸다. 중국 정부는 쿼터 강제를 통해 자국영화 산업을 2015년까지 매년 20%씩 성장시킬 계획이다. 이 같은 지시는 중국 국무원의 공식 문건(2010.9호)인 "영화산업 번영 발전 촉진에 관한 국무원 판공청의 지도의견(國務院辦公廳關於促進電影産業繁榮發展的指導意見)"으로 전국 각 행정단위에 하달되었다.

이 문건은 "영화산업의 번영과 발전이 사회주의 문화건설의 강화, 인민 대중의 정신문화 수요의 만족, 경제사회의 협조적 발전 촉진, 중국문화의 국제적 경쟁력과 영향력 확대에 있어 매우 중요한 의미를 가진다"는 내용으로 시작되고 있어 제목과 같이 정부 명의로 중국 영화산업의 발전 방향을 제시하고 있다는 의미가 있다. 또 문건에서는 문화산업진흥에 대한 정부의 역할 강조와 함께 경쟁력 있는 대형 영화사 설립, 기술 개발, 영화제작 수량의 확대와 수준 향상, 영화관 건설 확대, 영화산업의 수익성 제고, 공공서비스능력 제고, 자국 영화의 해외시장 진출 확대를 통한 국제경쟁력 제고 등 7개 항목의 발전 목표를 내세우고 있다. 이 목표를 달성하기 위한 방안으로 창작 생산의 강조, 국유영화사의 개혁, 디지털극장 건설 확대, 영화사에 대한 금융지원 확대, 해외시장으로의 적극적인 진출 모색 등 10개 항목의 구체적 정책 조치들을 열거하고 있다.

4) 중국 영화수입절차

영화수입에 대해 이중허가제도를 시행하고 있는 중국은 다음과 같은 수입절차가 있다. 먼저 중국 측 파트너는 영화를 수입하기 전에 허가를 신청하여야 한다. 광전총국이 발급한 임시 수입 비준서류를 지참하고 해관(세관)에서 영화를 수입하기 위한 임시수입수속절차를 밟아야 한다.

만약 DVD나 VCD 등으로 제작된 제품을 수입하여 판매하거나 혹은 중국의 영화수입업체가 해당 영화를 DVD나 VCD 등으로 제작하여 유통하여 판매할 경우에는 문화부로부터 별도의 허가를 얻어야 한다.

임시수입수속 절차를 밟은 영화는 영화심의기관 광전총국의 영화심사위원의 심의를 거쳐 비준을 받고 영화상영허가증과 수입비준서류를 발급받게 된다. 수업업자는 수입비준서류를 해관(세관)에 제출하여 정식 수입수속 절차를 밟아야 한다.

- 2003년 홍콩은 중국과 "긴밀한 경제관계를 위한 협정(關於建立更緊密經貿關系的安排, Closer Economic Partnership Agreement, CEPA)" 의 체결하면서, 홍콩영화는 외화 쿼터에 포함되지 않고, 사전 심의만 받으면 본토 내에서 중국 영화의 대우를 받게 됨
- 대만은 2010년 9월 "대만-중국 간 경제협력기본협정(兩岸的綜合性經濟合作協議架構, Economic Cooperative Framework Agreement, ECFA)" 의 체결 이후, 홍콩과 같은 상황이 됨. 즉 대륙뿐만 아니라, 대만과 홍콩과의 합작을 통해서도 중국시장으로 진출할 수 있음

---

5) 중국 영화 제작과 극장 설립

중국 내 합작 영화사를 설립하려면 다음과 같은 절차에 따라야 한다. 먼저 자격을 갖춘 중국 측 파트너가 항목신청서, 타당성보고서, 계약서, 정관, 투자자 양방의 등기증명(또는 신분증), 자산신용증명,

회사명칭 예비심사 통지서 등 관련 서류를 먼저 국가광파전영전시총국(國家廣播電影電視總局)에 제출해야 한다. 국가광파전영전시총국은 심사 후 허가문건과 함께 '영화제작 허가증'을 발급한다.

다음으로 국가광파전영전시총국에 제출한 서류와 국가광파전영전시총국이 발급한 허가증을 상무부에 제출하게 되면 상무부는 검토 후 '외상투자기업 비준증서'를 발급하고 이를 소재지 공상행정관리국에 등록하면 된다.

한편, 영화산업 급성장으로 중국 내 외국계 영화관이 속속 설립되고 있다. 미국 투자신탁회사인 Entertainment Properties Trust(EPR)는 1억 5,000만 달러를 투자해 상해에 영화관리회사인 APEX 국제영화관 투자회사를 설립하고 연내 중경, 류주(柳州), 장춘 등 중국 내륙 도시에 영화관을 설립할 예정이다.

그리고 일본의 최대 콘텐츠 그룹 가도카와 픽처스(Kadokawa Pictures)가 홍콩에 투자한 신화그룹(新華集團)은 최근에 중국기업과 합자로 화하신화대지전영원선공사(華夏新華大地電影院線公司)를 설립하였다. 화하신화대지전영원선공사는 강소성, 산동성, 강서성, 귀주성, 절강성, 내몽고자치구 등지의 23개 영화관과 영화상영 계약을 체결하였다. 한국의 CJ CGV도 2005년 중국에 진출한 이후 현재까지 10여 개 영화관을 설립했다.

6) 중국 영화산업의 구조적 변화

(1) 제작 방식 변화

제작 능력이 향상됨에 따라 투자 규모, 제작 방식 등이 블록버스터[81] 방식으로 변화하였다. 하지만 영화 제작 규모에서의 양극화가 심화되었는데, 제작비 100~300만 원(RMB)인 영화가 총 제작 편수의 80% 이상을 차지하고 있으며, 대부분 배급의 어려움을 겪고 있다. 높은 제작비용에 따른 리스크를 분담하고 기술을 공유하기 위한 협력 제작 방식이 확산되었다.

중국 영화의 협력 제작은 공동제작, 협찬제작, 위탁제작 등 방식으로 진행되었다. 2008년 박스오피스 1위를 기록한 <적벽대전 1>은 중국 영화그룹(中國電影集團)과 보리박납영화발행유한공사(保利博納電影發行有限公司)가 협력하여 제작한 작품이고, 박스오피스 3위인 <화피(畫皮)>는 중영과 상해영화그룹(上海電影集團) 및 화하영화발행공사(華夏電影發行公司)가 협력하여 제작한 작품이다.

영화산업의 자금조달 방식도 다각화되는 추세이다. 중국 영화 제작의 주요 자금원은 각급 정부와 국유기업의 지원·협찬·보조금 등이며 금융기관의 상업용 대출, 해외투자 등도 증가하는 상황이다.

---

81) Blockbuster: 거대자본이 투입되어 막대한 수입을 올리는 영화로서, 북미의 경우 1억 달러, 전 세계적으로는 4억 달러 이상의 매표수입을 거두는 영화를 말함. 어원은 제2차 세계대전 중 영국이 사용한 4.5톤급 폭탄에서 유래.

(2) 영화 보급과 마케팅 방식이 고도화

중국에서는 영화홍보를 위해 TV 광고, 온라인 홍보, 제작 과정 소개, 시사회 등을 강화하며 대대적인 '노출전략'을 펼치고 있다. 그리고 체인 영화관을 확대 보급하여 중국 영화시장의 새로운 보급채널로 정착시켰다.

체인제도가 도입된 이후, 2006~2007년에 5대 영화관 체인이 극장 매표수입의 50%를 차지하였다. 특히 80후 세대나 90후 세대들의 영화관람이 뚜렷하다. 2007년 CSM[82] 조사 결과에 따르면, 15~55세 응답자 중 50% 이상이 한 달에 1회 이상 영화관에서 영화를 관람하였고, 14세 이상 응답자 중 영화관을 이용할 의사가 있다고 답한 사람이 70% 이상을 차지하여, 다른 문화 활동[83]에 비해 매우 높은 응답률을 기록을 보였다.

(3) 여러 산업으로 확대

영화음악을 포함한 의류, 장신구, 완구 등 파생상품 매출도 영화 산업의 발전과 함께 동반 성장할 전망이다. 영화음악, 원작소설, 포스터 등 영화 관련 시장 개척을 위해 업체들은 지속적으로 제품 개발에 주력해야 하고, 각 업체와 지방 정부들은 캐릭터 상품 및 영화 관련 관광지 개발에도 투자를 추진 중이다.

---

82) 미디어 연구 조사기관인 CSM이 2007년 6월 북경, 상해, 광주 3개 지역에서 최근 반년간 영화관을 방문한 7~55세 주민 1,065명을 대상으로 "중국 영화 관람자에 대한 평가" 조사를 실시.

83) 체육활동(52.8%), 외식(54.1%), 테마파크(34.9%).

2. 중국 드라마산업

1) 중국 드라마산업 특징과 현황

중국 드라마는 개혁개방 이전까지만 하여도, 단순한 정치적 선전도구라는 이미지가 강하였다. 하지만 개혁개방 이후, 서서히 대중문화산업으로서의 자리를 잡기 시작했다. 특히 1991년 북경TV예술센터에서 제작한 <편집부 이야기(編輯)>가 광고를 통해 수익을 얻고 기업들의 협찬을 받으면서 드라마의 산업화 속도는 빨라졌다. 그리고 적자를 보던 드라마산업은 흑자를 보기 시작하였다.

오늘날 중국 드라마산업은 드라마 그 자체의 의미를 벗어나 창작·자본·제작·경영·방송·리서치·관련 상품 개발 등 영역으로 나뉜 고도로 분업화된 작업환경을 이루고 있다.

정부의 강한 감독과 방송국의 국가 정책이나 방침 등을 국민에게 전달하려는 기능으로서의 중국 방송미디어는 사회주의 이데올로기와 중화민족 기존의 가치관과 전통문화 등을 유지시키려는 기능도 갖고 있다. 새로운 기능을 학습할 수 있도록 하는 대중교육의 역할은 중국 방송 미디어의 또 다른 역할이기도 하다. 즉 정책 대변자의 기능과 시장 참여자의 기능이라는 다원적인 성격은 그 문제점을 더욱 가중시키고 있다.

농촌 소재의 드라마의 절대적인 제작량은 많지 않지만 꾸준히 높은 시청률을 보이고 있는 것과 2011년 중국공산당성립 90주년, 신해혁명 100주년, 2012년 중국공산당 18차 전국대표대회의 시작과 무관치 않은 대형혁명극 및 대형역사극의 제작열기를 들 수 있다.

> 광전총국은 '관리'라는 것은 일정 기간의 시간이 필요하다며 앞으로 시간을 두고 드라마 내용에 관한 관리를 진행할 것이라고 밝혔다.

2) 2007년 중국 TV 드라마 특징

2007년에 들어와 중국의 드라마 제작수준과 질적 면에서 발전이 두드러졌다. 이 시기에 우수한 드라마가 많이 방영되었고, 시청자와 전문가들로부터 호평을 받았다. 드라마 형태도 반부패극(反腐劇), 신기극(神怪劇), 무협극(武俠劇), 희설극(戱說劇) 등 다양해졌다. 주제도 다채로운 사회생활을 반영하였고, 사람들의 감정세계와 우수한 인품을 표현하였다. 제재와 풍격 및 수법이 다양화해졌고, 인물배역도 생동감이 있어서 많은 시청자들로부터 사랑을 받았다.

주선율 드라마도 많이 제작되었는데, 많은 배우들이 드라마 작품에서 혁명 영웅주의, 우수한 전통을 표현하고, 영웅의 인품과 평범한 인물의 우수한 인품과 민족정신을 잘 드러내어 시청자들이 즐겨 보았다.

주선율(主旋律) 드라마(전 사회적으로 국민들의 발전을 격려하는 드라마)가 큰 사회적 영향을 끼쳤다. 주선율 드라마는 끊임없이 새로운 소재를 만들어 냈고 사상을 풍부하게 하며 예술적 표현 수단을 창작해 내 대량의 우수한 작품을 쏟아 냈다. 예컨대 〈틈관동(闖關東, 타향에서 근근이 생계를 이어 간다는 뜻)〉은 한 가족이 끊임없이 삶을 개척하여 이어 가는 가정드라마이면서 중화민족 특유의 기질과 민족정신을 담고 있다. 이 드라마가 CCTV1 채널에 방송됐을 때 최고 시청률은 11.3%였고 평균 시청률은 8.2%였다.

〈사병돌격(士兵突擊)〉은 '스타도 없고 여자 주인공도 없고 연애 스토리도 없는(無大牌, 無美女, 無情愛)' '3無 드라마였다.[84] 일반 사병의 성장과 심리적 변화가 시청자들로 하여금 당대 군인의 끈질기고 굳건한 시대정신을 느끼게 했다.

현실적 문제를 소재로 한 드라마도 많았다. CCTV를 예로 들면 2007년 1채널과 8채널에서 황금 시간대에 방송한 현실 소재의 드라마는 30개 750회이며 작품 수의 절반 이상을 차지하고 시청률 상위 10위 프로그램에 5개 드라마가 포함되었다. 우수한 현실 소재 드라마 중에서 도시 혈육 간의 정을 다룬 <금혼(金婚)>, <수호행복(守候幸福)>이 있고, 농촌의 개혁발전을 다룬 드라마로는 <즐거운 농사 이야기(喜耕田的故事)>, <문화역장(文化站長)>, <농촌애정(鄕村愛情)>이 있다. 공업을 소재로 한 드라마는 <대장인(大工匠)>, <서쪽성지(西聖地)>가 있고 군인의 풍모를 전하는 군대 소재 드라마로는 <연기

---

84) http://culture.people.com.cn/GB/22219/6796817.html

속의 남자(走出硝煙的男人)>, <大校의 딸(大校的女兒)>, 당대 청소년의 추구
와 성장을 소재로 한 드라마로는 <분투(奮鬥)>, <가유아녀(家有兒女)>
등이 있다.85)

무협극(武俠劇)으로는 김용(金庸)과 고룡(古龍) 소설을 각색한 <벽
혈검(碧血劍)>. <설산비호(雪山飛狐)>, <대기영웅전(大旗英雄傳)>, <초류
향전기(楚留香傳奇)> 등이 방영되었다. 동시에 애국을 주제로 한 <신
상해탄(新上海灘)>과 <곽원갑(霍元甲)>이 있다.

드라마의 창작은 소재와 장르에서 아주 다양해졌다. 국민들은 자
신이 보고 싶어 하는 드라마를 거의 다 찾을 수 있다. 예를 들면 역
사극 <진시황(秦始皇)>, <와신상담(臥薪嘗膽)>, <대명왕조 1566(大明
王朝1566)>, <강희비사(康熙秘史)>, <정관장가(貞觀長歌)>부터 인물
전기극 <순혜생(荀慧生)>, <조수리(趙樹理)>가 있다. 또 반부패극(反
腐劇)을 다룬 <사명(使命)>, <국가간부(國家幹部)>, <교통경찰(交通警察)>
가 있다.

신흥 '시민사회'를 표현한 드라마도 있다. 이러한 드라마는 거의
북경과 상해 및 광주 등 대도시를 배경으로 삼았다. 북경을 배경으
로 한 <신결혼시대(新結婚時代)>, <홍매화 피다(紅梅花開)>, 상해를 배
경으로 한 <쌍면교(雙面膠)> 등이 있다. 주로 화이트칼라의 생활을
다루었고, 주인공의 직업도 광고업, 교사, 의사, 변호사 등이었다.86)

---

85) http://hi.baidu.com/kannanxianjian/item/f9a7e429b6581a85af48f5d1
86) http://www.lw23.com/paper_7491901_9/

3) TV 시청자 분포

오늘날 중국인들의 TV 드라마 시청은 문화생활의 한 부분이 되었다. 대부분 표준어로 된 방송이지만, 지역에 따라서는 지역 언어로 된 방송을 하기도 한다. 한 예로, 상해에서는 표준어를 구사할 줄 모르는 할아버지와 할머니는 상해어로 된 방송을 시청하고, 표준어를 구사할 수 있는 젊은이나 어린아이들은 표준어로 된 방송을 시청한다. 중국은 지역에 따라 좋아하는 주제 등이 약간씩 차이가 난다.

중국인들이 매일 드라마를 시청하는 시간은 평균적으로 1시간 정도라고 조사되고 있다. CCTV '2007년 중국 TV 시청자 표본조사' 결과에 따르면, 당시 중국 TV 시청자의 구조는 다음과 같은 형태로 나타났다. 시청자의 교육수준을 기준으로 주로 중졸학력 이하 소유자로 전체 시청자의 69.05%를 차지하며 고등학교와 중등 전문학교 학력 소유자는 20.49%를 차지하며 전문대 이상 시청자는 10.46%밖에 차지하지 않았다. 결국 시청자의 90%는 고등학교 및 중등 전문학교 이하 학력의 소유자이다.

4) 드라마 배급형태

드라마 배급형태로는 자체배급과 위탁배급이 있다. 먼저 자체배급은 대부분의 드라마제작회사에서는 자체배급을 통해 이윤 극대화를 추구한다. 드라마 제작이 가능한 회사는 전반적으로 배급 능력을 갖추고 있다. 즉 드라마 자체배급률이 아주 높은 편이며, 일반적으로 1년에 200회 이상 제작할 수 있는 대형 제작회사는 모두 자체배급이 가능하다.

위탁배급은 소규모 제작회사에서는 위탁배급 방식을 이용한다. 대부분 일괄구매 후배급을 하는 식으로 진행한다. 신규 설립 회사나 소형 제작회사는 배급능력이 부족하여 일괄 판매방식을 선호한다. 대리배급 방식이면 대리 비용을 지불, 대리 비용은 일반적으로 15~30% 전후이다.

드라마 1, 2차 배급
- 첫 번째 주요 배급시장: 성급 방송국 및 성시급 방송국(일반적으로 위성방송국은 지역방송국 방송 후 방송)
- 두 번째 주요 배급시장: 성급, 성시급 방송국 외 지역방송국(일반적으로 지역부터 방송)

---

5) 중국 TV 프로그램 형태

중국 TV 프로그램 형태는 4가지로서, 뉴스류, 사회교육류, 문화예술류 및 서비스류이다. 구체적인 프로그램 편성과 연구 과정을 "전문 프로, 뉴스(인터뷰, 뉴스보도, 조사)류, 드라마, 영화, 종합예술 프로그램, 애니메이션, 리얼리티쇼, 오락(연예 뉴스 보도)프로, 과학 교육 프로, 법률 프로, 생활정보류, 농촌프로, 시트콤, 스포츠 프로, 관광 프로, 탐색류 프로, 이야기 프로, 취재 프로 등 프로그램"으로 세분화된다.

6) 드라마산업 구조 3단계

(1) 제작단계

최근 수년간 드라마 대본에 대한 인식이 매우 높아졌다. 일부 드라마 제작사는 독립적으로 대본기획부를 신설하기도 하였다. 한 예로 해륜영상(海潤影視)은 문학창작 부서를 별도로 마련하고 수준 높은 드라마 대본 창작에 전력하였다. 그러나 중국에는 젊은 작가를 선발하기 위한 체제가 완비되어 있지 않다. 그리고 작품의 저작권에 대한 문제가 여전히 존재하고 있다. 또 작가에 대한 대우가 매우 낮은 상태이다. 이러한 이유 때문에 여전히 수준 높은 드라마 대본이 부족한 상황이다.

(2) 배급단계

중국 TV드라마산업 순환구조에서 배급이 가장 취약한 부분이다. 비교적 내실이 약한 소형 제작사만이 전문 배급사에 위탁하고 있고, 매년 200회 이상의 분량을 제작하는 대형 제작사들은 '자체배급' 방식을 택하고 있다. 매년 중국에서 제작되는 1만여 회의 드라마 중 60%도 안 되는 드라마만이 방영되었다. 게다가 방영된 드라마 중에서 이익을 보는 경우는 불과 20% 뿐이고, 절반이 넘는 드라마는 손실을 보고 있다.

(3) 방영 단계

방영은 이윤을 달성하는 단계로서 드라마산업 각 부문의 이익 주체들이 가장 관심을 갖고 있다. 방송국이 드라마를 방영하였을 때 시청율의 고저에 따라 광고수익에 영향을 준다. 중국의 경우는 광고수입이 방송국 매출의 절대 대부분을 차지하기 때문에 방영의 시간대 설정과 콘텐츠 수급 등은 매우 중대한 영향을 준다. 드라마 제작사와 방송국은 드라마 방영 단계에서 기준에 따라 광고수입을 배분하게 된다.

7) 산업 형태 및 발전

2007년 TV산업의 기술 적용과 보급 면에서 키워드는 디지털화 전환 및 뉴미디어 개방이었다. 우선, 전자는 TV디지털화로서 HD, 케이블 TV와 지상파 디지털화, 방송국 송출의 디지털화, 네트워크화를 말하고, 후자는 주로 모바일 TV, 휴대폰 TV 등 뉴미디어 형태를 말한다.

(1) 중국의 HDTV

중국에서 HDTV 방송을 위해서는 TV 네트워크의 디지털화가 선행되어야 한다. 중국에서 지상파 디지털 방송이 전국에 보급되고 있는데, 2015년부터는 전국의 아날로그 프로그램이 사라질 전망이다.

현재 CCTV와 지방 방송국의 HD 방송시스템 도입이 증가하는 추세이다. HD장비로 제작한 드라마는 연간 드라마 제작량의 25%를 차지하였다. 경제수준이 높은 지역의 TV방송국들이 HD 방송시스템을 추가로 도입하고, HD 셋탑 박스와 HDTV 수신기 판매량도 증가할 것이다.

(2) 중국 케이블 TV

중국 케이블 TV의 '일괄 전환작업'은 2003년부터 시작되었고, SARFT(국가방송영화드라마총국)는 "정부부서의 지도와 방송 관련 부서의 실행, 사회적인 참여, 대중 시청자의 인정, 제반 전환, 시장적 환경에서의 운영" 원칙을 제기하였다.

2005년 9월, 청도에서 60만 호가 디지털화를 실현한 다음, 항주, 심수, 불산, 대련, 태원, 하문, 주해 등 10개 도시에서 디지털화 작업을 진행하였다. 2015년, 중국 전역에 케이블 TV 제반 디지털화 전환을 기본적으로 완료하고 더 나아가 디지털 기술을 기반으로 한 신규 프로그램과 서비스를 개발하는 것이 급선무이다. 예를 들면, 청도의 '가부통(家付通, 디지털 TV 가입자가 디지털 TV를 통해 각종 요금 지급)', 'E-Government' 등이다.

(3) 디지털 TV

2007년 8월 중국은 디지털 TV 지상파 송출 표준을 실행하였다. 2007년 9월 10일, 북경 카쿠애니메이션 위성채널은 개국한 지 3년

만에 중국 전역에 프로그램을 송출하고 있다. 매일 10시간씩 첫 방송하는 프로그램을 송출하고 20시간씩 방송한다.

(4) 위성채널

SARFT가 비준한 애니메이션 위성채널은 3개로써, 북경 카쿠애니메이션 위성채널, 호남 금응(金鷹) 애니메이션 채널, 상해 현동(炫動) 애니메이션 위성채널이 있다. 현재 금응 애니메이션채널은 이미 호남성 내 14개 도시와 70개 현급 도시 및 직할시와 성 소재지 19개, 기타 도시 161개에 프로그램을 송출한다. 그리고 상해 현동 위성채널은 상해, 강소, 절강, 광동, 산동, 호남, 호북, 요녕 등지와 항주, 광주, 무한, 장사 등 성 소재지를 포함한 20여 개 도시에 프로그램을 송출한다.

(5) 휴대폰 TV

뉴미디어 형식 중에 휴대폰 TV는 3가지 네트워크를 통합한 주요 형식 중의 하나로써 전면적이고, 개별화된 특징으로 많은 관심을 받고 있으며 언제 어디서나 마음껏 TV를 시청할 수 있다는 장점을 가진다.

(6) 온라인 자체 제작극의 열풍

온라인 자체 제작극이 영화·드라마 콘텐츠시장에서 열풍을 일으키고 있다. 2011년 상반기 업계의 한 인사는 'TV 드라마'라는 개념은 이제 정확하지 않다고 주장하였다. 드라마는 TV를 통해서 보는 것이 아니라 동영상사이트를 비롯한 신규 매체를 통해 접하는 시청자들이 늘어나고 있기 때문이다. 동영상사이트는 이미 많은 사람들이 드라마를 시청하는 중요한 플랫폼으로 성장하였다. 온라인드라마는 2011년 신규미디어와 영화드라마업계에서 가장 주목받는 단어로 부상하였다. CCTV 산하의 중국 국가 인터넷 방송국 CNTV(CNTV. COM.CN)가 탄생하였다.

2011년 11월 29일 중국인터넷 방송국 준비위원회에 따르면 "2010년 중국인터넷 방송국은 다종언어와 글로벌화를 특색으로 하는 인터넷 방송을 개시한다"며 "5개 채널을 기초로 경제, 영화, 드라마, 다큐멘터리, 건강, 날씨, 가구, 여행, 민족음악, 유럽, 미국 채널 등이 추가된다"고 밝혔다. CNTV에 접속하면 CCTV 20개 채널이 제공하는 뉴스, 스포츠, 연예 프로그램을 실시간 및 VOD(주문형 비디오)로 시청할 수 있고, 시청자가 만든 동영상도 올릴 수 있다. 또 CNTV는 각 분야의 블로그국을 설치해 운영할 예정이며, 특히 뉴스 방송의 경우 직접 실황 뉴스와 지난 뉴스, 사회적으로 최고 이슈가 되는 최신 뉴스를 맘에 드는 대로 클릭해 시청할 수 있다.

(7) 3D(三維)방송

중국은 2012년 1월 1일부터 첫 3D(三維)방송을 시작하고 있다. 3D방송은 중국 CCTV와 북경 TV, 상해 TV, 천진 TV, 강소 TV, 심수시 TV가 공동으로 프로그램을 제공하며 CCTV가 최종적으로 이를 편성해서 방영한다. 방송 프로그램은 스포츠와 애니메이션(動漫)

등이 포함되며 우선 하루 4시간 30분씩 3차례 재방영된다.

CCTV는 이미 춤 관련 프로그램인 '무도세계(舞蹈世界)'와 건강체조 프로그램인 '건신무기래(健身舞起來)', 화양유영(花樣遊泳·수중발레) 등의 프로그램을 3D로 제작해 놓은 상태며 외부에서 구매한 '2010 월드컵' 프로그램 등이 방영될 예정이다.

3D 방송신호는 위성을 통해 중국 전역에 송출되며 무료로 볼 수 있지만 3D 방송을 시청하기 위해서는 3D TV와 고해상도(HD) 디지털 TV 셋톱박스(機頂盒) 등 장비가 필요하다.

(8) 중국 IPTV

광전, 전신회사 및 기타 콘텐츠서비스, 부가서비스회사를 지원하고 신흥산업형태와 시장추진패턴 창신을 발전시키며 이동뉴미디어방송영상, IPTV, 모바일 TV 등 상관 업무활용을 추진해 정보콘텐츠산업, 정보서비스산업 및 기타 현대서비스산업의 쾌속적인 발전을 추진하였다.

'3망융합'의 조건하에서 미디어홍보 건설과 관리를 강화하고 정당이 제정한 원칙하에 건전한 홍보여론조성을 견지하며 경제효과와 사회효과를 통일하면서도 사회효과에 중심을 두었다.

IPTV, 모바일 TV 집적 방송공제 업무는 중국 국가광전총국에서 책임지고 선전부문에서 지도하였다. 중국 국유전신회사조건에 부합되는 회사는 관련 부문의 감독관리하에 사회정치 이외 라디오·TV 프로그램 제작과 온라인시청프로그램의 신호송출 및 기타 프로그램의 중계방송을 진행할 수 있다.

8) 중국 방송산업 관련 법률과 정책

- 제작 허가증을 획득하지 않은 기구 혹은 개인은 방송 프로그램 제작 업무를 진행할 수 없음
- 경외기구와 개인은 경내에서 독자 설립 혹은 경내기구와 개인이 합작형식으로 방송 프로그램 제작경영기구를 설립할 수 없음
- 한 채널에서 수입드라마의 방송 시간은 하루 총 방송시간의 25%를 넘을 수 없음
- 황금시간대(18시부터 22시까지)의 수입드라마 방송 비율은 15% 이내. 동일한 수입드라마를 3개 이상 성급 방송국 위성채널에서 방송 불가
- 당초의 소재심사 항목을 취소하고, 제작·촬영할 프로그램 등록 접수로 전환. 중앙 광전총국과 지역 광전총국의 관리책임을 명확히 함으로써, 관리 절차가 간결해짐

(1) 외국 TV 프로그램의 수입과 방송에 관한 관리규정(1994)

1994년 2월에 선포된 "외국 TV 프로그램의 수입과 방송에 관한 관리규정"은 각 방송국이 매일 방영하는 각 프로그램에서 외국드라마는 드라마 총 방영시간의 25%를 넘어서는 안 된다. 황금시간대인 저녁 6시에서 밤 10시까지는 15%를 초과해서는 안 된다고 규정하였다.

(2) 라디오·TV 관리조례(1997)

국무원은 1997년 8월에 방송사업 전반에 대해 규범이 되는 법규인 라디오·TV 관리조례를 공포하고, 같은 해 9월부터 실시하였다.

이 조례의 제3조에는 인민과 사회주의를 위해 봉사하는 방법을 견지하고 올바른 여론으로 인도하는 역할을 담당하지 않으면 안 된다고 명기하고 있으며 여론을 지도하는 것이 TV의 중요한 사명임을 법적인 형태로 강조하고 있다.

라디오·TV 관리조례의 제41조에는 위성을 이용한 전송을 통해 해외 프로그램을 중계하거나 해외 프로그램을 수입할 경우, 국무원의 라디오·TV 부분의 승인을 얻지 않으면 안 된다고 규정하였다.

(3) 성급 방송국 프로그램 채널 관리업무 강화에 관한 통지(2000)

2000년 1월에 선포된 "성급 방송국 프로그램 채널 관리업무 강화에 관한 통지"에서는 저녁 6시에서 밤 10시의 시간에 방영하는 수입드라마의 비율은 반드시 15% 이내로 제한하였다. 그중 저녁 7시에서 밤 9시 30분까지 시간에는 광전총국이 방영을 허가한 수입드라마 외에 수입드라마를 방영해서는 안 된다. 모든 TV가 같은 것을 보여 주는 상황을 피하기 위해서 같은 수입드라마 역시 3개 이상의 프로그램채널에서 방영해서는 안 된다고 하였다.

(4) TV 드라마 관리규정(2000)

2000년 6월에 선포한 "TV 드라마 관리규정"에서는 방송국은 "매일 방영하는 각 프로그램에서 수입드라마가 드라마 총 방영시간의 25%를 초과해서는 안 된다. 그중 황금시간대인 저녁 6시에서 밤 10시 사이에는 15%를 초과해서는 안 된다"고 하였다.

2003년 한 해 동안 전국의 주요 도시 시청률 랭킹 10위권 안의 드라마는 거의 중국에서 제작한 국산드라마였다. 국산드라마가 주류 지위로 재귀하게 된 것은 중국 자체 내의 노력도 있었지만, 홍콩과 대만 등과의 협력이 요인으로 작용하였다. 인기드라마 중에는 홍콩의 무술지도, 대만의 유명 배우, 중국 대륙의 감독과 프로듀서 등이 합작한 경우가 적지 않았다.

(5) 외국 TV 프로그램과 영화 수입 관리에 관한 통지, 해외 애니메 이션 프로그램의 구입과 방송에 관한 통지(2000.2.)

2000년 2월 24일, 국가행정부문인 라디오·영화·TV총국은 외국 TV 프로그램과 영화 수입 관리에 관한 통지, 해외 애니메이션 프로그램의 구입과 방송에 관한 통지를 중국 전국에 공포하였다.

외국영화·애니메이션(필름, 비디오, CD 등 포함)의 수입은 통지가 도착한 당일부터 모두 라디오·영화·TV총국이 통괄 관리하며 내용을 심사한 후에 구입 여부 허가를 결정한다.

(6) 17호령 반포(2003)

수많은 업체가 중국 홈쇼핑 업종에 뛰어들면서 상품의 질이 하락되기 시작했고, 심지어는 사기성이 농후한 상품으로 소비자가 피해를 입기도 했다. 2003년 하반기에 중국 SARFT가 17호령을 반포하여 공중파 방송의 광고 총량을 규제하게 되었고 홈쇼핑도 영향을 받게 되었다. 방송사들은 새로운 성장공간을 찾기 위해 노력했다. 이에 따라 황금시간대 이외의 광고자원 개발이 보편적 추세가 됐고 대다수 지역 방송사들이 TV 홈쇼핑 프로그램을 재편성하기 시작했다. 이를 계기로 TV 홈쇼핑은 새로운 돌파구를 찾게 된다.

(7) 중외 합자 및 합작 방송 프로그램 제작사 관리 임시 규정 ('44호령')(2004.10.)

"중외 합자 및 합작 방송 프로그램 제작사 관리 임시 규정(中外合資,合作廣播電視節目制作經營企業管理暫行規定)"은 국가방송영화텔레비전총국(國家廣播電影電視總局)은 2004년 6월 18일 국무원 심의 통과를 하였고, 중화인민공화국 상무부(商務部) 심의를 10월에 발표하였으며, 2004년 11월 28일부터 시행을 하게 되었다. 중국이 국가 지배하의 미디어산업을 활성화시키기 위해 TV·영화 제작사에 대한 외국인 투자 금지조치를 해제하였다.

중국방송프로그램제작산업발전을 위해, "중외합자, 합작 드라마제작 기업관리"를 규정하였다. "중화인민공화국중외합자경영기업법(中華人民共和國中外合資經營企業法)", "중화인민공화국중외합작경영기업법(中華人民共和國中外合作經營企業法)"과 "TV방송관리조례(廣播電視管理條例)" 등 규정을 근거로 하여, 본 규정을 제정하였다. 본 규정의 제2조에 의하면, 중국 영토 내외 중외합자, 합작 드라마제작을 하는 기업은 모두 이 규정에 따른다고 되어 있다.

외국자본의 중국 방송 프로그램 제작 참여에 관한 내용을 가장 명확하게 밝혔다. 문건에 따르면 "외국기업은 독자 방송 프로그램 제작사를 설립할 수 없다"고 규정하였고, "외국자본이 중외 합자 및 합작 방송 프로그램 제작사를 설립하거나 경영에 참여할 경우, 중국 측 지분이 51% 이상이어야 함”이라고 규정하였다.

중국광파전영전시총국 판공청(辦公廳) 주홍(朱虹) 주임은 “앞으로 ‘강력하고 영향력 있는’ 외국기업들이 중국 제작사들의 소수지분을 보유할 수 있을 것”이라며 “과거에는 국내·외 기업들이 영화나 TV 프로그램을 공동제작하는 것만 허용됐지만 이제는 프로그램 제작회사를 공동으로 설립할 수 있게 됐다”고 말했다.

이번에 공표된 규정은 민간인·외국인 투자를 끌어들여 품질 좋은 프로그램을 생산하기 위해 중국정부가 고안한 광범위한 개혁조치의 일환으로 지난 1949년 중국건국 이후 수십 년 동안 유지됐던 중국정부의 미디어통제 정책에 대한 근본적인 변화라 할 수 있다. 또 이번 규정을 통해 신문, TV 등 미디어조직을 상업화하려는 뜻도 갖고 있다.

(8) 광전총국의 방송의 ‘제작 – 송출 분리’개혁추진(수정본)

2005년 7월 16일 발표된 “광전총국의 방송의 ‘제작 – 송출 분리’ 개혁추진(수정본)(廣電總局關與推進廣播電視‘制播分離’改革(修改稿)”에 따르면 외국자본 혹은 외국자본의 배경을 가진 기업이 주도하는 합작 프로그램은 국가의 관련 규정에 따라 엄격하게 집행되어야 한다고 밝히고 있다. 외국자본의 진입 금지로 해석되지 않을 수 있는 여지를 남겼다.

(9) CCTV모바일 TV합작의향서(2006.12.)

2006년 12월 11일, 차이나모바일과 차이나유니콤은 'CCTV모바일 TV합작의향서'를 체결하는 한편 SARFT도 외부업체와 방송 TV 산업 간의 제휴를 적극적으로 장려하였다.

(10) 모바일 멀티미디어 방송 기술 테스트 관리를 강화하는 것에 관한 통보(2007)

2007년 1월 4일, SARFT도 "모바일 멀티미디어 방송 기술 테스트 관리를 강화하는 것에 관한 통보"를 발표하였다. '통보' 중, 허가를 받지 않고 비방송 TV산업기준의 멀티미디어 모바일 방송 기술 체제를 채택하여 모바일 멀티미디어 방송 테스트를 진행하는 업체에 대해서는 수정할 것을 요구했다고 밝혔다. 단, 차이나모바일과 차이나유니콤 관계자는 이는 정보통신 방식의 휴대폰 TV 표준이 아니고 방송 TV 영역 내부의 방송방식의 휴대폰 TV 표준이라고 규정하고 있다.

(11) 중외 합자 및 합작 방송 프로그램 제작사 관리 임시 규정 폐지(2009)

2009년 2월 6일, 중국 국가 광전총국과 상무부는 "중외 합자 및 합작 방송 프로그램 제작사 관리 임시 규정(中外合資,合作廣播電視節目制作經營企業管理暫行規定)"(이하 '44호 영')의 폐지를 공동 발표하였다.

2005년 2월 광전총국은 "중외 합자 및 합작 방송 프로그램 제작사 관리 임시 규정" 관련 업무 실시에 관한 통지를 발표하였다. 이미 설립된 합자경영기업의 해외 협력파트너는 원칙적으로 제2의 합자경영기업 설립을 신청할 수 없다고 규정하였다.

(12) 드라마 제작 규제 완화(2010.7.)

중국 정부는 2010년 7월 1일부터 드라마 제작 규제를 완화하였다. 그동안 갑종 방송국인 132개만이 드라마를 제작할 수 있었다. 그러나 앞으로는 을종 방송국과 성급 지방 방송국은 광전총국의 제작 허가증을 갖고 있기만 하면 드라마 제작을 할 수 있다. 이렇게 되면 중국 내 드라마 제작사는 4,057개로 늘어날 수 있다. 하지만 광전총국이 드라마 현지 제작 규제를 완화하기 있지만 외국인에 대한 규제는 여전하다. 중국 드라마 제작사에 대한 외국인 지분은 허용돼 있지 않고, 연간 3분의 2 이상은 반드시 중국을 소재로 한 드라마를 제작해야 한다.

(13) 2011년 허위 및 위법광고 처벌에 대한 의견(2011.5.)

2011년 5월 22일 공상부처는 12개 부서가 연합하여 제정한 "2011년 허위 및 위법광고 처벌에 대한 의견(2011年虛假違法廣告專項整治工作實施意見)"에 의거하여 각 성급 방송국 위성채널을 포함한 각 도시 방송국 채널에서 방영되고 있는 광고에 대한 관리감독을 강화하겠다고 밝혔다. 적발된 허위 및 위법 광고는 즉시 광고행위를 중지하고, 시장에서 더 이상 광고행위를 할 수 없도록 엄격한 법적 조치를 취한다.

2010년 전국 공상계통에서 적발된 위법 광고는 총 4.6만 건이며,

벌금 2.44억 원(RMB), 영업정지를 받은 기업은 1,840개, 광고행위 정지 입안건수는 1.3만 건으로 집계되었다. 공상총국은 TV광고뿐만 아니라 온라인 휴대폰 광고, 주입식 광고, 지면광고 등에 대한 연구를 확대하여, 지속적으로 허위광고에 대해 엄격한 관리를 가하고 있다.

(14) CCTV 산하의 중국 국가 인터넷 방송국 CNTV(CNTV.COM.CN) 이 탄생(2011.11.29.)

2011년 11월 29일 중국인터넷 방송국 준비위원회에 따르면 "2010년 중국인터넷 방송국은 다종언어와 글로벌화를 특색으로 하는 인터넷 방송을 개시한다"며 "5개 채널을 기초로 경제, 영화, 드라마, 다큐멘터리, 건강, 날씨, 가구, 여행, 민족음악, 유럽, 미국 채널 등이 추가된다"고 밝혔다.

CNTV에 접속하면 CCTV 20개 채널이 제공하는 뉴스, 스포츠, 연예 프로그램을 실시간 및 VOD(주문형 비디오)로 시청할 수 있고, 시청자가 만든 동영상도 올릴 수 있다.

또 CNTV는 각 분야의 블로그국을 설치해 운영할 예정이며, 특히 뉴스 방송의 경우 직접 실황 뉴스와 지난 뉴스, 사회적으로 최고 이슈가 되는 최신 뉴스를 맘에 드는 대로 클릭해 시청할 수 있다.

(15) 드라마 중간 광고 금지(2012.1.1.)

2012년부터 중국 드라마 시청자들이 편하게 드라마를 시청할 수 있게 된다. 중국의 방송 및 영상물 광고를 관할하는 국가광전총국은 홈페이지를 통해 2012년 1월 1일부터 모든 방송국의 드라마에 중간 광고 삽입이 금지되며 어길 경우 엄격하게 처리하겠다고 밝혔다.

현재는 45분 드라마의 경우 프라임 타임대(오후 7~9시) 이외의 시간에는 1분 30초짜리 광고가 두 차례 가능하며, 프라임타임대는 1분까지 가능하다.

(16) 외국 영화·드라마 관리 강화 방안에 관한 통지(2012.2.)

2012년 중국은 TV 황금시간대인 오후 7~10시에 외국 드라마와 영화 방영을 전면 금지했다. 2012년 2월 14일 신화통신은 국가라디오·영화·텔레비전총국(약칭 광전총국, 廣電總局)이 지난 9일에 각 TV방송국에 '외국 영화·드라마 관리 강화 방안에 관한 통지(이하 '통지')'를 하달했다고 보도했다.

'통지'에 따르면 시청률이 가장 높은 오후 7~10시 시간대엔 외국 드라마와 영화를 일절 방영할 수 없다. 매일 드라마·영화 편성에서 외국산의 비중도 4분의 1 이하로 제한하기로 했다. 이번 조치는 지역방송을 포함한 중국 전역에 적용되며, 위반 시 엄중 처벌된다.

이번 조치는 외국산 전체를 대상으로 하지만 타깃은 한류 콘텐츠로 보인다. 한국의 대중 드라마 수출은 2010년 1,519만 9,000달러(약 170억 원)로 전년 대비 172%나 급증했다. 1997년 <사랑이 뭐길래>가 불을 댕긴 한국 드라마 붐은 2005년 <대장금>이 그해 최고 시청률 9%(동 시간대 평균 3%)를 기록하면서 수직 상승했다. 최근에도 <가을동화> 등이 높은 인기를 누렸다. 2008년 중국 네티즌들이 중국중앙방송(CCTV) 드라마 채널에서 주요 시간대에 방송하는 작품이 한국산 일색이라고 성토해 신문기사로 나기도 했다.

중국이 미디어콘텐트산업에서도 '대국굴기(大國崛起, 대국으로 우뚝 일어섬)'하려는 움직임이다. 중국문화산업은 2004년 이후 평균 20% 이상의 성장률을 보였다. '미디어＝프로파간다(선전)'로 규정해 온 중국 정부는 시장 확대와 함께 콘텐트 통제도 강화해 왔다.

2011년 10월 '사회주의 문화 대발전'을 주제로 제17차 6중전회를 개최한 이후 TV를 포함한 각 문화 분야에서 보수적인 정책을 펴고 있다. 올 초 주요 TV 황금시간대에서 오락 프로그램을 다수 없애고 뉴스·경제·문화·법률 등 교양 프로그램으로 대체한 것도 이런 연장선상에서다. 공산당 기관지인 ≪구시(求是)≫는 신년호에서 "(서방) 적대 세력들이 중국의 서방화와 분리를 획책하고 있으며, 장기적으로 중국에 (서방)문화를 침투시키려 한다. 이에 대한 방어와 대응태세를 갖추어야 한다"고 한 호금도(胡錦濤) 국가주석의 발언을 전하기도 했다.

(17) 광전총국 드라마 제작지침 6가지 요구사항 발표(2012.8.2.)

중국 광전총국은 2012년 8월 2일 드라마 제작지침 6가지 요구사항을 발표하였다. 여섯 가지 내용을 살펴보면 첫째, 혁명역사를 소재로 한 작품일 경우 적아구분을 분명히 해야 한다. 둘째, 가족 간의 갈등을 지나치게 극대화해서는 안 된다. 셋째, 고대역사극의 경우 사실을 왜곡하거나 희화시켜서는 안 된다. 넷째, 비즈니스 경쟁을 소재로 한 작품의 경우 시청자들에게 미칠 가치관에 대해 주의해야 한다. 다섯째, 해외드라마 리메이크 버전은 방송을 허가하지 않는다. 여섯째, 온라인 소설이나 온라인 게임을 원작으로 한 작품은 허가되지 않는다고 하였다.

광전총국은 '관리'라는 것은 일정기간의 시간이 필요하다며 앞으로 시간을 두고 드라마 내용에 관한 관리를 진행할 것이라고 밝혔다.

3. 중국 애니메이션산업과 만화산업

1) 중국 애니메이션

(1) 애니메이션산업 현황과 특징

지난 2012년 10월 광주에서 중국 만화업계 전문가포럼인 '중국 만화가대회(中國漫畫家大會)'가 개최되었다. 이 대회에는 업계 전문가, 유명 만화가, 애니메이션 감독 등 200여 명이 참여하였다. 이 대회의 주요 주제는 중국의 만화업계 발전현황 및 중국 창작 만화의 생존전략에 대한 내용이었다. 최근 모바일과 태블릿 PC 등의 보급화가 빠르게 확산되면서 애니메이션(動漫) 콘텐츠도 이러한 새로운 디지털 단말기를 통해 확산되어 발전하고 있다. 이를 '마이크로 애니메이션(微動漫)'으로 부르는데, 창작만화 콘텐츠의 마케팅과 상업화 전환에 어느 정도 영향을 줄 것으로 보고 있다.

업계 전문가들은 중국정부의 애니메이션산업 지원정책에 힘입어 단순평면작품을 게임이나 모바일 동만, 디지털 출판 등의 형식으로 전환하는 작업이 필요하다고 강조하였다. 또 성인만화의 기준 재정립을 촉구하였다. 성인만화는 크게 두 가지로 분류되는데, 하나는 성적인 내용이나 폭력적인 내용을 담은 것이고, 다른 하나는 혼인, 전쟁, 취업 등 성인들이 관심을 갖는 소재를 다루고 있다. 하지만 중국 성인만화 대부분은 후자에 해당하기 때문에 그 기준이 모호한 상황이다. 따라서 성인만화의 기준을 명확하게 규정할 필요가 있다고 밝혔다.

2012년 9월 18일 광전총국이 발표한 "2012년 8월 전국 국산 TV 애니메이션 제작공시에 관한 통지(關於2012年8月全國國產電視動畫片制作備案公示的通知)"에 따르면 2012년 8월 전국에서 제작한 국산 TV 애니메이션은 총 54부(44,807분)를 기록하였다. 작품 중에는 역사가 5편, 동화가 34편, 교육은 5편, 현실 1편, 공상과학 3편이고, 기타는 6편이다. 이 중 신화를 소재로 한 작품은 없었으며, 동화를 소재로 한 작품이 63%의 비중을 차지하였다.

제6회 청년동만대회(第六屆靑年動漫大賽) 발표 자료
- 중국 애니메이션산업은 2005년만 해도 100억 원(RMB)이 채 안 되었으나 연평균 40%의 성장률을 기록.
- 2011년 중국 애니메이션산업 규모는 621억 7,200만 원(RMB)으로 세계 제일의 애니메이션 생산대국임을 발표.

중국 애니메이션은 국가주도형 제작체제로 지속적인 작가주의 형식을 유지해 낼 수 있는 여건이 마련되어 있다. '상해 애니메이션 스튜디오'의 지속적인 애니메이션 육성정책은 중국 특유의 여러 가지 제작방식을 개발·발전시켜 왔다.

중국 애니메이션산업은 1960년대 <대료천궁(大鬧天宮)>으로 발전하기 시작하였다. 처음 시작할 당시에는 상당한 기술력을 보유하였었다. 그리고 1980년대에 이르면서 세계 애니메이션 강국과의 격차가 커지기 시작했다. 현재는 미국, 일본, 한국, 독일 등 국가의 애니메이션산업이 세계를 주도하고 있고, 중국의 기술경쟁력은 낙후한 상황이다. 중국 애니메이션산업이 낙후한 가장 커다란 주요 원인 중의 하나는 투자자본의 결핍이다. 그리고 애니메이션산업의 종사인원은 1만 명 미만으로 한국의 1/3 정도에 불과하다.

2005년 중앙정부가 애니메이션산업 발전을 촉진하기 위한 관련 조치를 출범한 이래 항주, 상해 지역이 중심이 되는 '장강 3각지역 애니메이션 문화센터'가 조성되었다. 현재 중국 애니메이션은 빠른 속도로 발전하고 있다. 현재 중국정부는 애니메이션산업 발전을 위해 북경과 성도 등 여러 지역에 개발전략을 내세우고 있다. 또 100여 개 대학에 애니메이션과를 개설하였고, 애니메이션 업체도 약 400여 개에 달하고 있다.

북경, 상해, 광주, 심수, 호남 지역 등에서는 모두 자체 애니메이션과 만화산업 발전에 큰 힘을 쏟아 도시의 발전과 문화, 관광을 결합시켜 현지 경제의 발전을 이끌고 있다.

수묵·담채 애니메이션: 기존 중국의 수묵·담채 기법을 애니메이션까지 적용한 중국인들의 자존심을 보여 주는 것으로 직접 화선지와 같은 종이 위에 먹으로 그림을 그리는 방식이 아닌 셀 애니메이션의 변형이다. 화선지에 먹물이 번지는 효과를 내기 위하여 그 부분만 불투명 셀을 겹쳐 촬영하는 방식으로 중국화의 분위기를 그대로 전해 준다. 이러한 수묵·담채 기법으로 제작된 애니메이션 작품에서는 반드시 대사가 극도로 생략되고, 중국식 배경음악만으로 전체 이미지를 만든다.

2011년 국가 영화 TV 애니메이션산업기지 건설은 각 지방정부의 높은 관심과 전폭적인 지원을 받았다. 현재 장강 델타지역과 화남, 화북지역, 동북, 서남지역 및 중부지역에 애니메이션산업 클러스터가 형성되어 있다.

(2) 주요 정책과 법규

중국의 산업지원정책은 2000년대 초반 광전총국 주도에서 점차 국무원 산하 거의 모든 부서를 통한 지원으로 강화되고 있다.

① 애니메이션발전계획(2002.4.)

2002년 4월 국가광파전영전시총국(國家廣播電影電視總局)이 "10차 5개년(2001년~2005년)애니메이션 발전 계획"을 발표하였다. 중국 애니메이션산업 발전을 위한 기본정책 방향을 제시하고 아동 채널 및 애니메이션 전문채널의 설립을 추진하였다. 모든 TV방송국은 매일 10분 이상의 애니메이션을 방영할 수 있는데, 그중 국산 애니메이션의 비중은 60% 이상이 되어야 한다고 규정하였다.

② 중국 영상 애니메이션산업 발전에 관한 약간의 의견(2004.4.)

2004년 4월 국가광전총국은 "중국 영상 애니메이션산업 발전에 관한 약간의 의견"을 발표하였다. 이 의견을 통해 국가 정책형식의 애니메이션산업에 대한 지원이 본격적으로 시작하였다고 볼 수 있다. 이 문건이 발표된 후 연이어 애니메이션 전문방송 미디어와 방송체계 구축에 들어가 3개의 위성전문채널과 34개의 어린이채널을 인가하였다. 또한 애니메이션을 방영하는 모든 TV방송국의 국산과 수입 애니메이션의 비율을 최소 6:4로 규정하고 모든 영화, 드라마 채널은 17:00~19:00 시간대에 30분간 국산 애니메이션을 방송해야 하였다. 그리고 아동채널과 애니메이션 채널로 하여금 매일 황금시 간대 고정된 시간에 국산 애니메이션을 방영하도록 규정하였다.

③ 문화영역 외국자본도입에 관한 약간의 의견(2005)

2005년 8월 문화부, 광전총국, 신문출판총서, 국가발전개혁위원 회, 상무부가 WTO 가입 후 문화영역에 도입되는 외자에 대한 규범 화, 외자수준 제고, 국가문화 안전 보호, 문화산업의 건강한 발전 유 도하기 위해 "문화영역 외국자본도입에 관한 약간의 의견"을 발표 하였다. 민영자본의 진입방식은 정부와 시장이 혼합된 방식이며 허 가영역 내에서는 국유문화기업에 일정 주식 지분 형태로 참여할 수 있는데 그 비율은 49%를 넘지 못한다고 규정하였다.

④ 동만기업 인정관리방법(시범 시행)(動漫企業認定管理辦法 (試行), 2008.12.)

문화부(文化部)와 재정부(財政部) 및 국가세무총국(国家税务总局)은 지난 2008년 12월 18일에 동만기업 인정관리방법(시범 시행)(動漫企 業認定管理辦法(試行)을 제정하였다. 이 시행은 중국이 동만산업발전 을 돕기 위해 국가가 동만기업의 재정과 세무에 대한 우혜정책을 실 시하였다. 이는 "국무원 판공청 재정부 등의 중국 동만산업발전 추 진에 관한 약간의 의견 통지(國務院辦公廳轉發財政部等部門關於推動我 國動漫產業發展的若干意見的通知)"에 의거하여 규정하고 제정하였다.

이 시행에서는 동만기업을 "만화창작기업, 동화(動畫)창작과 제작 기업, 인터넷 동만(휴대폰 동만) 창작과 제작기업, 동만 무대극 프로 그램 제작과 연출 기업, 동만 소프트웨어 개발기업, 동만 파생산업 연구개발과 설계기업"으로 보고 있다. 또 만화에는 삽화, 만화도서, 만화 잡지, 만화원화 등이 속하고, 애니메이션에는 만화영화, 만화 TV연속극, 애니메이션 음향 영상제품 등이 속한다고 하였다.

⑤ 국가급 애니메이션산업 기지의 평가 인정 관리방법(2010)

2010년 중국의 국가와 지방의 각급 정부는 애니메이션산업에 대해 특별한 관심을 보이기 시작하였다. 1월 초 문화부(文化部)는 "국가급 애니메이션산업 기지의 평가 인정 관리방법(國家級動漫産業基地評估認定管理方法)"을 발표하였다.

이는 2009년에 시행하였던 "동만기업 인정관리방법(시범 시행)" 이후 발표된 조치 가운데 애니메이션 게임산업에 대한 관리와 지원 강화를 구체적으로 제시한 중요한 문건이다. 동만산업기지의 계획, 인정, 평가, 관리, 운영 등 분야에 대한 명확한 기준을 제시하였다.

⑥ 2010년 인정 통과된 애니메이션 기업과 중요 애니메이션 기업 명단 발표에 관한 통지(2010)

2010년 말 문화부, 재정부(財政部), 국가세무총국(國家稅務總局)이 공동으로 "2010년 인정 통과된 애니메이션 기업과 중요 애니메이션 기업 명단 발표에 관한 통지(關於公布2010年通過認定的動漫企業和重點動漫企業名單的通知)"를 발표하였다.

총 169개 애니메이션 기업이 인정을 받았으며, 천진신계만화유한

회사(天津神界漫畫有限公司), 광주만우문화과기발전유한회사(廣州漫友文化科技發展有限公司)는 전국 18개 주요 애니메이션 기업 가운데 하나로 인정받았다.

⑦ 국산애니메이션산업저작권보호연맹(2010.9.19.)

2010년 8월 19일 상해에서 상해미술영화제편창이 북경화영성시문화전파유한공사(北京華影盛視文化傳播有限公司), 상해협력변호사사무소(上海協力律師事務所) 등과 연합 조직한 '국산애니메이션산업저작권보호연맹(國産動漫産業版權保護聯盟)'이 창설되었다.[87]

국산애니메이션산업저작권보호연맹은 국산 애니메이션산업의 건강한 발전을 위해 새로운 권익보호 무대를 제공하고자 노력할 계획이다. 중국 애니메이션산업이 나날이 발전하면서 오리지널 애니메이션 저작권 침해 현상이 빈번해졌다.

상해영화그룹 왕천운(汪天雲) 부총재는 애니메이션산업 저작권 침해 행위에 협력체제를 구축하여 법률적 수단을 통해 각종 지적재산권을 보호해야 한다고 주장하였다. 북경화영성시문화전파유한공사 룽단니(龍丹妮) 총재는 국산애니메이션산업저작권보호연맹의 역할이 저작권 보호에서 확대되어 저작권 사용 영역을 끊임없이 개척해야 한다고 강조했다.

'국산애니메이션산업저작권보호연맹'은 첫 번째 저작권 보호 움직임으로 2010년 극장판 애니메이션 <흑묘경장(黑猫警長)>의 뉴미디어(新媒體)와 음향제품(音像制品) 영역에서의 보호를 전개하기로 결정하였다.

87) http://www.cuctv.com/groups/2246/topic_49349.html

⑧ 애니메이션 기업 수입 애니메이션 개발 생산용품 수입관세 철폐
　　임시규정(2011.5.19.)

문화부는 2011년 5월 19일 애니메이션산업의 발전을 위해 재정
부와 세관총서, 국가세무총국과 연합하여 "애니메이션 기업 수입 애
니메이션 개발 생산용품 수입관세 철폐 임시규정(動漫企業進口動漫開
發生産用品免征進口稅收的暫行規定)"을 발표하였다.

문화부와 재정부, 국가세무총국이 지정한 애니메이션 기업의 수
입 애니메이션 개발 생산용품 수입관세 철폐정책 실시와 관련하여
비관세 항목은 수입관세와 수입품 증치세(進口環節增値稅)이며, 유효
기간은 2011년 1월 1일에서 2015년 12월 31일까지이다. 이는 문화
산업 영역에서 최초로 시도되는 수입세수 감면혜택이다.

등록자본금 80만 원(RMB) 이상, 동만직접상품 자체개발 능력보유, 국
무원 관련 부서의 인정을 받은 동만기업에 한하여 수입관세 감면신청을
할 수 있다고 규정하였다.

애니메이션 직접상품은 만화, 애니메이션, 온라인 동만, 모바일 동
만을 포함한다. 조건에 부합하는 기업은 매년 3월 말 문화부에 신청
할 수 있으며 문화부는 재정부와 세관총서, 국가세무총국이 애니메
이션 기업의 면세자격을 부여할 수 있도록 심사를 진행한다. 심사완
료 후 합격된 애니메이션 기업명단을 공개한다.

이미 '애니메이션 기업증서'를 획득한 기업은 상기조건에 부합하
는지에 대하여 주석을 달아야 하며 면세자격을 부여받은 동 애니메

이션 기업은 주관세관에 면세신청을 해야 혜택을 받을 수 있다. 애니메이션 기업은 "동만 기업면세수입애니메이션개발생산용품청단(動漫企業免稅進口動漫開發生產用品淸單)" 범위 내의 상품에 한해서 수입관세와 수입품증치세를 면할 수 있다. 애니메이션 기업의 수입면세자격 부여는 문화부가 전담하며, 연심사제도를 채택하고 있다.

국가동만상(國家動漫獎)

- 2006년: ≪國務院辦公廳關於轉發財政部等部門關於推動我國動漫産業發展若干意見的通知≫(國辦發[2006]32號) – 국가급 동만창작대상 설립계획 발표
- 2007년: 중앙재정에서 동만산업전문자금 조성, 국가동만상 자금 확보
- 2007~2011년: 문화부의 주도하에 동만산업 발전연합부서 간의 적극적인 국가동만상 비준작업 실시
- 2011년 5월 19일: 중국문화예술정부상(中國文化藝術政府獎)에 국가동만상(國家動漫獎)을 새로 개설하여 문화상(文華獎), 군성상(群星獎)과 같은 급으로 설정. 프로젝트 기간은 3년, 매 회 30개 표창 수여

---

(3) 특촬물

중국에서 특촬물은 특촬편(特攝片)으로 호칭한다. 가면을 쓰고, 변신하고, 괴물 또는 외계인과 싸우는 전형을 동일하게 지니고 있다. 중국 동만산업과 관련해서는 진인동화(眞人童畵)라는 개념이 이슈화된 적이 있다. 실사 애니메이션으로 분류하기도 한다.

중국 특촬물의 역사는 1978년 개혁개방과 함께 시작하였다고 할 수 있다. 이는 수입된 개념과 장르라는 점을 의미한다. 개혁개방 초

기 10년 일본-대만-홍콩 경로를 통하여 주로 일본 특촬물이 소개되었다.

중국에서의 특촬물개념은 <울트라맨>이 처음부터 현재까지 커다란 영향을 미쳤다. 중국의 특촬물은 홍콩에서부터 제작되기 시작하였다. <THE SUPER INFRAMAN>이라는 88분 특촬물이 제작된 바 있다. 현재도 특촬물을 확실하게 인식하고 있는 지역은 홍콩-심수-광주와 연계되는 주강삼각주경제권 지역이다.

중국 대륙 특촬물이 제작되기 시작한 것은 가장 최근 일이다. <변신전사아룡(變身戰士阿龍, 2006)>, <개갑용사(鎧甲勇士), 2009>, <금갑전사(金甲戰士, 2008)>가 방송되었다, 특히 2009년 8월 18일 중국 최초의 극장용 특촬물 <레베카의 임무(烈維塔任務)>가 상영되었다.

중국 내 특촬물의 사례는 11·5기간(2006~2010) 본격화되었다고 할 수 있다. 이는 사회 경제적으로는 중국 어린이시장(소황제경제)의 확대와 동만산업의 정책적인 육성과 관련이 있다. 중국 특촬물은 라이센싱 및 멀천다이징을 통한 노하우 습득을 통해 제작된다. 그리고 다른 편으로는 동만산업과 관련된 영상물 제작, 그리고 해외(특히 일본) 합작을 통한 제작을 통하여 만들어지고 있다.

(4) 중국정부의 적극적인 애니메이션 육성의지

애니메이션산업 육성을 위한 특별지원으로 매년 1,000만 원(RMB)을 TV애니메이션 제작에, 400만 원(RMB)을 영화 애니메이션 제작에 투입을 계획하고 있다. 또한 애니메이션 개발업체는 법인세 감면혜택 부여, 애니메이션 개발 시 세금을 환급해 주고 소득세

범위에도 포함시키지 않고, 법인 설립 후 첫 2년 동안 법인세를 면제하고 이후 3~5년간 법인세 50%를 감면해 주기로 했다.

2010년 12월 31일 이전에 독자적으로 개발한 애니메이션 소프트웨어 판매 시 17% 증치세 부과 후, 증치세 부담금이 3%를 초과하는 부분에 대해서는 즉시 환급해 주고 있다.

애니메이션 기업의 편집, 디자인, 더빙, 주제곡 개발 부분에 대해 3%의 잠정세율로 영업세를 징수하고 전국에 3개 애니메이션 채널을 조직하며 애니메이션을 방영하는 방송국을 지속적으로 확대해 나갈 계획이다. 그리고 연구소 설립으로 애니메이션 인력을 양성할 계획이다.

문화부는 2012년 애니메이션의 고급 인력 부족을 해결하기 위해 교육부 등 관련 부서와 함께 애니메이션 인재 육성 메커니즘을 개선하고 인재 육성 규모를 확대하기로 하였다. 인재 육성 방식을 개혁하여 대학교교육, 직업교육, 평생교육 등 여러 차원에서 애니메이션 인재의 육성을 추진하고자 한다. 또 애니메이션 기업, 과학연구소, 산업협회, 대학교교육과 직업교육 등 전문기구와 단체의 적극적인 협력을 통해 국가 애니메이션 인재 고급연수반을 운영하여 예술창작과 기술혁신, 경영관리 등 방향의 전문 애니메이션 인재를 육성, 애니메이션산업의 도약을 보장하고 지원을 강화하고자 한다.

(5) 중국 애니메이션 발전 전략

① 북경 중국 애니메이션, 게임도시 프로젝트
최근 문화부와 북경시는 중국 애니메이션, 게임도시 프로젝트를 연합으로 가동했고, 새로이 결성된 북경애니메이션산업연맹의 현판식을 가졌다. 북경시정부 관계자에 따르면, 북경시는 중국의 애니메이션, 게임도시의 건설기획과 운영관리를 위해 양호한 발전경영 환경을 조성할 예정이며, 일련의 관련 지원정책을 제공할 것이라고 밝혔다.

북경시는 "북경시의 중국 애니메이션, 게임도시 발전에 관한 실시방법(시행)", "북경시의 온라인게임산업 발전 지원에 관한 실시방법(시행)"과 "북경시의 영상 애니메이션산업 발전에 관한 실시방법(시행)" 등 3개 정책을 실시해 애니메이션, 게임산업의 발전을 촉진할 예정이다. 북경시는 구체적 실시방법으로 중국 애니메이션, 게임도시발전 전문자금을 설립해 매년 1억원(RMB)의 자금을 내와 애니메이션, 게임도시 공공서비스기반 조성, 기술개발, 지재권보호, 인재양성 등을 지원할 예정이다.

온라인게임 기업의 경우, 북경시는 관할지역 내 자체 개발한 원천 온라인게임 산업에 대해서 우수업체를 선정해 1~2백만 원(RMB)의 전기지원경비를 지급하며, 게임엔진을 자체개발하여 또한 해당 엔진을 이용해 5개 이상의 대형 온라인게임을 제작하였거나 혹은 자체개발을 통해 지재권을 확보하고 또한 운영에 투입한 온라인게임산업 또는 서비스업체에 대해서는 일차적으로 2백만 원(RMB)의 지원경비를 지급할 계획이다.

② 성도(成都): 디지털 매체 기술산업기지, 온라인게임산업 애니메이션 기지

중국 서부 내륙지역에 위치한 성도시는 북경, 상해, 장사와 함께 중국 4대 디지털 매체 기술 산업기지로 선정되었다. 2005년 4월 중국정부는 성도시를 온라인게임 산업 애니메이션기지로 선정하였다. 애니

메이션과 온라인 게임의 연구와 개발을 중점적으로 발전시킬 전망이다. 아울러 온라인게임 애니메이션 관련 업체들도 잇달아 출현하였다.

③ 장강 삼각주 애니메이션 회랑지대 건설

장강 삼각주지역 각 도시와 산업계를 연계하는 종합 애니메이션 산업시스템 구성을 의미한다. 상해는 해외자원, 자금, 인재, 프로그램을 중심에 두고, 남경과 항주는 양쪽 날개 역할을 하며, 브랜드 지명도와 산업 파급 효과가 있는 애니메이션 관련 기구들이 기관차 역할을 담당하게 된다.

'애니메이션 회랑지대' 건설은 이미 지정학적 조건과 정치, 경제 인프라를 갖추고 있다. 상해의 뛰어난 인문 과학과 선진 문화 시설들이 애니메이션산업을 위한 우수한 전시 인프라를 제공했다. 지난 1920~1930년대부터 상해는 중국문화의 핵심이 되어 미술, 연극, 영화 모두 많은 문화 작품을 통해 문화적 기초를 다짐으로써 애니메이션 원작을 위해 끝없는 자원을 제공했다. '중국 애니메이션산업의 발원지'라는 명예를 갖고 있는 상해미술영화제작사는 <철선공주(鐵扇公主)>, <9색 사슴(九色鹿)>, <세 명의 승려(三個和尚)>, <보련등(寶蓮燈)>, <나는 노래광(我爲歌狂)> 등 수백 편의 우수한 작품으로 중국 애니메이션 80년 역사를 만들었다. 오늘날 상해문화방송영상집단은 이미 TV, 뉴스네트워크, 신문잡지, 모바일 TV, 실시간 TV, 고주파 TV 등 다양한 매체를 소유하고 있다. 상해는 극영화, TV 드라마, 애니메이션을 위주로 한 영상 제작, 발행, 방영 체계, 뛰어난 문예단, 스포츠클럽 그리고 동방명주, 대형 극장, 국제회의센터 등 12개의 상징적인 문화 사업을 보유하고 있다.

현재 항주는 이미 애니메이션 게임 산업 발전 지도팀을 구성하여 산업 발전에 박차를 가하고 있으며 인적 자원의 통합을 적극 추진하고 있다. "항주시 애니메이션산업 개발계획(2006~2010)에 관한 발표"는 산업 발전에 대한 강력한 요구를 제시하였다. 각종 형식의 애니메이션 교류활동을 펼침으로써 더 많은 기업들이 이 신흥 산업에 눈을 돌릴 수 있도록 하고 있다.

항주 하이테크산업 개발단지(빈장구)는 "애니메이션산업 발전 장려와 지원에 관한 의견"을 발표했다. 시정부는 매년 2,000만 원(RMB)을 투자하여 '항주 하이테크단지 국가애니메이션산업기지 전문기금'을 설립할 계획이다. 주요 목표는 애니메이션산업의 공공 서비스 인프라 건설, 애니메이션작품 원작과 애니메이션 기업발전을 위한 재정지원에 있다. 그리고 CCTV가 방송한 애니메이션에 1분당 1,000원(RMB)의 장려금을 지급한다. 하이테크단지에 입주한 애니메이션과 온라인게임기업은 부동산 우대를 받을 수 있다.

2005년 말, 남경 소프트웨어 애니메이션산업기지가 착공하였다. 이 기지는 애니메이션과 게임 산업을 적극 발전시키고 산업 발전에 필요한 인프라시설, 기술경쟁력 제고, 인재 양성 등 전체 환경 조성을 주요 임무로 하고 있다. 목표는 애니메이션 기술제고, 애니메이션 제작, 애니메이션 도서 출판, 음향 영상 출판물 제작, 애니메이션 파생상품 연구개발을 집대성한 '매스 미디어 기지' 건설에 있다.

(6) 중국 애니메이션산업 발전 전망과 문제

① 모바일 애니메이션산업

휴대폰 기능이 다양화되면서 휴대폰으로 동만(애니메이션, 만화)작품을 감상하는 사용자가 늘고 있다. 휴대폰을 통해 언제 어디서나 간편하게 동만작품을 감상할 수 있어 동만 애호가들의 환영을 받고 있다.

최근 중국의 이동통신네트워크의 발전으로 휴대폰 동만산업의 발전기반이 구축되고 있다. 휴대폰 동만의 통일된 기준체계는 업계의 발전을 더욱 가속화시킬 전망이다. 통일된 기준은 스마트 단말기를 통한 동만작품 전파의 원가를 낮추고 운영상의 수익향상을 가져올 것이며 동만산업의 온라인 시장 개척에 큰 역할을 할 것이다.

상보자순(尚普咨詢)이 발표한 "2010~2013년 중국 동만 전경예측 및 투자 가능성 연구보고(2010~2013 年中國動漫前景預測及投資可行性研究報告)"의 설문조사에 의하면 현재 중국의 동만 애호가는 1.6억 명으로 추산되고 있으며 절반에 가까운 애호가가 휴대폰으로 동만작품을 감상하는 데 관심을 갖고 있으며 동만작품 감상을 위해 매달 5원(RMB)을 지불할 수 있다고 밝혔다.

중국 휴대폰 동만 사용자는 3,600만 명으로 조사되었으며 매달 5위안의 사용료를 계산하면 앞으로 3년간 휴대폰 동만산업의 총 수익규모는 23.1억 원(RMB)을 넘어설 것으로 전망된다.

② 중국 애니메이션산업과 해적판

중국의 애니메이션산업의 발전이 더딘 이유 중의 하나는 해적판을 꼽을 수 있다. 중국 해적판이 외자기업의 지적재산권을 도용하는 것이 가장 흔한 사례이다. 현재 중국 상해수목애니메이션주식유한공사(上海水木動畫股份有限公司, '상해수목애니메이션'으로 간칭) 및 산하의 무석억당애니메이션설계유한공사(無錫億唐動畫設計有限公司, '무석억당애니메이션'으로 간칭)가 바로 '도용'의 곤욕을 치르고 있다.

저작권 침해 혐의업체는 줄곧 지적재산권을 중요시해 오던 일본 계열 기업 소니(중국)유한공사이다.

상해수목애니메이션 및 무석억당애니메이션은 2011년 7월 25일에 각각 저작권 침해를 이유로 소니(중국) 및 북경하화안업과기유한공사를 고소했다. 침권을 즉시 중지하는 청구와 더불어 수목애니메이션 측은 상대방에 손해배상을 청구했다. 북경시 동성구인민법원이 해당 안건을 수리 심사하고 있다.

해적판 침권문제에 대해 동남대학법학원 장마림(張馬林) 변호사는 기자에게 "해적판 기업은 정품 기업의 이익에 손해를 미치고 있고 동만 제작자들의 혁신 원동력에 큰 충격을 주었다. 자금 투입이 부족했기에 우수한 작품이 만들어질 수 없게 되었고 악성순환 사슬이 형성되게 되었다"라고 말하였다. 이에 대해 상해수목애니메이션 주식유한공사의 심앵(沈鶯) 부총재도 역시 동감을 표했다. "우리는 합법적 권익을 지켜야 할뿐더러 손실을 만회하고 중국 본토 애니메이션의 건전한 발전을 위해 모범을 보일 수 있기를 바란다"고 했다.

** 람묘(藍猫)캐릭터
삼진만화영화그룹(三辰卡通潨團)은 2005년부터 람묘(藍猫)캐릭터를 개발 중국 내 유명 캐릭터로 발전시켰으며 완구, 문구, 의류, 식품, 생활용품 등 아동 소비물품 분야에 폭넓게 사용되고 있다.

2) 중국 만화산업

(1) 중국 만화산업 현황 및 특징

중국의 만화산업은 안정적으로 발전하고 있으며, 최근 양(量)과 질(質)적인 향상으로 주류(主流) 독서 영역에서의 영향력이 확대되었다. 그리고 다매체, 다원화 방식으로 발전하여 중국문화산업 성장에 크게 기여하였다.

---

88) http://www.kocca.kr/knowledge/trend/abroad/1755810_3315.html

2010년 3월부터 중국의 만화작가 하달(夏達)이 중국, 일본, 유럽, 미주 등지에서 큰 인기를 누리고 있다. 하달의 작품인 ≪자불어(子不語)≫는 일본과 중국에서 단행본으로 발행되었고 수차례 재인쇄되었다.

≪자불어≫는 일본 시장에 진출한 첫 번째 중국 창작 만화이다.

만우문화(漫友文化)의 ≪만화세계(漫化世界)≫와 지음그룹(知音集團)의 ≪지음만객(知音漫客)≫ 등 두 개의 만화 기간지가 주간지로 개편되었다. ≪만화수(漫畵秀)≫ 잡지는 중국 최초의 청춘만화잡지로 반월간지 형태로 발행되었다. 현재 창작만화는 이미 전체 만화소비시장에서 85%의 비중을 차지하고 있다. 중국 특색을 지닌 컬러 만화가 크게 발전하면서 1990년대 전국을 휩쓸었던 일본식 흑백만화시장에 충격을 주고 있다.

(2) 중국 만화산업의 역사와 특징

중국 만화의 초기모델은 전통적인 '연화도화'에서 찾는다. 삽화형식으로 발전하면서 1925년 풍자개(豐子愷)가 일본유학을 다녀와서 '만화'라는 용어를 쓰기도 했다. 주로 신문지면을 통해 전통적인 형식의 풍자만화의 내용을 담고 있다. ≪삼모유랑기≫(1947) 정도가 독보적인 작품으로 전쟁 후의 폐허 속에서 위안을 주었다.

풍자개(豐子愷) 만화

　시사만화류 같은 카툰 일색이었던 중국 만화시장은 1990년대 이후 일부 도서상들이 일본 만화를 불법 복제하면서 단행본 형식으로 유통되기 시작하였다. 이때부터 만화는 문화산업의 일부로 자리 잡게 되었으며 청소년들의 가치관 형성에 영향을 미치게 되었다.

　1990년에 들어서는 일본 애니메이션 <성투사성시>가 방송됨과 동시에 원작이었던 일본 만화가 유입되고 본격적인 해적판도 유행하였다. 이를 계기로 시장에 판매된 단행본만도 1990년부터 1991년까지 600만 부를 돌파했다.

일본만화 유입: 〈성투사〉, 〈드래곤볼〉, 〈시티헌터〉가 초기 3총사다. 거의 모든 일본 만화가 해적판으로 소개되었다고 할 수 있다. 불법복제판매로 많은 판매수입을 올리게 되자 많은 불법상들이 다투어 일본 만화의 불법복제판매에 나서기 시작하였다.

　1993년에는 중국 최초의 ≪화서대왕(畵書大王)≫이라는 만화전문 잡지가 생겨났다. 중국정부가 직접 만화시장 관리에 나섰고, ≪화서

대왕≫은 일본 만화의 복제방식을 탈피하여 중국 국내 만화가들의 원고를 모집하기 시작하였다. 1995년 강택민이 상해미술영화제작소에 편지를 써 만화의 진흥을 언급하였고, 이후 '5155공정'이라 부르는 '중국아동애니메이션출판공정'을 결정하게 된다.

(3) 중국의 신만화

중국의 신만화는 1980년대에 도입되었다. 화려한 그림과 독특한 표현방식의 신만화는 호기심 많은 어린이들을 단숨에 사로잡았다. 중국의 신만화가와 독자는 처음부터 해외, 특히 일본 만화의 영향을 받으면서 성장했기 때문에 창작과 감상에도 이국적인 색채가 짙었다.

초기 중국 신만화는 그림, 내용, 스토리 수준이 낮은 편이었다. 또 외국의 회화기교를 너무 모방한 결과 점점 창작에 제약을 받게 됐다. 중국 신만화 업계에는 중국 만화가가 자신의 방식으로 중국문화를 표현하지 못하고 타국의 문화적인 사고와 심미관으로 작품을 만들 수밖에 없는 이상한 현상이 나타났다.

(4) 만화산업 종류

중국 만화는 애니메이션, 게임, 무대극과 완구 그리고 저작권과 관련된 산업과의 결합을 가속하고 있다. 창작만화 ≪꿈속의 사람(夢裏人)≫, ≪절대꼬마(絕對小孩)≫ 등은 애니메이션과 무대극으로 각색되었고 성숙된 산업사슬을 구축하려 한다. 동시에 만화캐릭터응용과 저작권서비스는 점차 상업화 길에 들어섰다.

① 만화캐릭터

만화캐릭터는 제조업, 서비스업과 결합하여 거대한 사회가치와 상업가치를 창조하였다. 예를 들면 제29회 올림픽의 마스코트 '푸와(福娃)'는 한 세트의 만화캐릭터이다.

<푸와올림픽만유기(福娃奧運漫遊記)>, <시양양과 후이타이랑(喜洋洋奧灰太郎)> 등 애니메이션과 출판물을 나타나게 하였을 뿐만 아니라 각종 특허 상품, 예를 들면 완구, 패션, 액세서리, 가방, 문구, 귀금속 기념마크, 로고 6대 유형 근 4,000종의 상품이 개발되었다. 애니메이션화면캡처도서는 출판시장의 아이템으로 되었다.

시장에서 판매량이 좋은 작품으로는 <홍묘람토7협전(虹猫藍兔七俠傳)>, <꼬마잉어탐험기(小鯉魚歷險記)>, <푸와올림픽만유기>, <시양양과 후이타이랑> 등이 있다. 이런 도서의 특징은 애니메이션의 연속적인 화면에서 관건적인 한 장면을 캡처하여 평면적인 애니메이션 작품으로 되는 것인데 '애니메이션작품의 만화화'라고 불린다.

② 만화작품의 애니메이션화

스트리밍미디어전파분야에서 북경카쿠(卡酷)애니메이션위성에서 제작한 <만화천하(漫畫天下)> 프로그램은 만화, FLASH, 동영상 등 여러 가지 표현형식을 결합하여 생동하게 만화작품을 표현하여 '만화작품의 애니메이션화'라 불린다.

네트워크에서 유행되는 동만캐릭터의 이미지와 표정은 간단히 처리하면 애니메이션으로 변화할 수 있어 온라인 만화와 온라인애니메이션의 구별을 명확하게 나눌 수 없다. 마찬가지로 모바일에서도 만화와 애니메이션은 명확하게 구분되지 않는다.

만화가 애니메이션으로 각색되는 사례는 점점 많아졌다. 주덕용(朱德庸)의 만화작품 ≪절대꼬마(絕對小孩)≫는 2007년 6월에 시장에서 판매되었다. 그런데 불과 2개월 사이에 총 판매량은 40만 권을 돌파하였고 연속 몇 달 동안 전국도서판매량 랭킹의 전 10위를 차지했다. 절강위성에서는 저작권 측과 연합하여 <절대꼬마>를 종합적인 프로젝트개발을 진행하고 있다. TV 프로그램의 촉진과 함께 TV 프로그램, 동만카툰, 시트콤, 무대극, 파생상품, 모바일증가서비스 등 여러 가지 상품형태로 확대하여 <절대꼬마>를 '절대브랜드'로 구축하려 한다.

북경TV방송국의 <푸와올림픽만유기>, 호남TV방송국금영카툰채널의 <초녀아기Season2(超女娃娃第二季)>, CCTV 애니메이션유한공사의 <푸와(福娃)>와 <푸와-오연환(福娃-五連環)>은 모두 만화캐릭터에서 각색한 것이다. <푸와올림픽만유기>는 북경카쿠애니메이션위성에서 최고 시청률을 창조하였는데 그 원인의 하나가 이 애니메이션이 푸와-올림픽마스코트와 성공적인 만화캐릭터의 기초에서 제작한 것이기 때문이다.

③ 네트워크 만화

네트워크 만화는 자체의 보급범위가 넓고 전파능력이 강하며 기술상품이 좋은 특징에 의하여 점차 벤처투자 상인들의 시야에 들어갔다. 정부와 기업 등 여러 방면에서 역량을 발휘함으로써 네트워크 만화는 점차적으로 발전하기 시작하였다.

녹두와(綠豆蛙), 유희후(悠嘻猴), TUZKI(兔斯基), 자살토(自殺兔), 장소합(張小盒) 등 대량의 만화캐릭터가 네트워크에서 인기를 얻었고,

출판도 함께 이루어졌다. kuku동만레저소(動漫休閑站), 동만시계(動漫視界), 기기왜왜바(唧唧歪歪吧), 풍지동만(風之動漫)과 탐욕대륙동만망(貪婪大陸動漫網) 등 5대 동만사이트가 중국사이트랭킹 TOP100에 들어갔다.

④ 모바일 만화[89]

오늘날의 휴대폰은 휴대폰 음악, 휴대폰 사진, 휴대폰 촬영, 휴대폰 인터넷채팅, 휴대폰 게임 등 멀티미디어시대와 인터넷시대의 신흥기능들이 광범위하게 응용되어 실현되고 있기 때문이다. 휴대폰의 풍부해진 색채와 정교해진 사진표현 기능, 그리고 인터넷의 발전은 휴대폰과 전통만화산업의 결합을 가속화하였다. 특히 WAP(Wireless Application Protocol)를 대표로 하는 신형 모바일 부가서비스는 휴대폰과 만화의 결합에 넓은 공간을 열어 줬다.

⑤ 인터넷 만화

2005년부터 매년 상해에서는 만화전이 열린다. 여기에서 'digibook'이라는 인터넷만화 서비스가 제법 큰 규모로 프로모션화되고 있었다. 유료버전으로 전문사이트를 개설하고 전용뷰어프로그램에, 종량제를 취하고 있으며, 컬러만화를 보유했고, 일정 정도 지명도 있는 작품과 수량을 서비스하고 있었다.

---

89) http://www.kocca.kr/knowledge/trend/abroad/1312153_1232.html

⑥ 성인만화

현재 성인들 사이에 만화가 유행처럼 번지고 있으며, 중국 성인만화는 빠른 발전기를 맞고 있다. 주덕용(朱德庸), 기미(幾米) 등의 작품이 중국 도서출판 시장에서 인기를 얻고 있다. 주덕용의 작품은 드라마 <분홍아가씨(粉紅女郞)>의 대본으로 각색되어 전 중국 방송사의 황금시간대를 장악하였다. <절대꼬마> 역시 높은 판매량을 기록하였다.

2004년 중국 최초의 성인만화 잡지로 불리며 시장으로 진출했던 ≪만시대(漫時代)≫는 처음부터 '외설'의 간판을 달고 출발했다. 하지만 곧바로 거북하다는 독자들의 반응으로 인해 시장에서 '쫓겨난' 이력을 갖고 있다. 현재 중국 성인만화 시장에는 폭력과 외설을 담은 저질 성인만화 역시 급속도로 증가하고 있다.

중국어 애니메이션 영화제인 '금용상(金龍獎)' 조직위원회 관계자는 창작만화에 영화와 같은 등급제를 실시해야 한다고 주장했다. 그리고 "대중, 특히 청소년의 성장을 위해서라도 정부와 업계가 상호 협조를 통해 만화 등급제에 관한 정책과 조치가 마련되어야 한다"고 밝혔다. 또 만화는 이미 문학, 미술, 음악 등과 똑같은 가치를 지닌 문화형식 중 하나인바 "독자 다원화에 따라서 만화산업의 등급제가 선행되어야만 성인만화도 미래를 개척할 수 있을 것"이라고 충고했다.

(5) 주요 작가

① 모치나가 타다히토(持永只仁, 1919~1999)

중국 애니메이션의 어머니로 평가되는 모치나가 타다히토는 중문명으로는 방명(方明)이다. 1945년 4월 동북지역으로 왔고 장춘의 위만주영환협회(僞滿洲影幻協會)에서 영화를 제작하였다. 일본패전 후 만주영환협회(滿洲影幻協會)는 중국정부 관할이 되었고, 동북전영제작공사(東北電影制作公司)로 이름을 바꾸었다. 1947년 중국 초기의 미술영화에 참가하였다. 특히 중국 첫 번째 인형극인 <황제몽(皇帝夢)>과 애니메이션인 <옹중착별(甕中捉鱉)> 제작에 참가하였다. 1953년에 일본으로 돌아갔으며, 말년에는 중국으로 가서 애니메이션 인재 양성에 힘썼다.

② 만뢰명(萬籟鳴, 1899~1997)

호는 뢰옹(籟翁)이고 예명은 마치(馬癡)이다. 중국 전지(剪紙)예술을 한 첫 번째 사람이고, 애니메이션의 창시인이다. 세계 저명한 감독이고, 근대 세계 500명 중의 한 명이다. 쌍둥이인 만고섬(萬古蟾)과 동생인 만초진(萬超塵, 1906~1992), 만조환(萬滌寰)은 중국 최초의 직업 애니메이터이기도 하였다.

1919년 상해상무인서관(上海商務印書館)에 들어가서 미술부와 활동영편부(活動影片部)에서 재직하였다. 1925년 동생인 만고섬이 제작한 만화영화 광고 '서진동화문타자기(舒振東華文打字機)'에 참여하였다. 1926년에 장성화편공사(長城畫片公司)에 참가하였고, 동생과 함께 중국에서 첫 번째 애니메이션인 <대료화실(大鬧畫室)>을 제작하였다. 1930년 대중화영편공사(大中華影片公司)를 위해 <지인도란기(紙人搗亂記)> 등 단편을 제작하였다. 1931년부터 만고섬과 연화영업공사(聯華影業公司)와 명성영편공사(明星影片公司)에서 애니메이션 단편을 제작하였다. 항일을 선전하는 <동포속성(同胞速醒, 1931)>, <정

성단결(精誠團結, 1931)>, <민족통사(民族痛史, 1932)> 등을 제작하였다. 그리고 우언고사를 내용으로 하는 <비래화(飛來禍, 1932)>, <구토새포(龜兔賽跑, 1932)> 등을 제작하였다. 1935년에는 중국 첫 번째 유성 애니메이션인 <낙타헌무(駱駝獻舞)>를 제작하였다. 1940년 만씨 형제는 상해에서 중국 첫 번째 유성 장편 애니메이션인 <철선공주(鐵扇公主)>를 제작하였다.

1954년 홍콩에서 상해로 돌아온 뒤, 상해미술영화제편창 감독을 맡아 <야외적조우(野外的遭遇, 1955)>와 <대홍화(大紅花, 1956)> 등 컬러 애니메이션 단편을 제작하였다. 1961년에서 1964년까지 대형 컬러 애니메이션 <대료천궁(大鬧天宮, 상하집)>을 제작하였다.

③ 만고섬(萬古蟾, 1899~1995)

만뢰명과는 쌍둥이 형제이다. 동생인 만고섬은 1921년 상해미술전과학교 서화과(上海美術專科學校 西畵科)를 졸업하였다. 본교와 상해대학, 남경미술전과학교(南京美術專科學校) 서양학과 주임교수를 역임했다. 1925년 상해상무인서관에 재직하면서 형과 함께 서진동화문타자기(舒振東華文打字機)를 제작하였다. 1937년 무한에서 중국전영제편창(中國電影制片廠)에 들어갔고, 단편 애니메이션 <항전가곡(抗戰歌曲)>과 <항전표어(抗戰標語)>를 제작하였다. 중국 전래의 종이그림기술을 이용하여 종이 애니메이션 기법을 개발하였다.

④ 호진경(胡進慶, 1936~)

상해미술전영제편창 1급 감독이다. 1953년 북경영화학교를 졸업하였다. 상해미술전영제편창에서 35편의 영화 제작에 참가하였다.

그는 주로 컷아웃 기법과 펜과 모필을 사용하는 독특한 기법으로 제작하였다. 그가 감독한 10편의 영화는 특색이 있다. 그중에서 실루엣영화(剪紙片)인 <휼방상쟁(鷸蚌相爭, 1984)>, <도기적금사후(淘氣的金絲猴, 1982)>, <초인(草人, 1905)>은 문화부 우수 영화상을 수상하였다. 특히 <휼방상쟁>은 국제영화제에서 4차례나 상을 수상하였다. 초기에는 만고섬과 함께 중국 첫 번째 실루엣영화를 제작하였다. 그 밖에 <호로형제(葫蘆兄弟, 1989)>, <금색적해라(金色的海螺, 1964)>, <인삼왜왜(人參娃娃, 1983)> 등이 있다.

⑤ 특위(特偉, 1915~2010)

중국 애니메이션 중국학파 창시자 중의 한 명으로, 묵화가 겸 만화가이다. 1935년부터 1949년까지 만화가로 활동하였다. 1957년 설립된 '상해 애니메이션 스튜디오' 초대 소장을 역임하였고, 세계 최초로 수묵화에 의한 독특한 기법을 개발하였다. 대표작은 <교오적장군(驕傲的將軍, 1956, 이극약(李克弱)과 합작)>, <소과두조마마(小蝌蚪找媽媽, 1960, 미술지도)>, <목적(牧笛, 1963, 전가준(錢家駿)과 합작)>, <산수정(山水情, 1988)> 등이다.

⑥ 하달(夏達, 1981~)

중국의 얼짱 만화가로 불린다. 중국 게임 전문지인 'PSP'의 표지 모델로 소개된 이후 많은 네티즌들의 인기를 모으고 있다. 놀라울 정도의 동안(童顔)과 귀여운 외모로 많은 남성팬들의 이목을 집중시켰다. 2003년 단편 <성장(成長)>으로 데뷔하였고, 2008년에 ≪자불어≫ 제3화 <그림자(影)>로 제5회 금룡상 최우수 소녀만화상을 수상하였다. 2009년부터 슈에이샤(集英社)의 월간지 울트라 점프에서 이 작품을 일본어 버전으로 게재하기 시작하였다.

⑦ 곽경웅(郭競雄)

길림성 장춘 사람으로, 기잡통창작연맹(旗卡通創作聯盟) 창시자이다. 길림성 예술학원 미술디자인과와 광고디자인과를 졸업하였다. 졸업 후 길림일보사(吉林日報社)에서 편집기자가 되었다. 후에는 길림예술학원(吉林藝術學院) 애니메이션과 선생님이 되었다. 2002년 <만화제자백가(漫畫諸子百家)>는 상해미술영화창이 주관한 전국동만화대회(全國動漫畫大獎賽)에서 단체 3등상을 수상하였다. 2007년에는 프랑스의 만화페스티벌에서 대상을 수상하였고, 100만 달러에 달하는 출판 계약을 체결하였다.

4. 중국 출판산업

1) 중국 출판산업 현황과 특징

2007년 ≪뉴욕시보≫는 전 세계 리더(국가지도자와 대기업 CEO)
들이 중국을 이해하기 위해 반드시 읽어야 할 명작과 많은 사람들에게
읽히고 있는 작품 6권, 즉 ≪논어≫, ≪손자병법≫, ≪아큐정전≫,
≪도덕경≫, ≪홍루몽≫, ≪모택동어록≫을 선정하였다.

중국출판과학연구소가 2009년 4월 23일 발표한 제6차 전국국민
독서조사 보고서에 따르면, 4대 기서가 10대 베스트셀러의 가장
앞자리를 차지했다. 중국에서 가장 많이 읽히는 책은 ≪홍루몽≫,
≪삼국연의≫, ≪서유기≫, ≪수호지≫ 등 4대 기서인 것으로 나타
났다.

중국 출판시장은 도서, 잡지, 신문 등 크게 세 가지 시장으로 분류
된다. 도서는 다시 일반도서와 교육도서로 구분되며, 잡지는 콘텐츠
에 따라 다양하게 분류된다. 이 모든 분야는 인쇄물과 디지털 분야
로 세분화된다.

2012년 노벨문학상을 수상한 막언(莫言, 모옌)은 1987년에 ≪홍고

량가족≫을 발표하여 중국 내 반향을 일으켰다. 이 소설은 이후 장예모 감독이 <붉은 수수밭>으로 영화화하였고, 영화는 베를린 영화제에서 황금곰상을 수상하였다. 막언의 작품은 전 세계 20여 개 국가에 번역 출간되기 시작하였다.

중국에서는 1980년대 이후부터 유학열과 국학열이 일어났으며, 최근에 들어와서는 중국 고전 읽기 붐이 일어났다. 중국 내 많은 기업에서 ≪논어≫ 특강을 하고 있다. 이러한 분위기는 중국출판산업에 많은 영향을 주었다. 뿐만 아니라, 중국 드라마나 영화 및 애니메이션의 주요한 소재로 되고 있다. 게다가 한국에 중국 80후 세대들의 문학작품들이 많이 번역되어 출판되고 있을 뿐만 아니라 중국고전작품들이 재출간되고 있다.

전자출판물시장은 미래 출판업 방향을 대표한다. 중국인터넷에서 최근 책들도 무료로 다운로드받을 수 있는 곳도 있지만 대부분 유료이다. 2008년에는 정보화시범프로젝트로 차이나모바일(中國移動)과 합작하여 "휴대폰 이야기신문", "휴대폰 만화신문" 등을 독자에게 제공하기 시작하였다.

중국에서 중국인이 좋아하는 인기 작가를 조사하였다. 중국출판과학연구소가 발표한 '전국민열독조사'에 따르면, 무협소설 대가로 알려진 김용(金庸)이 꼽혔다. 그다음으로는 파금(巴金), 노신(魯迅), 경요(瓊瑤), 가평요(賈平凹), 노사(老舍), 고룡(古龍), 빙심(氷心), 여추우(餘秋雨) 순이었다.

2) 중국 출판사 현황

중국은 중앙정부에서 출판사 설립을 관장하고 있기 때문에 중국에서 출판사 설립은 개인이 자유롭게 하지 못하다. 중국 출판 산업은 한국 출판 산업처럼 교과서와 학습교재에 대한 의존도가 높다.

3) 중국 전자출판산업 현황

중국 정부는 전자출판물을 대거 육성하기 위한 정책을 적극 추진하고 있다. 전자출판물은 특히 디지털 기술의 발전과 전자출판시장의 확대와 더불어 향후 시장전망이 아주 밝다.

중국의 전자출판물 생산은 2006년 이래로 급성장하고 있다. 그중 전자잡지의 성장폭이 가장 빠르다. 전자잡지는 컴퓨터 기술과 전자통신기술 및 인터넷기술에 기반을 두어 편집, 출판, 발행하는 잡지이다.

전자잡지는 이메일로 발송되는데 현재 중국 내 포털 사이트의 무료 메일로는 제대로 수신되지 않는 단점이 있다. 중국 내 주요한 포털 사이트들은 각 사이트 본연의 전자잡지를 제공하고 있기 때문에 타 사이트의 전자잡지는 제대로 발송해 주지 않는다. 그리고 대량 발송되는 전자잡지는 용량이 엄청 크기 때문에 무료메일로는 발송하길 꺼린다.

4) 출판산업 주요 정책과 법률

2009년 중국정부는 금융위기를 맞아 출판 분야와 관련된 일련의 새로운 정책을 제정하였다. 국무원의 "문화산업진흥요강", 신문출판총서의 "신문출판체제개혁 추진에 관한 지도의견", 중공중앙판공청의 "중앙 각 부서 소속 출판사의 체제개혁 심화에 관한 건의" 등이다.

(1) ISBN 실명신청관리방법(시행)(書號實名申領管理辦法(試行))[90]

2009년 1월 7일부터 「ISBN 실명신청관리방법(書號實名申領管理辦法(試行)」을 시행함으로써, 중국 도서는 모두 도서출판번호를 등록하도록 명시하였다. 그동안 하나의 ISBN으로 여러 권에 사용하던 것을 이제는 책 한 권에 1개의 ISBN을 신청할 수 있게 되었다.

그리고 출판사는 원고가 있어야 도서출판번호를 신청할 수 있다. 이로써 신문출판총서의 통제권이 강화되었다.

(2) 신문출판체제 개혁 추진에 관한 지도의견(2009.4.6.)

중공 국가신문출판총서는 2009년 4월 6일 "신문출판체제 개혁 추진에 관한 지도의견(關於進一步推進新聞出版體制改革的指導意見)"을 발표하였다. 지도의견은 모두 6개 부분, 25개 조항으로 이루어져 있다.

국가신문출판총서는 '지도의견'을 통해 향후 5년 내 자산과 매출

---

90) http://www.lyjlawyer.com/show.asp?id=249 新聞出版總署頒布≪書號實名申領管理辦法≫(試行).

규모가 모두 100억 원(한화 1조 8,000억 원)이 넘는 대형 미디어 그룹을 6~7개 만들겠다고 발표했다. 국신(國信)증권 출판발행 애널리스트 진재무(陳財茂)는 "중국 출판업이 그룹화, 기업화, 대중화 과정을 거쳐 지금은 출판미디어그룹 99개, 신문그룹 49개, 출판그룹 24개, 발행그룹 24개를 갖추었다. 17개 출판사는 공기업 민영화를 완료했으며 79개 음향영상출판사, 184개 도서출판사도 민영화되었다"고 밝혔다.

동시에 대외교류를 확대하고, 적극적인 해외진출 전략도 실시하겠다고 밝혔다. 조건에 맞는 기업은 국외에 신문사, 출판사, 인쇄공장 등을 설립하게 하여 국외 및 홍콩, 마카오, 대만 시장을 개척할 계획이다.

"신문출판체제 개혁 추진에 관한 지도의견"의 제14조에서는 민간자본(非公有)으로 운영되는 출판문화작업실을 비롯한 문화기업의 역할을 충분히 인정하면서 새로운 출판 생산력으로 키운다는 전략을 제시하였다. 이 조항에서는 "비공유자본의 문화산업진입에 관한 국무원의 몇 가지 결정(國務院關於非公有資本進入文化産業的若干決定)"(2005.10호)에 의거하여 민간자본(非公有資本)이 다양한 형식으로 정책이 허락하는 영역에서 역할을 발휘하도록 적극적으로 지지하고 격려한다고 밝혔다.

문화기업은 신문출판산업의 중요한 구성원으로서 계획적인 관리를 통한 경영 규범화를 실현시켜야 한다. 또한 국유 출판사들이 국유자본의 주도적 지위를 확보한다는 전제하에 민간자본 문화기업과 자본, 프로젝트 등에서 다양한 방식으로 합작하는 것을 지지하였다.

국가신문출판총서는 2009년에 출판사에 대한 체제개혁을 적극적으로 추진시키는 가이드라인을 발표

공익적인 도서, 음반, 영상제품 출판사와 전자출판물출판사를 제외한 기타 출판사는 모두 2010년까지 기업으로 전환

5) 개혁개방 이후의 문학 현황

중국문학을 4개 시기로 구분할 때 고대문학은 선진시대에서 청대 중기로, 근대문학은 1940년 아편전쟁 이후부터 1919년 5·4운동까지, 현대문학은 5·4문학혁명 이후부터 1949년 중화인민공화국 성립까지, 당대문학은 중화인민공화국 성립 이후부터이다.

1978년 개혁개방은 지난 문화대혁명 기간 동안 장려되었던 '삼돌출(三突出)' 문예를 몰아내었다. 하지만 중국문학이 본격적으로 변하기 시작한 것은 1980년대 후반부터였다.

현대문학
- 중국문학사를 서술하는 학자들은 1919년 5·4운동을 전후한 시기를 현대문학의 출발 시기로 보는 경우가 많음
- 문학사와 중국현대사 전반의 관계를 중시하는 학자들은 1919년 5·4운동과 함께 중국현대문학의 시기가 시작된 것으로 봄
- 현대적인 문학작품의 출현이라는 기준을 중시하는 학자들은 중국 최초의 현대적인 문학작품으로 꼽히는 노신(魯迅)의 ≪광인일기(狂人日記)≫가 나온 1918년을 현대문학의 기점으로 봄

- 문학에 대한 논의라는 이론적 측면을 중시하는 학자들은 호적(胡適)의 ≪문학개량추의(文學改良芻議)≫가 발표된 1917년을 기점으로 봄

당대문학(當代文學)

중국에 사회주의 정치권력이 건립된 1949년 중화인민공화국 건국을 기점으로 함: 이에 대해서는 이론(異論)이 거의 없음
- 1976년 모택동의 사망과 함께 새로운 시기가 시작되었다는 뜻으로 1970년대 후반 이후의 중국문학을 가리켜 '당대문학'이라는 말과 별도로 '신시기문학'이라는 말로 부르기도 함

(1) 개혁개방 이후의 문학 특징

개혁개방 이후 등장한 문학의 형태로는 '선봉(先鋒)소설', '신역사소설', '신사실주의소설'이었다. 이 소설 사조들은 문학 자체의 규율에 관심을 기울였다. 먼저 선봉(先鋒)소설은 앞 시대의 과도한 사회주의 리얼리즘에 대한 반발에서 누보로망, 포스트모더니즘 등 서양의 각종 문학사조의 영향을 받아 등장하였다.

선봉파는 1980년대 중반 이후 출현한 실험정신과 탐구정신으로 무장한 일련의 젊은 작가군을 일컫는 말이다. '신조(新潮·뉴웨이브)소설가'라고도 불린다.

선봉소설의 대표작품

마원(馬原, 1953~)의 ≪랍살하적녀신(拉薩河的女神)≫
여화(余華, 1960~)의 ≪어떤 현실(現實一種)≫
막언(莫言, 1955~)의 ≪홍고량가족(紅高粱家族)≫
소동(蘇童, 1963~)의 ≪1934년의 도망(一九三四年的逃亡)≫ 등

'신역사소설'은 기존의 거대서사를 해체하고 역사 속에 묻힌 이름 없는 개체들의 역사에 주목하였다. 그리고 자유로운 상상력으로 가상의 역사를 창조해 현대적 주제를 표현하였다.

신역사소설 대표작품

소동의 ≪처첩성군(妻妾成群)≫과 ≪나, 제왕의 생애(我的帝王生涯)≫
막언의 ≪풍유비둔(豊乳肥臀)≫
여화의 ≪허삼관매혈기(許三觀賣血記)≫와 ≪살아간다는 것(活著)≫

'신사실소설'은 '객관적 현실반영'이라는 리얼리즘적 특징을 띠고 있긴 하지만, 이전의 편협한 사회주의 리얼리즘의 색채를 벗고 삶의 본래 면모로의 환원과 현실에 대한 직시를 중시한다.

신사실소설 대표작품

류진운(劉震雲, 1958~)의 ≪닭털 같은 나날(一地鷄毛)≫
방방(方方, 1955~)의 ≪풍경(風景)≫
지리(池莉, 1957~)의 ≪번뇌인생(煩惱人生)≫ 등

3세대 작가

'신조(新潮·뉴웨이브) 소설가'라고도 불린다.

---

(2) 1990년대 이후의 문학 특징

1990년대 이후에는 '신상태소설', '신체험소설', '신여성소설', '신시민소설', '신현실소설' 등 갖가지 소설사조가 등장했다. 먼저 '신상

태소설'로, 한동(韓東, 1961~)과 주문(朱文, 1967~)이 대표적인 작가
이다. 이들은 1990년대 후반 지식인의 위선과 통제사회의 폭압성을
고발하여 큰 반향을 불러일으켰다. 이들은 이른바 '단열(斷裂)사건'으
로 가장 노골적인 '탈권력'의 양태를 보였다. 대표작품으로 한동의
≪장애(障礙)≫, 주문의 ≪나는 달러가 좋아(我愛美元)≫ 등이 있다.

개혁개방 이후 서구 시장메커니즘이 도입되면서 중국은 지역 간, 민
족 간, 계층 간의 격차가 심해졌다. 이러한 시대적 배경하에 탄생한
'신현실소설'은 심각한 양극화 현상 속에 철저하게 소외된 노동자와
농민의 열악하고 비참한 모습과 사회비리, 환경파괴 등 부정적 현실을
반영하였다. 이러한 형태는 리얼리즘 사조라 할 수 있다. 대표작품으로는
류성룡(劉醒龍, 1956~)의 ≪봉황거문고(鳳凰琴)≫, 염연과(閻連科, 1958~)의
≪흐르는 세월(日光流年)≫ 등이 있다.

대중소설에서는 1980년대 중반 왕삭(王朔)의 ≪노는 것만큼 신 나
는 것도 없다(玩的就是心跳)≫, ≪물 위의 연가(浮出海面)≫ 등이 인기
를 얻었다. 그 이후, 다양한 분야의 대중소설들이 순문학 소설의 인
기를 압도해 왔다. 대표적인 대중소설 작가로는 신세대 작가 트리오
라고 하는 상업화 경향을 대표하는 곽경명(郭敬明, 1983~), 주류사회
에 대한 반발을 보여 주는 한한(韓寒, 1982~), 대자연과 인간에 대한
연민을 보여 주는 장열연(張悅然, 1982~)이 있다.

6) 중국 주요 작가

(1) 노신(鲁迅, 1881~1936)

중국에서 가장 사랑받고 있는 중국작가는 ≪아큐정전(阿Q正傳)≫으로 알려진 노신이었다. 지난 2009년 중국 포털사이트 신랑(新浪, 시나)망이 4만 4,000여 명의 네티즌을 대상으로 인터넷 투표를 통해 '현대 독자들에게 가장 사랑받는 100명의 중국작가'를 선정한 결과 노신이 2.03%의 득표로 중국 최고의 작가로 올랐다.

'행동하는 지식인'이었던 노신은 ≪광인일기(狂人日記)≫에 이어 ≪공을기(孔乙己)≫·≪약(藥)≫·≪풍파(風波)≫·≪고향(故鄉)≫ 등 단편소설을 ≪신청년≫에 계속 발표하여 '문학혁명'이 제창하는 작품의 가능성을 실천했다.

(2) 노벨문학상 수상작가 고행건(高行健, 1940~)

고행건은 중국인으로서는 첫 번째로 노벨문학상을 수상한 작가이다. 1978년 첫 소설을 출간했고, 저서 ≪현대소설기교시론≫은 모택동(毛澤東)의 사회주의적 리얼리즘에 정면 도전하여 큰 파문을 일으켰고 당국으로부터 반체제인사로 지목받게 되었다. 1983년 유회원(劉會遠)과 공동 창작극인 부조리극 ≪버스역(車站, Bus Stop)≫이 북경인민예술극원(北京人民藝術劇院)에서 초연 후 바로 공연 금지되었다. 또한 1985년 북경에서 회화전을 개최하여 국내외로부터 주목을 받기 시작하였으나 1986년 정신오염 제거운동(淸除精神汚染運動)의 명목으로 '피안(彼岸, The Other Shore)'의 공연이 금지되었다.

1987년 중국을 떠나 망명객으로 파리에 정착해 프랑스 시민권을 획득하고, 1989년 천안문사건을 소재로 한 ≪도망(逃亡)≫을 발표하자 당국은 그를 반체제 인사로 규정하고 그의 모든 작품을 금서로 규정하였다. 그는 1989년 작품인 ≪영산(靈山, Soul Mountain)≫으로 2000년에 노벨문학상을 수상하였다.

(3) 막언(莫言, 모옌: 1955~): 산동 고밀(高密)현에서 출생

2012년 노벨문학상을 수상한 막언의 관모업(管謨業)이고, 막언은 필명이다. 그는 스스로 '말하지 않는다(莫言)'라고 하며 필명을 사용하였다. 군 복무 중인 1978년부터 소설을 쓰기 시작했다. 1981년 격월간 '련지(蓮池)'에 단편 ≪봄밤에 내리는 소나기(春夜雨霏霏)≫를 발표하며 등단하였다. 막언은 중국 하층민들의 삶을 현실감 있게 그리면서 그 안에 사회적인 문제를 자연스럽게 녹여내는 것으로 유명하다.

1984년 중편 ≪투명한 홍당무(透明的紅蘿蔔)≫를 발표하였고, 이 작품이 좋은 평가를 받으면서 문단의 주목을 받기 시작하였다. 1987년 장편소설 ≪홍고량가족((紅高粱家族)≫을 발표해 반향을 일으켰다. ≪홍고량가족≫ 작품 일부를 장예모(張藝謀) 감독이 영화 <붉은 수수밭>으로 제작하였다.

2008년 한국어로 ≪인생은 고달파≫로 번역되어 출간된 막언의 작품 ≪생사피로(生死疲勞)≫는 중국 현대사의 질곡과 급변하는 농촌현실을 그렸다. 나귀-소-돼지-개-원숭이, 다시 사람으로 이어지는 육도윤회(六道輪廻)라는 불교적 상상력을 펼쳐 보였다. 살아도 죽어도 고달프기는 마찬가지인 '서문뇨'의 삶을 통해 인생 허무를 논한다. 1950년 1월 1일부터 2001년 1월 1일까지 중국 반세기를 배경으로 한다. 토지분배, 집단농장, 집단소유제, 문화대혁명, 모택동 사망, 자본주의 물결 등 중국현대사가 포괄적으로 담겼다. 윤회과정에서 보고 겪은 이야기를 말하며 '인간사의 덧없음과 고달픔'이란 주제를 전달한다.

≪술의 나라(酒國, 2002, 上下)≫, ≪사십일포(四十一炮, 2003)≫, ≪십삼보(十三步, 2003)≫ ≪홍고량가족(紅高粱家族, 2004)≫, ≪식초가족(食草家族, 2004)≫, ≪단향형(檀香刑, 2004)≫ ≪풍만한 유방, 큰 엉덩이(豐乳肥臀, 2004)≫, ≪투명한 홍당무(透明的紅蘿蔔, 2004)≫, ≪우(牛, 2004)≫ ≪회창가적장(會唱歌的牆, 2005)≫, ≪생사피로(生死疲勞, 2006)≫

(4) 장애령(張愛玲, 1920~1995)

장애령 열풍은 1970년대 대만과 홍콩에서 시작되었고, 1990년대 중국에서도 '장애령 열풍'이 일어났다. 그리고 1995년 장애령이 미국에서 쓸쓸한 죽음을 맞았다는 소식이 전해지면서 절정을 이루었다. 장애령의 본명은 장영(張煐)이다. '장애령'이라는 이름은 10살 때 어머니가 성마리아 학교에 보내기 위해 지어 두었던 Eileen이라는 영어식 발음을 그대로 따서 바꾼 이름이다. 가끔씩 양경(梁京)이라는 가명을 사용하기도 한다.

장애령은 20대 때인 1940년대에 가장 활발한 창작활동을 하였다.

장애령의 작품에는 1940년대의 상해와 일본 제국이 점령한 홍콩에서의 삶을 묘사하면서 그 삶의 일상적인 측면에 초점을 맞추고 있다. 장애령의 소설은 개인의 인생에 초점이 맞춰져 있다. 인간의 사랑과 가족이라는 테마에 특유의 허무의식과 비극성을 담아 그려 낸 소설들은 그녀를 20대 중반의 젊은 나이에 인기 있는 소설가로 만들었다.

장애령의 대표작은 ≪경성지련(傾城之戀)≫, ≪반생연(半生緣)≫, ≪금쇄기(金鎖記)≫ 등이다. 이안(李安)은 ≪색·계≫를 장애령의 소설 중 가장 훌륭한 작품으로 꼽았다.

(5) 여화(余華, 1960~)

항주에서 태어남, 3세대 작가, 선봉파(先鋒派)의 대표적인 작가
노신 물러나고 여화 등장

2010년 중국에서 초중등 교과서 개편이 일어났는데, 이때 중국 근대문학의 아버지라고 불리는 노신의 작품이 사라지기 시작했다. 사라진 작품은 ≪아큐정전≫과 ≪약≫ 등으로 노신의 대표적인 작품이다. 노신을 대신해 수록된 작품은 여화의 단편소설인 ≪십팔 세에 집을 나서 먼 길을 가다(十八歲出門遠行)≫이다. 18세 소년이 집을 나서면서 겪게 되는 풍파를 작가 특유의 필치로 풀어낸 작품이다.

'여화'란 이름은 어머니 여패문(余佩文)과 아버지 화자치(華自治)의 성(姓)을 한 글자씩 따왔다. 여화는 2002년 중국 작가 중 최초로 제임스 조이스 기금을 받았다. 그리고 이탈리아 그린차네 카보우르 문

학상(1998년), 프랑스 문학예술 훈장(2004년) 등 세계적으로도 다수의 상을 수상했다. 여화 작품의 주제는 '폭력'과 '욕망'으로 정리할 수 있다. 이는 문화대혁명과 개혁개방을 몸소 체험한 작가의 경험이라 할 수 있다.

여화는 두 번째 장편소설인 ≪살아간다는 것(活著, 1992)≫을 통해 세계적인 작가로 유명해졌다. 장예모 감독은 ≪살아간다는 것(活著)≫을 원작으로 영화를 만들었다. 한국에는 1995년 <인생>이란 제목으로 개봉되었다.

1996년에 출간되었던 ≪허삼관매혈기(許三觀賣血記)≫는 피를 팔아 먹고사는 허삼관이란 인물을 등장시켜 중국 사회의 모순과 부조리를 풍자하는 작품이다. 허삼관은 여자를 얻고, 집을 사고, 빚을 갚기 위해 자신의 피를 판다. 강간을 당해 아이를 낳은 허삼관의 아내, 그 아이를 9년 동안 키워 온 허삼관이 주인공이다. 허삼관 아이들의 이름은 일락(一樂), 이락, 삼락이다. 첫 번째 기쁨, 두 번째 기쁨, 세 번째 기쁨이란 말이다. 피를 뽑아 가는 '혈두(血頭)'는 공산당원이다. '자라대가리(남성을 성적으로 비하하는 욕)'란 욕을 듣고 사는 허삼관은 피를 팔고서 돼지간볶음 한 접시와 황주(黃酒·누룩으로 만드는 서민술)를 시켜 먹는다. 그것들은 각각 보혈기능과 혈액순환기능을 갖고 있다고 철석같이 믿는 음식들이다.

2005년에 출간된 장편소설 ≪형제≫는 여화의 대표작이다. 허삼관매혈기 이후 10년 만에 출간한 작품인 ≪형제≫는 배다른 형제 이광두와 송강을 통해 모택동의 문화대혁명과 등소평의 개혁개방, 강택민 집권기의 초고속성장을 거치면서 나타난 중국 사회의 부조리한 단면을 보여 준다.

≪가랑비 속의 외침(在細雨中呼喊, 2004)≫, ≪살아간다는 것(活著, 1992)≫
≪허삼관매혈기(許三觀賣血記, 1996)≫, ≪형제(兄弟, 2005)≫

(6) 소동(蘇童, 1963~)

소동은 여화, 막언과 더불어 중국 현대소설을 대표하는 작가이다.
소동은 선봉문학(先鋒文學)과 신역사주의(新歷史主義) 소설의 묘사를
통해 자신을 비추고 있다.

1983년에 소설을 발표하기 시작하여, 1987년에 발표한 ≪1934년
의 도망≫으로 유명해지기 시작하였다. 소설 ≪쌀(米)≫과 ≪홍분(紅
粉)≫은 영화로 제작되었고, ≪처첩성군(妻妾成群, 1991)≫은 장예모
감독이 <홍등(大紅燈籠高高掛)>이라는 이름으로 제작하였다. 그리고
≪부녀생활(婦女生活)≫은 후영(侯詠)이 감독한 영화 <말리화개(茉莉
花開, 2004)>로 제작되었다.

≪나, 제왕의 생애(我的帝王生涯, 1992)≫는 소동 자신이 가장 아끼는
작품으로 유명하다. ≪뱀이 어떻게 날 수 있지(蛇爲什麽會飛, 2002)≫는
21세기를 눈앞에 둔 시점에 지명이 적시되지 않은 한 대도시를 배경으
로 도시 하층민들의 삶을 그린 장편소설이다. 우리나라에는 장편 ≪쌀≫
과 ≪나의 제왕생애≫가 2007년에 잇따라 번역되어 출간되었다.

- 장편소설: ≪쌀(米, 1991)≫, ≪나, 제왕의 생애(我的帝王生涯)≫, ≪성
  북지대(城北地帶, 1995)≫, ≪무측천(武則天, 1993)≫, ≪사위십요
  회비(蛇爲什麼會飛, 2002)≫ 등
- 중단편소설집: ≪1934년적도망(一九三四年的逃亡, 1988)≫, ≪제전
  홍마(祭奠紅馬, 1990)≫, ≪처첩성군(妻妾成群, 1991)≫, ≪부녀악
  원(婦女樂園, 1991)≫, ≪홍분(紅粉, 1992)≫ 등
- 문집: ≪소동문집(蘇童文集, 1~8) 등

(7) 류진운(劉震雲, 1958~)

1973년 인민해방군에 입대하면서 습작을 하기 시작하였다. 그의
소설에는 현실의 자질구레한 일상이 여실하게 그려지고 있어 1980
년대 후반에 등장한 신사실주의소설의 대표로 손꼽히고 있다. 여러
중편에서 반복적으로 등장한 일상, 권력, 역사 등 키워드는 '고향'을
주요무대로 그려 낸 일련의 장편에서 더욱 다양하게 변주된다.

1982년부터 창작을 시작했으며, 1987년 ≪인민문학≫에 단편소설
≪탑마을(塔鋪, 1987)≫을 발표하여 문단의 주목을 받게 된다. 이후
≪우두머리(鬪人, 1988)≫, ≪직장(單位, 1988)≫, ≪닭털 같은 나날
(一地雞毛, 1990)≫, ≪1942년을 돌아보다(溫故一九四二, 1993)≫ 등
우수한 중편을 발표하여 '중편에 강한 작가'라는 평가를 받게 된다.

'신역사소설'의 대표작품으로 평가되는 ≪고향의 국화(故鄕天下黃
花, 1991)≫는 한 촌락의 권력투쟁사를 통해 주류 이데올로기적 혁
명의 역사에 대한 전복을 꾀하고 있다. ≪고향의 국화≫는 '20년간
중국 영향력 100위 도서'에 선정되기도 하였다.

2003년 12월 중국에서 출간되었던 ≪핸드폰(手機)≫은 한 달 만에

22만 부가 팔린 베스트셀러이다. <핸드폰>의 주된 내용은 어느 방송국의 토크쇼 사회자인 남자주인공이 핸드폰 사건이 주도해 나가는데, 핸드폰으로 이해 어떠한 분란이 일어나게 되는지를 보여준다. 이 소설 때문에 "중국의 이혼율이 치솟았다"는 말이 생겼을 정도다.

(8) 홍영(虹影, 1962~) 중국 페미니즘 문학의 대표작가

1962년에 중경에서 출생한 홍영은 2000년 중국의 10대 인기작가에 속한다. 2001년에는 '중국도서상보(中國圖書商報)'가 정한 최고의 여성작가에 선정되고, 뉴욕에서 발행되는 전위문학 잡지 ≪트라피카(Trafika)≫의 '중국 최우수 단편소설상'을 받는 등 탁월성을 인정받았다.

대표작인 장편소설 ≪굶주린 여자(飢餓的女兒)≫는 1996년에 처음 쓰기 시작하였다. 이 소설은 자전적 소설로서 1960년대 중국 '기아의 시대'를 배경으로 자신의 열여덟 청춘의 폭풍우와도 같았던 방황과 절망적 고통을 진실하게 묘사하였다.

장편소설인 ≪영국 연인≫의 배경은 1930년대 중국이다. 이 책은 영국의 유명한 여류 작가인 버지니아 울프의 조카 영국의 시인 줄리언 벨을 실제 모델로 하였다. 줄리언이 중국에 머무는 동안 중국 여인과의 비극적인 사랑을 그렸다.

(9) 80후 작가

'80후(後)'란 대체로 1980~1989년 사이에 태어난 작자들이 자신들의 작품을 가지고 도서시장에 진입하고 문단에 데뷔한 문학 현상을 가리킨다. 때로는 이를 '청춘습작', '청춘문학', '신청춘문학', '신개념습작' 등 개념으로 지칭하기도 한다.

'80후'가 하나의 개념으로 널리 알려지기는 2003년부터였다. 이해에 북경 개권(開卷)도서연구소에서 '청춘창작(寫作)'연구토론회를 소집하고 평론가들에게 '80후'에 속하는 작자들의 소설을 소개하였다.

이들은 기존 중국 전통 작가들과 달리 대담함과 솔직함 그리고 독특한 개성을 가지고 기성 문단에 도전장을 내고 있다. 중국 평론가들은 80후 작가들이 '상업화의 희생양'이라고도 지적한다. 그리고 이들의 작품성은 떨어지고 기성 문단과 전혀 교류하지 않아 문학의 전통을 잇지 못한다고 지적하였다. 하지만 돈이 되는 작품을 선호하는 출판사들의 구미에 맞게 네티즌이나 젊은 층에게 먹혀들어가는 작품 활동은 어느 정도 인정하였다.

문학 평론가인 북경 사범대 장링 교수는 기성세대 작가들의 작품이 '물품'이었다면 80후 작가들의 작품은 '상품'이라고 강조했다. 장교수는 기존의 작품이 시대의 아픔과 고통을 묘사한 데 비해 80후 작가들은 개인의 고통, 개인의 생존 문제를 다루고 있어 사회성과 역사성이 부족하다고 지적했다.

신세대 작가 트리오: 한한, 곽경명, 장열연

---

① 한한(韓寒, 1982~)

중국 '80후 작가'의 대표 작가 중의 한 명인 한한은 17세의 나이에 ≪삼중문(三重門)≫이라는 장편소설을 발표하였다. 이 책은 중국 교육체제에 대한 강렬한 비판의식을 담고 있다. 젊은 세대들의 컴퓨터 통신어처럼 가볍게 쓰인 속도감 넘치는 문체가 특징적이지만, 작가의 투철한 문제의식과 예리한 통찰력이 돋보인다. 그리고 고전(古典) 시구 등이 책의 적재적소에 자유자재로 등장하고 있다.

② 곽경명(郭敬明, 1983~)

≪환상의 성(幻城), 2003≫이라는 판타지 소설로 혜성처럼 등장하였다. 2000년 '신개념 작문 경시대회'에서 1등상을 받으며 문학에 발을 들여놨다. 대표작은 산문집 ≪사랑과 아픔의 만남(愛與痛的邊緣)≫과 장편소설 ≪환상의 성≫ 등이다. 중국 ≪신경보(新京報)≫가 발표한 '2007년 중국 부호작가 순위'에서 1,100만 원(한화 약 14억 3,000만 원)의 소득으로 1위에 올랐다.

③ 장열연(張悅然, 1982~): 80후 여류작가

싱가포르에서 공부를 하였던 장열연은 곽경명에 버금가는 작가로 꼽힌다. 그녀는 2001년 신개념 작문 경시대회에서 1등상을 받았으며, 대표작으로는 ≪10가지 사랑(十愛)≫ 등이 있다. 곽경명이 표절시비에 휩싸였을 때 장열연은 자신의 블로그에 "곽경명이 표절혐의로 패소를 했음에도 사과를 하지 않는 것은 문제가 있다"고 주장하기도 하였다.

7) 중국 무협소설 작가

> 무협소설의 3대가: 김용(金庸), 양우생(梁羽生), 고룡(古龍)
> 대한민국에 처음 소개된 중국 무협소설은 1961년 경향신문에 연재된
> ≪정협지≫로 위지문(尉遲文)의 ≪검해고홍(劍海孤鴻)≫을 김광주가
> 번역한 것

　사마천의 ≪사기≫를 뿌리로 하여 ≪삼국지≫나 ≪수호지≫로 이어지는, 가공의 무술인들이 무공을 통하여 협의를 펼치는 이야기를 의미하지만, 보통 중국 무협소설은 현대에 쓰인 중국 무협소설을 대한민국에서 번역한 것을 말한다.

> 현대중국 무협소설은 1922년 평강불초생(平江不肖生) 향개연(向愷然)이 ≪홍잡지≫에 ≪강호기협전(江湖奇俠傳)≫이라는 소설을 6년 동안 연재한 것을 시초로 볼 수 있다. 이후 무협소설을 쓰는 전업작가가 다수 등장하여 평강불초생의 남파(南派)와 환주루주(還珠樓主) 이수민(李壽民)과 왕도려(王度廬)를 중심으로 한 북파(北派)로 나뉘어 1940년대까지 발전하였지만 중국이 공산화되면서 중단되었다.

> **신파 무협소설**
> 1950년대 말에서 1960년대에 걸쳐 홍콩과 대만을 중심으로 새로운 경향의 무협소설이 등장
> 신파 무협소설에서는 의나 협의 요소가 약간 희박해지고 새로운 무술을 창출하거나 농후한 남녀 간의 애정이 가미
> 현대의 무협소설들은 1962년 홍콩의 작가 양우생으로부터 시작
> 양우생(梁羽生, 1924~2009), 김용(1924~), 와룡생(臥龍生, 1930~1997), 고룡(古龍, 1938~1985) 등과 같은 작가들의 작품

① 와룡생(臥龍生, 1930~1997) 대만 무협소설 작가

와룡생의 본명은 우학정(牛鶴亭)으로 1930년 하남성 진정(鎭庭) 지방에서 출생하였다.

1957년 봄 와룡생이라는 필명으로, 대만의 ≪성공만보(成功晚報)≫에 처녀작 ≪풍진협은(風塵俠隱)≫을 발표했다. 또 ≪민성일보(民聲日報)≫에 ≪경홍일검진강호(驚虹一劍震江湖)≫를 실어 호평을 받았다. 1958년 와룡생은 ≪비연경룡(飛燕驚龍)≫과 1959년 ≪철적신검(鐵笛神劍)≫을 잇달아 발표하고 이듬해 ≪옥차맹(玉釵盟)≫을 냈다. 이 작품들은 각각 ≪대화만보(大華晚報)≫, ≪상해일보≫, ≪중앙일보≫에 연재되어 대만 전역을 들끓게 하였고 그 결과 와룡생은 '대만무협태두(臺灣武俠泰斗)'라는 지위에 오르게 되었다.

와룡생은 1960년대 초반에 ≪천향표(天香飄)≫, ≪강설현상(絳雪玄霜)≫ 등 다수의 걸작들을 발표하여 전성기를 누렸다. 1970년대에도 꾸준히 작품을 발표하였으나 크게 성공하지 못하였다.

> 자신의 필명을 파는 우를 범해 1980년대에 출판된 소설들은 대부분 위작으로 판명되어 그 명성에 누를 끼치게 되었다. 도용작과 위작이 많은 와룡생 무협소설의 진본이 공식적으로 확인된 바 없다.

≪풍진협은(風塵俠隱)≫, ≪경홍일검진강호(驚鴻一劍震江湖)≫, ≪비연경룡(飛燕驚龍)≫, ≪철적신검(鐵笛神劍)≫, ≪옥차맹(玉釵盟)≫, ≪천향표(天香飆)≫, ≪무명소(無名簫)≫. ≪강설현상(絳雪玄霜)≫, ≪소수겁(素手劫)≫, ≪천애협려(天涯俠侶)≫, ≪천마상의(天馬霜衣)≫, ≪천검절도(天劍絶刀)≫, ≪금검조령(金劍雕翎)≫, ≪악소채(嶽小釵)≫, ≪풍우연귀래(風雨燕歸來)≫, ≪쌍봉기(雙鳳旗)≫, ≪천학보(天鶴譜)≫, ≪칠절검(七絶劍)≫, ≪표화령(飄花令)≫, ≪지검위매(指劍爲媒)≫, ≪취수옥환(翠袖玉環)≫, ≪혈검단심(血劍丹心)≫, ≪표기(鏢旗)≫, ≪신주호협전(神州豪俠傳)≫, ≪한매오상(寒梅傲霜)≫, ≪옥수점장록(玉手點將錄)≫, ≪금봉전(金鳳剪)≫, ≪비령(飛鈴)≫, ≪팔황비룡기(八荒飛龍記)≫, ≪무형검(無形劍)≫, ≪금필점룡기(金筆點龍記)≫, ≪연쇄강호(煙鎖江湖)≫, ≪요화방응전(搖花放鷹傳)≫, ≪화봉(花鳳)≫, ≪춘추필(春秋筆)≫, ≪유령사염(幽靈四艶)≫, ≪검무흔(劍無痕)≫, ≪천룡갑(天龍甲)≫, ≪흑백검(黑白劍)≫, ≪비화축월(飛花逐月)≫, ≪검기동철구중천(劍氣洞徹九重天)≫, ≪금검단심(金劍丹心)≫

② 양우생(梁羽生, 1924~2009)

≪백발마녀전(白髮魔女傳)≫, ≪칠검(七劍)≫

광서 몽산현에서 태어난 양우생의 본명은 진문통(陳文統)이다. 필명은 양혜여(梁慧如), 진로지(陳魯之), 풍유녕(馮瑜寧) 등이 있다. 양우생은 중국 전통시와 가사, 소설, 역사의 영향을 많이 받았다. 1954년 ≪용호투경화(龍虎鬪京華)≫를 연재하였다. ≪백발마녀전≫과 ≪칠검≫을 비롯한 여러 작품들이 드라마나 영화로 소개되었다.

영화 〈화양연화〉의 마지막 부분에서 장만옥이 데리고 있는 아이의 이름이 용생(庸生)이다. 용생은 김용(金庸)과 양우생(梁羽生)을 함께 부를 때의 호칭이다.

김용 선생이 애도하며 보낸 글(挽聯)

悼梁羽生兄逝世

同行同事同年大先輩

亦狂亦俠亦文好朋友

自愧不如者: 同年弟金庸敬挽

≪용호투경화(龍虎鬪京華)≫, ≪초망룡사전(草莽龍蛇傳)≫, ≪새외기협전(塞外奇俠傳)≫, ≪칠검하천산(七劍下天山)≫, ≪강호삼여협(江湖三女俠)≫, ≪백발마녀전(白髮魔女傳)≫, ≪평종협영록(萍蹤俠影錄)≫, ≪빙천천녀전(冰川天女傳)≫, ≪환검기정록(還劍奇情錄)≫, ≪빙백한광검(冰魄寒光劍)≫, ≪산화여협(散花女俠)≫, ≪여제기영전(女帝奇英傳)≫, ≪연검풍운록(聯劍風雲錄)≫, ≪운해옥궁연(雲海玉弓緣)≫, ≪대당유협전(大唐遊俠傳)≫, ≪빙하세검록(冰河洗劍錄)≫, ≪용봉보채연(龍鳳寶釵緣)≫, ≪광협천교마녀(狂俠天驕魔女)≫, ≪풍뢰진구주(風雷震九州)≫, ≪혜검심마(慧劍心魔)≫, ≪비봉잠룡(飛鳳潛龍)≫, ≪협골단심(俠骨丹心)≫, ≪한해웅풍(瀚海雄風)≫, ≪명적풍운록(鳴鏑風雲錄)≫, ≪탄협가(彈鋏歌)≫, ≪풍운뢰전(風雲雷電)≫, ≪절극침사록(折戟沉沙錄)≫, ≪광릉검(廣陵劍)≫, ≪무림삼절(武林三絶)≫, ≪절새전봉록(絶塞傳烽錄)≫, ≪검망진사(劍網塵絲)≫, ≪무림천교(武林天驕)≫, ≪무당일검(武當一劍)≫

③ 김용(金庸, 1924년~, 활동 기간 1955년~1972년)

김용의 원명은 사량용(査良鏞)이며, 절강성 해령(海寧) 사람이다. 상해 동오법과대학(東吳法科大學)에서 국제법을 전공하였다. 홍콩에서 발행되고 있는 일간, 주간, 월간 ≪명보(明報)≫를 창간하였으며, 1993년 은퇴할 때까지 주필로 근무했다.

김용(金庸)은 사량용(査良鏞)의 용(鏞) 자를 둘로 나눈 것이다.

김용은 1955년부터 1972년 사이에 15권의 무협소설을 집필하였으며 그중 일부는 ≪명보≫에 연재하기도 하였다. 그의 무협소설은 동서양의 여러 나라에서 번역 출판되었다. 또한 그의 무협소설들은 영화와 비디오로 제작되었으며 컴퓨터 게임으로도 만들어졌다. 김용은 홍콩이 중국으로 반환된 이후 대륙에 널리 알려져 '김학(金學)'이라는 그의 소설을 연구하는 학문이 생길 정도로 존경받고 있다.

≪서검은구록(書劍恩仇錄)≫, ≪벽혈검(碧血劍)≫, ≪사조영웅전(射鵰英雄傳)≫, ≪신조협려(神鵰俠侶)≫, ≪설산비호(雪山飛狐)≫, ≪비호외전(飛狐外傳)≫, ≪의천도룡기(倚天屠龍記)≫, ≪원앙도(鴛鴦刀)≫, ≪백마소서풍(白馬嘯西風)≫, ≪연성결(連城訣)≫, ≪천룡팔부(天龍八部)≫, ≪협객행(俠客行)≫, ≪소오강호(笑傲江湖)≫, ≪월녀검(越女劍)≫, ≪녹정기(鹿鼎記)≫

김용은 자신의 작품을 드라마 혹은 영화로 만들 때 각색을 너무 많이 하는 것을 싫어하고, 원전에 가깝게 제작되는 것을 좋아한다. 그리고 그

는 <녹정기(1984)>에 출연하였던 류덕화의 연기를 최고로 꼽았다.

④ 고룡(古龍, 1938~1985): 대만 출신의 무협소설가

> ≪유성호접검(流星蝴蝶劍)≫, ≪초류향(楚留香)≫, ≪절대쌍교(絶代雙驕)≫, ≪육소봉전기(陸小鳳傳奇)≫

고룡은 '추리무협'으로 자신의 색깔을 분명히 했다. 기상천외한 사건들이 연이어 일어나며, 개성이 독특하거나 기괴한 캐릭터를 만들어 내었다. 고룡은 문학성보다는 철저한 상업성을 앞세웠고, 이러한 이유 때문에 남녀 관계에도 음탕한 묘사가 빠지지 않는다.

≪유성호접검≫, ≪초류향≫과 ≪절대쌍교≫, ≪육소봉전기≫ 등의 작품은 영화나 드라마로 제작되기도 하고, 애니메이션과 게임 등으로도 큰 인기를 끌고 있다. 드라마 <초류향> 주인공으로는 적룡(狄龍)과 정소추(鄭少秋)가 유명하다. 그리고 <초류향전기>에 한국 배우 추자연이 출연하기도 하였다.

⑤ 온서안(溫瑞安, 1954~)

홍콩의 신파무협작가로서 고룡 이후 최고의 작가로 꼽힌다. 온서안은 포쾌(捕快), 즉 포졸이 사건을 파헤치고 도둑을 잡는 작품을 주로 써내었다. TV 극본과 비슷한 스타일로 소설을 썼다. 이야기 배경도 고룡의 작품과 비슷하다. 그가 그려 내는 무공은 마법이나 법술과 같고, 무기도 주술적 성격을 지닌 법보와 같다. 이는 신파무협소설의 후

기 작품들의 특징을 보여 준다. 대표적인 작품은 ≪사대명포(四大名捕)≫, ≪포의신상(布衣神相)≫, ≪경염일창(驚艶一槍)≫으로 유명하다. 이 중 드라마 <사대명포>에 한국배우 차인표가 출연한 적이 있다.

중국 무협 작가

- 1920년대: 남향북조(南向北趙) 시대. 평강불초생 향개연(平江不肖 生 向愷然), 조환정(趙煥亭)
- 1930년대: 북파5대가(北派五大家) 시대. 환주루주(還珠樓主) 이수민 (李壽民), 정증인(鄭證因), 백우(白羽), 왕도려(王度廬), 주정목(朱貞木)
- 1950년대 중반: 대만 무협작가. 와룡생(臥龍生), 사마령(司馬翎), 무 림초자(武林樵子), 반하루주(伴霞樓主), 제갈청운(諸葛靑雲)
- 1950년대 말: 양우생(梁羽生), 김용(金庸), 고룡(古龍)
- 1960년대: 유잔양(柳殘陽), 운중악(雲中嶽), 상관정(上官鼎), 소일 (蕭逸), 소슬(蕭瑟), 조약빙(曹若冰)
- 1970년대 이후: 진광릉(陳廣陵), 온서안(溫瑞安), 황역(黃易), 황응(黃鷹)

인터넷 문학

중국 유명 여성작가인 철응(鐵凝)은 "최근 발달한 인터넷 문학은 정통 문학과 공존하고 있지만 치명적인 타격이나 실질적인 위협이 되고 있지 는 않다"고 말하였다. 그리고 "문학이란 스스로의 규칙과 기준을 갖고 있기 때문에 글로 썼다고 해서 모든 것을 문학이라 말하지는 않는다"고 말했다. 또 그녀는 "그러나 익명성을 특징으로 한 인터넷 문학이 중국 인의 삶을 풍부하게 하고 문학의 다양성을 제고하고 있다"며 긍정적인 역할이 있음을 인정했다.

5. 중국 음악산업

등려군(鄧麗君) 음악생활관 개관

- 2010년 12월 22일 북경 전문대만문화상무구(前門臺灣文化商務區)에 등려군(鄧麗君) 음악생활관이 준공되었다.
- 생활관에는 등려군의 일생의 행적과 그녀가 생전에 사용했던 물건들이 전시되었다.
- 전시관은 '10억의 박수소리(十億個掌聲)', '찬란한 인생길(璀璨人生路)', '영원히 잊지 못할 가곡(金曲永難忘)' 등 8개 부분으로 나누어 등려군 일생의 행적을 표현했다.
- 공연 당시 입었던 복장이나 장신구, 생활용품 등 그녀가 생전에 사용했던 진품이 전시되었고, 사진과 음악제품, 영상기록 등이 전시되었다.

1) 중국 음악산업의 특징과 현황

도시인구의 증가와 경제성장은 중국 국민들에게 음악, 공연, 영화 등 소위 '문화콘텐츠'에 대한 수요와 기대를 증가시켰다. 특히 인터넷과 모바일의 확산은 중국의 음악산업 환경에 변화를 주었다. 이로 인해 최근 중국의 음반 산업은 불황이라 할 수 있다.

현재 도시와 농촌에 퍼져 있는 크고 작은 음반매장은 이미 찾기 어렵다. 그 원인은 음악과 영화와 텔레비전 종류의 음악 영상 제품들이 대부분 인터넷 발매로 대체되고 있기 때문이다. 인터넷상에서 음악을 무료로 다운받기 때문에 특별하게 듣고 싶은 음악이 있으면 음반을 사게 되지만, 그렇지 않으면, 많은 웹사이트로부터 무료로 영화, 드라마와 기타 동영상을 볼 수 있기 때문에 음반을 직접 구매하는 사람은 극소수에 불과하다.

2004년 이후 음악 영상산업의 변화도 일어나기 시작하였는데, 인터넷다운로드, 모바일 벨소리, 통화연결음 등 새로운 형태로 변하였다. iResearch는 2004년 한 해 인터넷을 통한 다운로드 혹은 스트리밍을 이용한 온라인 음악 이용자가 전체 이용자의 83%에 달한다고 발표했다. 중국의 온라인음악 이용자 수는 2005년에 1억 명을 돌파했다.

2011년 온라인음악 사용자는 3.8억 명이며 이는 2010년 대비 6.5% 증가한 수치이다. 2011년 음악과 웨이보(微博), 온라인공연, 인터넷게임, 이동인터넷 등 기타 인터넷의 결합이 한 단계 더 강화되고 인터넷 음악에 새로운 생기를 불어넣었다.

중국 정부는 2008년 올림픽을 개최하면서 문화산업에 대한 필요성을 절감하게 되었고, 12차 5개년 규획에서 문화산업을 국가지주성산업으로 육성하겠다고 밝혔다. 이러한 배경 속에서 중국의 음반사, 기획사, 온라인 뮤직 포털 등 음악 관련 산업 영역 전반에 걸쳐 내부 본토자본 및 해외 벤처 캐피탈 등 활발한 투자가 이루어지고 있다. 그리고 해외 동종 업체와의 조인트 벤처설립 등의 형태도 나타나고 있다.

2012년 문화부는 관리와 서비스를 모두 중시하고 업종에 대한 인터넷 음악 정책평가, 내용심사를 진행하고 등록시스템을 완벽하게 하여 인터넷 음악시장관리정책을 개선, 새로운 관리 수단을 창조하고 기술수단을 도입하는 것을 장려하였다. 인터넷 음악 업종의 발전 연합을 강화하여 업종 간 대화의 장과 시스템을 구축하고자 한다. 이를 위해 인터넷 음악 업종의 표준화를 실현하였다. 그리고 문화부는 제정 업무를 확대하여 인터넷 음악과 기타 업종 간의 결합을 촉진하고 지속적으로 불법 인터넷 음악사이트를 단속하였다.

2) 중국 음악산업의 형태

음악산업은 작곡, 출판, 저작권, 공연, 매니지먼트, 음반, 방송, 광고, 영화음악 등을 말한다. 음악산업은 음반산업을 주축으로 공연산업, 악기제조업, 악보출판업 등 전통적 음악산업뿐만 아니라 TV, 라디오 등 방송 미디어나 영화의 삽입음악, 핸드폰 벨소리도 포함하고 있다.

음반산업은 음악산업 중의 하나로 LP, CD, 카세트테이프와 같은 음반의 제작, 배급 및 출판과 관련된 산업을 총칭이다. 최근 들어 음반산업은 '음반의 산업'뿐만 아니라 '음악서비스'를 포괄하면서 음악산업과 동일한 개념으로 사용되고 있다. MP3의 등장에 따라 음악산업은 기존 핵심부문이던 음반산업에서 음원 중심의 온·오프라인 음악서비스로 그 의미가 강화되며 구조변화를 겪고 있다.

(1) KTV

가라오케를 말하며, Karaoke의 'K'와 Television(TV)의 합성어로 대만·홍콩에서 주로 사용했으며, 이후 중국에서도 노래를 부를 수 있는 유흥업소를 통칭해 'KTV'라고 부른다. KTV는 중국에 1980년 말 심수 지역에서 시작해 급격히 확산됐으며, 현재 중국 전역에 약 10만 개의 가라오케 경영 장소가 있는 것으로 파악되고 있다.

(2) KTV(노래방) 저작권료 징수

2007년 1월 1일부터 1일 룸당 최고 12원(RMB)을 징수하고 있다. 저작권 보호 조치 강화됨에 따라 저작권료를 내어야 한다. 2008년 4월 7일 운남성 판권국은 호락적음악오락유한공사(好樂迪音樂娛樂有限公司)와 산석구도파찬음오락유한공사(山石玖度吧餐飮娛樂有限公司) 2곳에 저작권 침해와 관련 '행정처벌 사전 고지서'를 발급하였다. 운남성 판권국에 따르면 중국음향협회(中國音像協會)와 중국음악저작권협회(中國音樂著作權協會)가 2008년 1월, 위 2개 업체가 음악 저작권을 침해했다는 이유로 고소함에 따라 2월부터 조사를 거쳐 4월 7일 처음으로 KTV에 대해 음악저작권 침해 관련 '행정처벌 사전 통지서'를 발급하였다. 통지서를 통해 운남성 판권국은 현재 불법 사용 중인 노래를 음악 저장 데이터베이스에서 삭제하지 않을 경우, 엄중한 처벌을 하겠다고 통보하였다.

2008년 4월 28일 중국음향협회와 중국음악저작권협회의 卡拉OK板權運營中心(가라오케판권운영센터)에 따르면, 대만 자본이 중국 전역 16곳에 운영하고 있는 '錢櫃(CASH BOX)' 노래방 체인점과 음악 저작권 사용 허가 협의를 맺고, 2007년 1월 1일~2008년 12월 31일까지 2년간의 가라오케 판권 사용비 1,000만 원(RMB)이 넘는 금액을 징수했다고 발표하였다.

중국 음악저작권 협회는 홈페이지에 2006년 11월 9일 "카라오케 노래방 음악작품 사용비 수취에 관한 통지(關於向卡拉OK歌廳收取音樂作品使用費的公告)"를 통해 국가 판권국의 저작권 사용료 표준을 발표하고, 과거 협회가 가라오케(노래방·룸싸롱 등) 업주로부터 징수한 기준은 폐지한다고 밝혔다. 국가 판권국 공고 이후 전국 단위로 저작권료 징수업무가 시작되었다. 노래방 저작권료를 납부한 업체에는 '가라오케 경영업 저작권 사용 허가증서(卡拉OK經營行業著作權許可使用證書)'를 발급해 주고 있다. 저작권료의 실제 납부는 1년분 일시 납부 시 할인혜택을 주고 있으며, 도심과 주변도시에도 실제 상황에 따라 차등 적용해 수취할 수 있다고 밝혔다. 일부 지역에서는 도심 12원(RMB), 주변도시 8원(RMB)의 기준으로 징수를 하고 있다.

저작권료 징수, KTV 업주와 마찰로 난항 지속
국가판권국의 표준 공고 이후 중국음향협회는 저작권료를 납부하지 않은 노래방에 대해 노래 저장 시스템에서 저작권료를 납부하지 않고 사용하고 있는 곡을 강제 삭제 조치할 예정이다. 또한 저작권 불법 사용 업체에 대해 손해배상 청구소송을 제기하는 등 강력히 대처하고 있어, 업체와의 마찰이 끊이지 않고 있다. 중국 정부의 노래방 저작권료 징수는 징수 방법 및 금액·징수 주체 등이 명확하지 않다는 이유로, 노래방 업주와 지속적인 마찰을 빚어 왔다.

농민공의 인구가 도시인구를 상회할 당시 '농민가(農民歌)' 위주의 음악 시장이 형성되어 중국 국민들에게 사랑을 받았으나 중국의 경제성장에 따른 도시인구 비율이 증가하면서 홍콩, 대만 및 한국 음악에 대한 관심이 많아졌다.

(3) 온라인 음악산업

온라인 음악산업은 네트워크의 종류에 따라 인터넷 음악과 모바일 음악으로 분류된다. 인터넷 음악은 저장방식에 따라 다운로드(Download) 방식과 스트리밍(Streaming) 방식으로 분류되고, 모바일 음악은 휴대폰 벨소리(Ringtone), 휴대폰 원음벨소리(Ringtune), 휴대폰통화연결음(Ring-back tone), 다운로드(Full-track D/L)로 분류된다.

온라인 음악시장은 크게 콘텐츠 제작, 미디어, 유통, 디바이스 단계로 이루어져 있다. 즉 콘텐츠를 제작하고 이를 디지털로 변환하는 단계와 미디어를 통해 유통하며 유무선 POC(Portal/Point of Contact)를 통해 유통하는 단계, 고객 디바이스(PC/Portable Device 등) 단계로 구성되어 있다. 물론 온라인 유통망에서의 과금·고객정보관리·보완 등을 위한 다양한 솔루션시장도 포함되어 있다.

온라인 음악시장에서 사업을 성공적으로 이끌 수 있는 관건은 크게 음원소싱(콘텐츠)-POC(유통)-디바이스의 세 부문을 얼마나 효율적으로 연동하여 소비자에게 만족스러운 서비스를 제공하는지에 달려 있다.

온라인 음악파일 다운로드 시장은 몇몇 음악 포털사이트를 중심으로 형성되고 있으나 아직 중국 시장은 무료로 음악파일 다운로드 받는 것이 흐름이어서 고전을 면치 못하고 있다.

중국문화부는 음악시장 활성화를 위해 음반 불법 복제에 대한 단속 및 처벌 강화를 골자로 한 8개 관리지침을 발표했다.

음원소싱(Sourcing)은 음반기획사로부터 콘텐츠를 확보하는 것을 말하는데, 온라인 음악 산업에서 음원의 중요성은 나날이 증대되고 있다.

무선 인터넷 음악 이용자 수의 지속적인 성장은 모바일 이용자 수의 성장 및 텔레콤 운영상의 무선 음악 서비스에 대한 지속적인 추진과 더불어 3G 네트워크의 지속적인 보급, 인터넷 환경의 성숙, 각종 무선 음악 어플리케이션의 다양화 등에 영향을 받고 있다.

문화부는 2011년 6월에 '인터넷 음악업종발전연맹'을 설립하였다. 문화부의 지도 아래 인터넷 음악 경영기업, 음반회사, 제3 조직이 참가하였다. 업종에 대해서 각 방면에서 함께 이익을 얻고 발전하기 위해 설립되었다. 연맹에서 인터넷 음악산업 관련 콘텐츠업자, 공급업자, 경영업자 등 각 참여자는 이견을 내놓고 협력을 강화하여 업종의 지속 가능한 발전이라는 전체적인 면을 고려하여 인터넷 음악 시장의 자율적 단속과 건강한 발전을 추진하고 있다.

- 음악복제: 갖가지 경로로 대륙에 유입된 홍콩, 대만 가요를 분석해서 원판대로 반주를 재배합한 뒤, 가수들을 소집하여 모방하여 가창하게 한 다음, 음반사가 이를 녹음해 시장에 내다 파는, 특수한 시대의 특수한 제작 방식이다.
- 많은 가수들이 이러한 방식으로 앨범을 만들어서 팔았다. 범첩빈(範捷濱), 장행(張行), 장장(張薔), 장접(張蝶) 등등

2012년 4월 22일 문화부는 「인터넷문화관리잠행규정」의 관련 요구에 따라서 百度 MP3 등 14개 위법 혐의의 인터넷 음악 웹사이트를 입건하여 수사에 착수하였다. 인터넷 음악 위법행위에 대한 통제를 통해서 합법적인 경영행위를 보호하고 중국 인터넷 음악시장의 경영환경과 경영 질서를 개선하였다.

(4) 클라우드(Cloud) 음악

클라우드(Cloud)란 인터넷 환경을 통해 IT 자원 및 데이터를 저장·관리하고, 이 자원을 언제 어디서나 다양한 단말기(스마트폰, 노트북, PC 등)를 통해 사용할 수 있는 환경을 의미한다. 클라우드는 자료를 올리거나 내리기 혹은 싱크 프로그램을 이용하여 파일과 폴더가 PC와 웹에 동일하게 저장이 된다거나 하는 기능을 가지고 있다.

사용자들은 소장한 음악을 '클라우드'에 저장하여 단말기의 제한을 받지 않고 언제든지 인터넷을 통해서 음악을 들을 수 있다. 현재 구글과 애플은 이미 '클라우드 음악' 서비스를 개통했다.

중국에서는 뚜어미(多米), 쿠워(酷我), 쿠고우(酷狗) 등 음악서비스 제공업체도 이미 핸드폰, PC, 음향, 티비 등 다양한 단말기를 갖고 있다. 이동단말기의 광범위한 보급에 따라 완벽한 동시 단말기에 대한 수요는 '클라우드 음악'에 대한 기술 향상을 불러일으켰다.

'뮤직 언리미티드 powered by Qriocity' : 사용자가 브라비아 TV, 블루레이 플레이어, 홈씨어터 시스템, 플레이스테이션3, PC, 소니 포터블 디바이스, 안드로이드 폰 등을 통해 서비스에 접속하여 음악을 즐길 수 있는 서비스

3) 음악산업 관련 정책과 법규

(1) '삼정(三定)'방안(1998)

중국 국무원의 "음반제품관리조례"와 국무원사무처는 1998년 문화부에 관련된 '삼정(三定)'방안의 규정을 발표했다. 즉 문화부는 음반제품의 도·소매와 대리판매, 방영과 수입관리를 책임진다는 것이다. 그러나 구체적인 업무를 주관하는 기관은 문화부 문화시장에 소속된 음반시장처다. 음반시장처는 관련 정책 법규문건 작성, 감독, 검사, 지도 지방음반시장 관리작업 등을 책임진다. 또 음반제품의 발매와 총대리점의 심사와 관리, 음반제품 관리책임 등도 음반시장처가 맡고 있다.

국가판권국은 '전국 저작권'과 관련된 모든 업무를 주관하는 곳이며, 주요 업무는 해외저작권을 관리하는 것이다. 또한 음반영역의 '판권도용' 현상을 없애기 위해 국가판권국이 1995년 "해외 음반제품 출판 합동 및 등기절차"에서 이전에 발표된 해외 음반제품을 끌어들일 수 있는 등기인정 제도를 확립했다.

(2) 가라오케 경영행업판권사용비표준(卡拉OK經營行業板權使用費標準)

중국 국가판권국은 2006년 11월 13일 저작권 권리인·노래방 업주·유흥업소협회 등 관련 인사들의 의견을 수렴한 후, "가라오케 경영행업판권사용비표준(卡拉OK經營行業板權使用費標準)"을 공표하였다. 2007년 1월 1일부터 저작권료 징수를 전국적으로 실시하였다.

이 표준에는 음악작품 저작권, MTV 판권사용비 등이 포함돼 있으며, 징수 비용은 일일 1개 룸 기준 최고 12원(RMB)이다. 이 비용은 노래방 1년 영업액의 약 1%에 해당하는 금액이라고 밝혔다.

(3) 음반제품 도매, 소매, 대여관리방법(2006)

중국문화부는 2006년 11월 15일 「음반제품 도매, 소매, 대여관리방법」(音像製品批發, 零售, 出租管理辦法, 이하 '법'이라고 함)의 개정을 공포하고 2006년 12월 1일부터 시행하였다. 동 법은 5개 장 52개 조항으로 구성된다. 동 법은 현재 음반제품에 대한 침해행위를 방지하고 음반경영의 시장접근 장벽을 감소, 철폐하며 국내음반제품의 발행과 민족문화를 발전시키고 농촌문화시장을 번영시키기 위하여 음반경영업체의 중국 국산 음반제품과 농촌지역에서 음반제품의 발행을 장려하고 지원하는 조항을 규정하였다.

음반제품의 발행 규정을 위반한 행위에 대해 동 방법은 처벌기준을 명확히 하고 행정처벌의 수위를 높였으며 동시에 음반제품경영의 매 과정에 따른 행정법률책임을 명확히 하였다. 동법은 행정의 투명성을 제고하였는데 문화행정부서는 음반제품 도매, 소매,

대여, 체인경영 업체 또는 인터넷을 통해 음반제품 경영업무에 종사하는 업체 또는 개인의 음반제품 도매, 소매, 대여 업무에 종사하는 것을 인가할 경우, 인가문서를 공개하여 공중이 열람할 수 있도록 하고 있다.

(4) 중국문화부 해외 음악의 온라인 판매와 보급을 통제하는 새로운 규제방안 도입(2009)

음악으로 연결되는 링크를 제공하는 검색엔진을 포함해 온라인 음악 사이트는 앞으로 해외에서 녹음된 음악을 중국 내에 서비스하기 위해서는 중국 정부의 승인을 얻어야 한다.

중국문화부는 발표문을 통해 '유해한 콘텐츠'를 제거하기 위해 필요한 조처라고 밝혔다. 이는 미승인 수입 음악과 저작권 침해를 방지하는 역할도 하겠지만, 온라인 음악 시장에 대한 감시와 통제를 강화하려는 의도도 있다. 온라인 음악 서비스 업체들은 중국문화부에 해외 음악의 가사를 중국어로 번역해 제공해야 하며, 해당 음악의 저작권자로부터 판매와 배포에 대한 승인을 받았다는 것을 증명하는 자료도 함께 제출해야 한다.

(5) 라디오 및 텔레비전의 녹음 방송 사용료 지불 임시 시행 방법(2009)

2001년 수정된 「저작권법」에 대한 규정을 실현하기 위해 중국 국무원은 「라디오 및 텔레비전의 녹음 방송 사용료 지불 임시 시행 방법」을 2009년 11월에 정식으로 공포하였다. 동 방법의 공포 및 실시는 중국 작곡가 및 작사가의 방송 권익을 실현시켰을 뿐만 아니라 저작권 보호 인식에 새로운 전환점을 맞이하였다.

(6) 문화부 립싱크 단속(2010)

문화부는 립싱크를 단속하고자 2010년 6월 28일 새로운 규정을 내놓았다. 2002년 최건(崔健)의 '라이브운동'을 시작으로 현재까지 음악계의 립싱크 척결을 위한 움직임이 끊이지 않고 있다.

문화부는 「영업성연출관리조례실시세칙(營業性演出管理條例實施細則)」에서 립싱크에 대해 명확히 규정하였다. 립싱크란 공연자가 공연을 할 당시에 이미 녹음되어 있는 노래 및 연주를 현장에서 사용하는 행위이다. 립싱크, 가짜연주, 가짜현장, 가짜완벽주의 등은 오랫동안 중국 음악시장의 고질적인 문제였다.

TV 종합 예술프로그램의 완벽한 진행을 위해 공연은 대부분 녹음된 것을 사용하며, 립싱크를 할 수밖에 없는 환경이 조성된다. 새로운 시대를 맞은 중국의 TV음악 프로그램은 현재 '진(眞)음악'의 요람으로 변화하고 있다.

(7) 음악 저작권 지불(2010.9.21.)

중국 CCTV(中央電視台) 및 중국음악저작권협회(中國音樂著作權協會)는 북경에서 음악 저작권 지불 서명 의식을 개최하였다. 이는 2009년 11월 「라디오 및 텔레비전의 녹음 방송 사용료 지불 임시 시행 방법」을 공포한 후 중국에서 최초로 이루어진 합의이다. 양측 모두 정식으로 협력 협정에 서명하였으며, 중국음악저작권협회는 중국 CCTV에 '음악 작품 사용 허가증'을 수여하였다. 이에 따라 중국 음악저작권협회는 음악 저작권 집중 관리 조직으로서의 전문성 및 경험을 바탕으로 중국 CCTV가 중국 및 외국 음악 작품을 대량으로 사용 시 저작권을 일일이 받아야 하는 번거로움을 해결해 줄 수 있게 되었다.

(8) 인터넷 음악정책 법규훈련반 개시(2011.9.)

인터넷 음악시장관리의 법규정책을 홍보하고 인터넷 음악 경영단위의 법률경영이념을 높이며 인터넷 음악 시장의 건강한 발전을 촉진하기 위해서 2011년 9월 문화부는 약 80개 인터넷 음악기업단위의 책임자가 참가한 인터넷 음악정책 법규훈련반을 개시하였다.

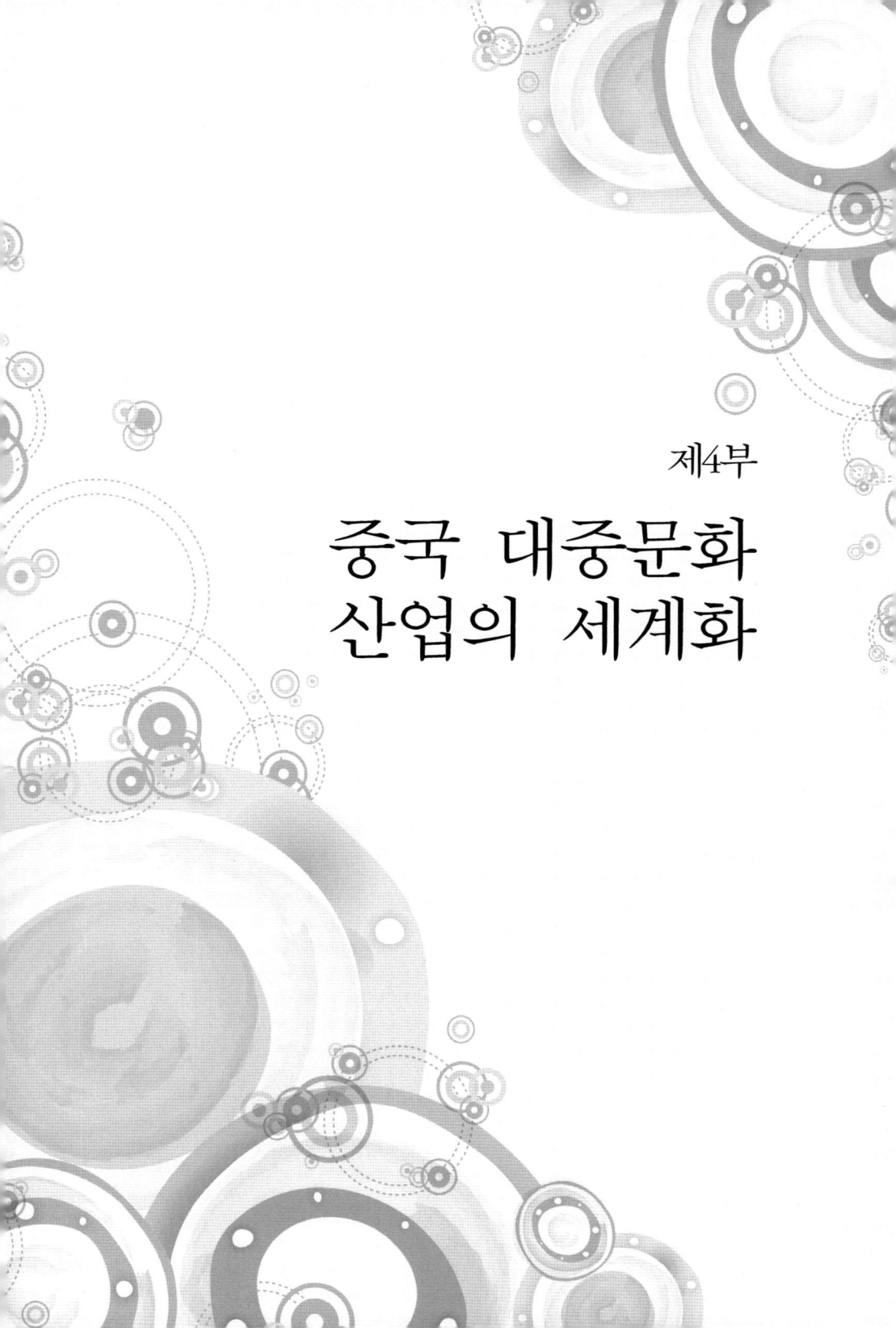

제4부

중국 대중문화
산업의 세계화

1. 해외진출전략(走出去戰略)

중국은 성장하는 자국의 경제력을 통해 문화산업의 내실화를 넘어 적극적인 해외진출에 대한 고민과 시도를 하고 있다. 중국정부는 2000년 무렵부터 기존의 외국인직접투자유치정책을 계속 실시하면서 자국기업의 해외직접투자를 장려하는 정책을 추진하기 시작하였다. 이는 "해외로부터 투자를 유치한다. 끌어들인다"는 '인진래(引進來)' 정책에 대비하여 "해외로 진출한다, 밖으로 나간다"는 의미의 '주출거(走出去)' 전략으로 불리고 있다. 즉 2000년 이전의 개방정책이 '인진래' 정책 위주였다면 2000년 이후에는 '인진래'와 '주출거'의 병행추진전략으로 전환하였다.

개혁개방 이후, 1990년대 중반에 이르러 어느 정도의 성과를 얻게 되자, 중국은 '주출거' 방안을 제안하였다. 1990년대 중후반, 이 방안은 한층 더 명확해졌고, 2000년도에 중대 전략으로 삼게 되었다. 2000년 3월 강택민은 제9기 전국인민대표대회 제3차 회의에서 '주출거' 정책을 중국 경제발전전략으로 제기하였다. 그리고 2000년 10월 11일 중국공산당 제15차 5중전회에서 통과된 "중국공산당 중앙의 국민경제·사회발전 제10차 5개년 계획 제정에 관한 건의(中共中央關於制定國民經濟和社會發展第十個五年計劃的建議)"에서 '주출거(해외

진출)' 전략을 실시한다고 하였다. 국내외 두 종류의 자원과 두 개의 시장을 이용하여 새로운 돌파를 하도록 노력해야 한다고 천명하였다. 2002년 11월 강택민은 제16차 전국대표대회 "전면적 소강사회를 건설하여 중국특색의 사회주의사업의 새로운 국면을 열다(全面建設小康社會, 開創中國特色社會主義事業新局面)"라는 보고에서 "'주출거' 전략을 실시하는 것은 대외개방의 새로운 단계의 중대한 조치"라고 말하였다. 여기에서 문화산업이라는 개념이 처음 등장하였다.

2003년 12월 5일, 호금도 총서기는 전국선전사상공작회의(全國宣傳思想工作會議)에서 "문화산업을 크게 발전시켜, 적극적으로 국제문화경쟁에 참여하자"라고 주장하였다. 12월 6일 이장춘(李長春)은 회의에서 "중국의 문화상품 수출을 격려하고 지지하기 위해서는 대외문화교류의 문화 브랜드를 만들어야 한다. 그리고 끊임없이 중국문화상품의 국제문화시장 점유율을 확대해야 한다"고 밝혔다.

2004년 9월, 중국상무부 부장 박희래(薄熙來)는 중국의 주출거 전략이 어느 정도 성공을 하고 있다고 주장하였다. 주출거 전략을 처음에 실시하였을 때는 경제영역이 대부분이었으나 점차적으로 문화산업에도 영향을 주었다. 문화부는 2004년 6월에 "문화산업은 어떻게 주출거를 해야 할 것인지"에 대해 토론하였다. 이 토론회를 "역사적 의미를 갖고 있다"라고 하였다. 이를 기점으로 사람들은 '주출거' 전략이 단지 경제적 측면에만 국한되는 것이 아니라 중국이 세계로 나아가는 새로운 발전의 시작이라고 하였다.

문화부 부장 손가정(孫家正)은 2003년 10월 '중국-프랑스 문화의 해'에서 인민일보 기자에게 "오늘날 중국은 이미 주출거의 능력을 갖추고 있다. 프랑스에서 '중국문화의 해'를 거행하는 것은 바로 중국문화의 '주출거'"라고 말하였다. '중국문화의 해'는 중국의 '주출거' 전략에서 매우 중요한 것이다. 이는 중국 개혁개방의 배경하에 운용된 산물이다. 또 중국이 개혁개방의 힘을 크게 진작시키는 구체적인 표현이라 할 수 있다.

문화부시장사(文化部市場司)의 수치에 의하면, 2002년 11월부터 광동영상성(廣東音像城)의 매월 영상제품 수출액이 모두 150만 원(RMB)이었고, 2003년도 수출총액은 2,100만 원(RMB)에 달한다고 하였다. 이러한 영상제품은 주로 북미, 동남아, 홍콩과 대만 등지로 수출하였다. 주로 TV 드라마연속극, 오래된 영화(老電影), 전통희곡과 전통악(戲曲民樂), 문예백과 및 무술, 풍광, 의약, 서법 등으로 중국 전통문화와 밀접하게 관련이 있는 영상제품이 많이 수출되었다. 몇몇 영상기업은 미국, 캐나다 및 유럽 등지에서 영상체인점, 네트워크 판매와 대여, 중국 영상제품 판매와 대여를 하였다.

1998년부터 세계의 비엔나 신년음악회와 함께 중국 신년(춘절)민족음악회가 이름을 떨쳤다. 중국은 시장메커니즘을 채용하여 점점 중국문화를 알리기 시작하였다. 중앙민족악단(中央民族樂團), 중국방송민족악단(中國廣播民族樂團), 상해민족악단(上海民族樂團), 해방군홍성민악단(解放軍紅星民樂團), 홍콩중악단(香港中樂團), 남경민악단(南京民樂團) 등 예술단이 출연하였고, 표 판매도 금색대청에서 하면서 예술품을 전시하기도 하였다.

중국과학원 중국현대화연구중심은 "2009년 중국현대화 및 문화현대화 연구보고서"에서 중국의 문화영향력은 미국, 독일, 영국, 프랑스, 이탈리아, 스페인에 이어 7위를 차지했다고 발표했다. 또한 중국현대화전략연구과제팀 팀장인 하전계(何傳啓) 주임은 "문화영향력은 한 국가가 국제문화연동을 통해 국제환경에 미치는 실질적 영향력과 한국과의 국제영향력이 문화영역에서 표현되는 방식을 의미한다. 문화영향력은 국제문화와의 연동 정도 및 국제참여도와 연관되며 국가의 '소프트파워'를 측정하는 방법이 되기도 한다"고 했다.

2009년 7월 21일 국무원 상무회의에서 '문화산업진흥규획'이 원칙적으로 통과되었다. 이 규획에 따라 지역 및 업종 간 통합, 구조조정을 통해 중점 문화기업을 육성하고 있다. 회의에서 8대 중점사업 내용을 결정하였다. 그 내용은 다음과 같다.

첫째, 문화 창의, 영상제품 제작, 출판발행, 인쇄복제, 광고, 연예오락, 문화전시회, 디지털 콘텐츠 및 애니메이션 등 문화산업의 발전 가속화

둘째, 중요한 시범 효과와 산업 견인역할을 하는 중대 프로젝트 발전 추진

셋째, 지역 및 업종 간 통합 혹은 구조조정을 통해 중점 문화기업 육성

넷째, 산업시범기지 건설을 가속화해 지역 및 민족의 특성을 띤 문화산업 클러스터 건설

다섯째, 도시와 농촌 주민들의 소비구조, 심미관 변화에 맞게 문화제품 및 서비스를 혁신해 문화소비 확대

여섯째, 유선 TV, 영화관, 디지털 영화관, 출판물 발행 등 지역 간 통합 추진

일곱째, 모바일 멀티미디어 방송, 인터넷 방송 영상, 휴대폰 TV 등 신흥 문화형태를 적극 발전시키고 문화산업의 업그레이드 추진

여덟째, 문화제품 및 서비스 수출 지원·장려 정책을 시행해 대외 문화무역 확대

이 규획안은 글로벌 무대에서 중국의 문화상품이 더 많은 발언권과 영향력을 확보하여 소프트파워를 기르려는 중국정부의 의지로 볼 수 있다.

2011년 7월 1일 호금도 총서기는 중국공산당 창당 90주년에서 문화체제 개혁에 박차를 가하여 찬란한 중화문화를 꽃피울 것을 강조하였다. 그리고 2011년 10월 중국공산당 제17차 6중전회에서 '문화명제'가 처음으로 의제로 이루어졌다. 이 때 2015년까지 GDP에서 문화산업 생산액 비중을 5%로 늘리고 2020년 문화개혁 발전목표를 설정하여 문화산업을 국민경제 기둥산업으로 키울 것을 제기했다. 그리고 문화대발전과 대번영이 '사회주의 문화 대발전과 대번영'이라며 정치적 차원에서 문화강국 전략을 확정하면서 '문화흥국(文化興國)' 배치의 서막을 열었다. 2012년 2월 15일 "국가 '12.5' 기간 문화개혁 발전규획 강요"가 발표되었는데, 이는 중국의 문화흥국 전략을 한층 더 강조하고 있음을 알 수 있다.

2012년 2월 18일, 중국 부주석 습근평(習近平)의 미국 방문 후, 백악관은 중국정부가 미국영화 수입한도(Quota)를 기존의 연 20편에서 34편으로 늘린다고 발표했다. 추가로 늘어난 14편에 대해서는 3D 영화, IMAX 혹은 애니메이션으로 제작된 '기술적인 특징'이 있어야 한다는 조건을 내걸었다.

> **시－바이든 협정(Xi－Biden Agreement)**
> － 협정은 영화산업뿐 아니라 전반적인 미국과 중국, 양국 사이의 무역
>   에 대한 내용임
> － 이 협정은 지난 몇 년간 중국 영화산업 성장에 큰 역할을 차지한 합작과
>   텔레비전 프로그램, 온라인 비디오 등에 대한 내용도 포함하고 있음
> － 자국 영화산업을 보호한다는 명목과 그에 더해 공산주의 국가로서
>   중국의 이데올로기를 수호하려는 목적도 더해져 기존에 중국은 해
>   외영화의 수입을 연간 20편으로 철저하게 규제해 왔음

2012년 12월 20일 전국 문화체계 대외문화무역 업무회의가 상해
에서 개최되었다. 회의에서 "중국 대외문화무역 연간 보고서(2012)"
를 공개하였는데, 보고서에 의하면, 중국은 2009년 문화 산업을 핵
심 내용으로 하는 무역 총액이 약 9억 7,000만 달러였고, 2010년에
는 13억 5,000만 달러, 2011년에는 14억 5,000만 달러를 기록, 연간
복합 성장률 20% 이상이라고 밝혔다. 이에 따라 애니메이션, 게임
등을 포함한 신흥 문화 산업이 점차 중국문화 산업 해외진출의 주요
동력이 될 것으로 보인다.

2. 화류(華流)와 한류(韓流)

1) 화류(華流)

화류(華流)는 동아시아와 구미(歐美)에서 유행하는 중화문화를 중심으로 한 문화현상이다. 화류는 유행문화를 포함하기도 하고, 현대형식으로 포장된 중화전통문화를 포괄하기도 한다. 한류(韓流)가 중국에서 성공을 한 후, 화류가 점차적으로 성장하고 성숙해졌다.[91]

화류는 중국, 홍콩, 대만 등 중국어문화권에 대한 대중오락문화의 유행을 가리키는 단어이다. 일본의 미디어가 한국의 대중오락문화의 유행을 가리키는 한류에 대응하는 말로써 만들어 냈다. 화류의 범위는 대만, 홍콩, 중국, 덧붙여 싱가포르나 말레이시아 등도 포함한 아시아 중국문화 전체이다. 대만에 한정하여 대류(臺流), 홍콩에 한정하여 항류(港流)라 불리는 경우도 있다.

화류는 대만, 홍콩, 중국 등, 여러 나라, 지역의 특색을 가져, 처음에 소개된 연애를 중심으로 한 젊은이 대상의 청춘 군상드라마 이외에도, 무협드라마나 역사 드라마 혹은 드라마 이외의 영화나 음악 등

---

91) http://baike.baidu.com/view/67824.htm

범위가 넓어, 남녀노소 폭넓은 층에서 지지받고 있는 게 특징이다.

화류라는 단어가 쓰이기 시작한 것은 2005년 초이다. 그 시초가 된 것이 대만드라마였기 때문에, 처음에는 대류(臺流)도 쓰였지만, 중국의 무협드라마도 인기가 있는 등, 대만 이외의 요소도 나왔기에 점점 화류로 집약되고 있다.

화류와 함께 유명해진 연예인으로는, 대만의 아이돌그룹인 JVKV(F4) 등이 있다. 다만, 각종 미디어에서 단발적으로 소개되는 것에 그치고 있는 것이 실태이다. 화류를 이끌고 있는 것은, JVKV(F4)가 주연한 <류성화원(流星花園, 한국명: 꽃보다 남자)>이나, 구택(邱澤·로이 추) 주연의 <별이 빛나는 밤에(雪地裡的星星)> 등으로 대표되는 대만의 청춘연애 드라마와 <천룡팔부> 등 신기한 이야기와 다채로운 액션을 특징으로 하는 무협드라마이다.

우리나라 사람들은 JVKV(F4) 주연의 <류성화원>이 한국에서 큰 인기를 얻은 후, 대만의 대중문화에 대한 관심이 커졌다. 최근에는 임의신(林依晨), 정원창(鄭元暢) 주연의 <악작극지문(惡作劇之吻, 한국명: 장난스런 키스)>도 큰 인기를 얻고 있다.

2) 한류(韓流)

한류는 중국, 홍콩, 대만, 일본, 베트남 등지에서 젊은 청소년들을 중심으로 한국의 음악, 드라마, 영화, 패션, 게임, 음식, 헤어스타일 등 대중문화와 한국 인기 연예인을 동경하고 배우려는 문화현상을 말한다.

중국에서 한류를 주도하고 있는 한국의 대중문화는 드라마와 대중가요이다. 최근 중국인들은 드라마에서 한국의 사회 문화에 대한 전반적인 정보를 얻고 있으며, 특히 중국 젊은 계층은 한국을 배우기 위해 한국으로 유학을 오는 사례가 많아지고 있다.

한류라는 말은 1999년 11월 19일 중국의 ≪북경청년보(北京靑年報)≫에서 처음으로 사용하였다. "다른 문화가 매섭게 파고든다"는 뜻의 '한류(寒流)'와 동음이의어인 '한류(韓流)'가 통용되기 시작하면서 본격적으로 자리 잡았다. 외국에서는 '한류'를 'Korea Wave'(영국 파이낸셜 타임tm)로 표기하고 있다.

그리고 1999년 11월 클론과 2000년 H.O.T의 북경콘서트 대성공으로 인해 중국 언론에 한국 문화와 한국 마니아를 뜻하는 '한류'와 '합한족(哈韓族)'이라는 신조어가 생기게 되었다.

중국에서 한국 드라마가 방영된 이후, H.O.T의 음반 발매와 더불어 한국 대중문화에 대한 열기가 조성되기 시작하였고, 이 무렵 클론의 공연이 성공적으로 끝나게 되면서 '한류'라는 용어를 만들어 내었다. 2000년 2월 H.O.T의 공연이 폭발적인 인기를 얻게 됨으로써 '한류'라는 용어는 널리 사용되었다. 이후, '한류'는 한국의 대중문화 붐을 나타내는 보편적인 용어로 자리를 잡았는데, 한류 이외에도 '한풍(韓風)', '한조(韓潮)', '한열(韓熱)' 등 단어가 사용되기도 하였다. 대체적으로 한류의 의미는 '한국문화에 대한 열풍', '한국 대중문화 바람', '한국 대중문화 열기(韓國大衆文化熱)', '한국 대중문화 붐' 등이다. 한류는 대체적으로 한국의 일반적인 문화가 아닌 '대중문화에 대한 열풍'을 가리키는 말로 쓰이기 시작했다.

한류와 파생된 단어도 등장하고 있는데, '한미(韓迷)', '합한족

(哈韓族)', '한류분자(韓流分子)' 등이다. 이 중 '합한족'은 '한류 팬', '한류에 집착하는 젊은이', '한국 가요에 푹 빠진 중국 젊은이'라고 해석되고 있는데, 중국에서는 대체적으로 청소년들이 한국 대중문화에 열광하고 있다.

한국 대중음악 가수들이 전 중화권에서 최고의 인기를 얻게 된 배경에는, 1980년대 이후부터 중국어로 번안된 많은 한국 가요들이 이 지역에서 불리면서 많은 중국인들의 귀에 한국 음악이 익숙해졌기 때문이다. 담영린(譚詠麟)의 '친구여(愛在深秋)', '손에 손잡고(心手相連)' 등과 1990년대 말 한국의 빠른 댄스음악들이 번안되어 좋은 호응을 얻자, 한국 가수들은 대형 콘서트 개최를 통해 중화권에 진출하기 시작하였다.

1997년에는 한국 음악만을 소개하는 라디오방송 프로그램 '서울음악실(漢城音樂堂)'이 생겨났다. 이후 여러 차례에 걸쳐 많은 한국 가수들의 콘서트가 개최되었고, 이를 계기로 하여 한국의 대중문화가 중국에서 인기를 얻기 시작하였다. 한류는 각 지역에 따라 약간의 차이가 있는데, 대만은 드라마가, 중국은 10대 청소년들을 사로잡고 있는 댄스그룹들의 음악이, 홍콩은 영화에서 커다란 성과를 올렸다.

최근 중국에서는 대중문화의 범주를 넘어선 영역에서도 '한류'라는 단어가 매우 많이 사용되고 있다. 예를 들면, '韓流'라는 상표가 붙은 한국의 문화, 즉 복장, 디자인, 헤어스타일, 영화, 드라마, 바둑, 축구 등이 생겨났고, 중국 인터넷에서는 '핸드폰 한류', '바둑 한류', '자동차 한류', 'IT 한류' 등 말들도 보인다. 이러한 현상을 살펴보았을 때, 한류는 대중문화 범주에서 나온 말이지만 이제는 대중문화에 국한되지 않고 '한국 바람', '한국 물결'을 가리키기 위해서는 어디서나 다 쓰이는 말이 되었다.

한류는 음악뿐만 아니라 드라마에서도 뚜렷하게 나타났다. 한국 드라마는 1993년에 <질투>, <여명의 눈동자> 등이 방영되었고, 1997년에 방영되었던 <사랑이 뭐길래>는 당시 중국 내 외국 드라마 사상 최고의 시청률을 기록하였다. 1998년에는 <별은 내 가슴에>(안재욱), <해바라기>(김희선), <안녕 내 사랑> 등이 중국에서 히트하였다.

2005년에 드라마 <대장금>이 중국에 방영되면서 '한류'는 절정에 이르며 질적인 도약을 하였다. 그리고 2006년에는 '난 송승헌이 아니야(我不是宋承憲)'라는 노래가 등장하기도 하였다.

전문가들은 한국 드라마가 중국에서 인기를 얻는 이유로 "중국인과 비슷하게 삼대가 같이 사는 대가족, 고부간의 화목함, 부모는 자애롭고 자식은 효도하는 등이 포함된다는 점, 그리고 드라마 제작기술이 우수하고 정미하다는 점"을 강조한다.

한류의 영향은 중국 곳곳에서 나타났다. 2006년 절강성 항주 인근 순안(淳安)현 랑천(浪川)향의 칠보(七堡) 소학교가 폐교직전에 있었는데, 이영애가 소학교에 5만 달러(5천만 원)를 기부하였다. 이에 학교 측은 학교명을 '이영애 소학교'로 바꿨다.

2011년에는 운남성 한 초등학교에 탤런트 박시후의 팬클럽 회원들이 미니도서관을 지었고, 이름을 '시후열람실'이라 불렀다.

그러나 한류가 중국 대중문화와 청소년에게 커다란 영향을 주기도 하였지만, 반한류 현상도 나타났다. 2005년 <대장금>이 중국에 방영된 이후, 한류의 성격은 한국문화 전반에 대한 관심과 부러움으로 변하기 시작하였다. 게다가 중국에 방송되는 외화 중 약 80%가 한국 드라마다 보니 중국에서는 한류에 대한 저항이 나타나기 시작하였다.

중국에서 일고 있는 '반한류' 현상은 중국의 문화산업보호와 관련이 있다. 특히 중국정부가 제도적으로 제약을 가하였는데, 중국국가 공전총국과 관영 CCTV는 2006년 초부터 한국 드라마의 수입과 방송규제를 강화하였다.

난 송승헌이 아니야(我不是...宋承憲)
作詞：鄒國權／作曲：黃瑩瑩／編曲：黃瑩瑩演唱：Buddy
Buddy-我不是...宋承憲

넌 내게 마음을 담아 묵묵히 너에게 '사랑해'라고 말해주길 원하지
늘 우리에겐 한국드라마 속의 장면이 부족하다고 불평해
넌 내게 하루종일 널 업고 맨발로 해변을 거닐기를 원하지
내게 매일 한국 라면만 먹으라고 명령해
난 송승헌이 아니야
죽음도 갈라놓을 수 없는 맹세가 뭔지 몰라
난 간단한 말로 너에 대한 사랑을 서술하지
난 송승헌이 아니야
생사를 건 사랑은 할 줄 몰라
난 그저 내 호흡을 다해 매일 너의 즐거움으로 바꾸어줄 수 있을 뿐이야
My Love, 난 우상파(아이돌 스타)가 아니야
하지만 내 실력도 비교적 통한다는 걸 알아줘
내 사랑은 가볍고 자유로워

마음을 열어줘, 사실은 내가 괜찮은 사람이라는 걸 알게 될거야
비록 여기에 아름다운 설경이 펼쳐질 수는 없겠지만
너에게 가장 찬란한 여름을 줄께
난 최선을 다해 가장 향기로운 자상함을 줄거야
네 곁을 지켜줄께, 기한은 만년이야
난 송승헌이 아니야
죽음도 갈라놓을 수 없는 맹세가 뭔지 몰라
난 간단한 말로 너에 대한 사랑을 서술하지
난 송승헌이 아니야
생사를 건 사랑은 할 줄 몰라
난 그저 내 호흡을 다해 매일 너의 즐거움으로 바꾸어줄 수 있을뿐이야
넌 내게 마음을 담아 묵묵히 너에게 '사랑해'라고 말해주길 원하지
늘 우리에겐 한국드라마 속의 장면이 부족하다고 불평해
넌 내게 하루종일 널 업고 맨발로 해변을 거닐기를 원하지
내게 매일 한국 라면만 먹으라고 명령해
난 송승헌이 아니야
죽음도 갈라놓을 수 없는 맹세가 뭔지 몰라
난 간단한 말로 너에 대한 사랑을 서술하지
난 송승헌이 아니야
생사를 건 사랑은 할 줄 몰라
난 그저 내 호흡을 다해 매일 너의 즐거움으로 바꾸어줄 수 있을뿐이야
난 송승헌이 아니야
죽음도 갈라놓을 수 없는 맹세가 뭔지 몰라
난 간단한 말로 너에 대한 사랑을 서술하지
난 송승헌이 아니야
생사를 건 사랑은 할 줄 몰라
난 그저 내 호흡을 다해 매일 너의 즐거움으로 바꾸어줄 수 있을뿐이야

3. 산채(山寨)

2008년의 산채(山寨, 짝퉁)에 대한 관심은 중국인들의 소득수준과 밀접한 관련이 있다. 오래전부터 중국에는 짝퉁이 존재하고 있었지만 2008년 이후 일었던 산채는 중국정부가 통제하기 힘들 정도로 활개를 쳤다.

> 산채는 ≪수호전(水滸傳)≫의 양산박(梁山泊) 같은 산적들의 소굴을 뜻하는데, 현대에 들어와서, 중국 무명 기업이 세계적 브랜드에 대항하는 양상이 옛날의 '산채'를 연상시킨다는 데서, 짝퉁과는 다르게 산채라는 용어를 사용하고 있다.

산채의 출처는 중국 고대 장편소설 ≪수호전≫이다. 108명의 영웅이 양산박의 산채(山寨, 산적 소굴)를 근거지로 정부 권력에 대항하면서 힘없고 선량한 백성들을 도왔다는 데에서 유래한다.

산채가 중국사회에 나타난 건 2003년 전후이다. 광동성 심수의 작은 공장들이 해외 유명브랜드의 휴대폰을 복제생산하면서 시작되었다. 처음엔 디자인을 복제하는 수준이었으나 중국의 기술 급성장과 거대 산업사슬 형성으로 원조상품에는 없는 신기능이 추가되면서 혁신, 재창조의 성격을 띠고 있다.

산채의 시발점으로 중국 토종 체리자동차의 'QQ'를 든다. 2000년대 초
반 등장한 큐큐는 GM대우의 '마티즈' 외관과 외국 합작사와 공동 개발
한 엔진을 장착해 중국 시장에서 대히트를 쳤다. 2008년에는 휴대전화
시장에서 산채 제품이 대거 출품되었는데, 이는 중국 정부가 2007년 10
월 휴대전화 제조·판매 허가를 개방한 것이 결정적 계기가 되었다.

이후 산채는 법적으로 등록되지는 않았으나 유명브랜드에 비해
기술은 뒤지지 않고 가격은 저렴한 브랜드를 통칭하는 말로 자리 잡
기 시작했다.

2008년 여름 중국의 휴대폰시장을 달구었던 산채기(山寨機, 해적휴
대전화)는 당시 출시되던 고성능의 휴대전화를 외형뿐만 아니라 기능
까지 복제하였으며 이는 시장의 저소득층 사이에서 폭발적인 인기를
끌었던 것이었다. 산채 휴대폰이 공전의 인기를 끌자 중국 관영 CCTV
는 2008년 산채를 서민의 사회 문화적 현상이라는 각도에서 조명했다.
이러한 영향으로 산채는 2008년 중국 최고의 유행어가 되기도 했다.

산채(山寨)는 짝퉁이지만 원조 진품보다 성능이 우수하거나 더 많
은 기능을 추가한 제품이 나오고 있으며 품종도 다양화되고 있다.
원조 브랜드가 취급하지 않는 상품에 원조 브랜드를 붙인 제품처럼
다른 데서는 찾아볼 수 없는 제품도 출시된다.

중국의 산채는 세계 최고 기업들을 긴장시킬 정도의 기술력을 갖
추고 있다. 그래서 중국에서는 기존의 '가짜-저질 짝퉁'과는 다르
다고 본다. 물론 유명 상품을 모방한다는 점에서는 짝퉁과 같지만,

공개된 기술과 자체 노하우를 활용하여 정품에 버금가는 제품을 만든다는 점에서는 짝퉁과 다르다.

광동성 지적재산권국의 도개원(陶凱元) 국장은 "산채 제품은 이미 다른 기업에서 투자하여 개발한 연구 성과를 훔치는 절도 행위이며 위조·불법복제는 명백한 침권 행위"라며 "소비자들이 개인 이익을 위해 산채 제품을 이용하다 보면 아무도 연구개발을 하지 않게 되어 국가적으로 큰 손실을 가져온다"고 비판했다. 또 2001년에 WTO에 가입하고 지적재산권 보호를 외치는 중국 정부의 이미지에도 타격을 줄 수 있어서 산채에 대한 비난은 거세다. 그래도 중국 정부가 산채를 강력하게 단속하지 못하는 이유는 다수의 사람들이 산채를 지지하고 있다는 것을 알고 있기 때문이다.

산채에서 생산되는 제품으로는 휴대전화, 노트북컴퓨터, 디지털카메라, 컬러액정TV, 심지어 산채춘만(春晚, 매년 중국중앙방송에서 주최하는 대규모 신년행사를 모방한 공연행사), 산채영화, 산채스타까지 다양하다.

산채에 대한 평가는 중국 내에서도 엇갈린다. 위조, 표절 요소가 뚜렷해 지적재산권 규정에 위배되기 때문에 불법이라는 이유로 반대하는 사람들도 있지만, 과거의 일반적인 가짜, 짝퉁과 구별되는 요소가 있고 거대기업의 독점적 시장에 저항하는 서민의 권리라고 해석하는 사람도 있다.

4. 중국 지적재산권

1) 중국 지적재산권 현황과 특징

중국은 1980년부터 WIPO(세계지적재산권기구), 파리협약 등에 가입하여 성원국이 되었다. 1982년부터 현재까지, 중국은 「특허법」, 「상표법」, 「저작권법」, 「反불공정경쟁법」 등 지적재산권 관련 법률 입법을 마쳤다. 또한, 국무원은 「지적재산권 세관보호조례(知識産權 海關保護條例)」, 「컴퓨터소프트웨어보호조례(計算機軟件保護條例)」 등을 공포하고, 국제 규정에 따라 주요법률을 수정해 왔다.

2011년은 중국이 "국가지적재산권 전략강요(國家知的財産權戰略綱 要)"를 시작하는 중요한 첫해로 꼽히고 있다. 전략강요에 근거하여, 중국 정부는 과학발전과 경제발전을 이루기 위한 방편으로서 지식 재산권 보호 사업을 강력히 추진하고 있다. 특히 입법심사 등록법의 집행 체제와 시스템 구축, 홍보, 교육, 국제교류 및 협력 등의 분야 에서 성장세를 보이고 있다. 그리고 일련의 법령 및 규정을 개정·반포함으로써 중국 지재권 보호에 대한 법체계를 정비·강화하고 있다. 국가판권국은 '저작권법 제3차 개정'을 추진했으며, 최고인민법원은 "지재권 심판 직책과 기능의 충분한 발휘와 사회주의 문화의 대발전을 통한 경제의 자유적 조화를 발전 촉진하는 약간의 문제에 대한 의견(關於充分發揮知識産權審判職能作用推動社會主義文化大發展大繁榮和促進經濟自主協調發展若干問題的意見)"을 발표하였다.

국가 판권국은 저작물의 등록 작업의 규범화를 실시, 접수－심사－등록－증서－정보집계 및 인센티브 등에서 전국의 저작물의 등록 작업을 통일적으로 규범화하였다.

중국의 지적재산권 보호제도는 국제관례를 근거로 사법제도를 개선해 오고 있다. 중국의 실제 상황을 기초로 중국의 특허법, 상표법, 저작권법 등 관련 법률에 지적재산권을 보호하는 행정제도를 마련했다. 전국의 각 성, 자치구, 직할시 등 지역의 인민정부는 모두 특허, 상표, 저작권과 관련된 행정관리 부서를 설립하여 관할지의 지적재산권 행정 관리를 실시하고 있다.

2) 중국 지식재산권 역사

1990년에 중국 저작권법이 제정되었고, 1991년 6월 1일에 시행하였다. 1991년 「저작권법실시조례(著作權法實施條例)」, 「컴퓨터소프트웨어조례(計算機軟件保護條例)」가 시행되면서 저작권 관련 법률체계가 확립되기 시작하였다.

중국특허국(中國專利局): 특허협력 조약(Patent Cooperation Treat)의 성원국으로서 국제 특허의 신청, 접수, 국제 검색, 1차 심사 등의 업무를 수행할 수 있는 기구

그리고 1992년 10월 15일에는 베른조약(Berne Convention)과 세계저작권협약에 가입하였고, 1993년에는 제네바 협약에 가입하였다.

2001년 10월 27일 TRIPS(무역관련지적재산권협정, Agreement on Trade-Related Aspects of Intellectual Property Rights) 협정의 이행사업을 다수 반영하여 제1차 수정한 저작권법이 공포되었다. 이에 따라 저작권법실시조례, 컴퓨터소프트웨어보호조례, 음반제품관리조례, 음반제품 출판관리조례 등 다수의 법령이 제정되었다.

2007년 WIPO 저작권법(WCT) 및 실연음반조약(WPPT)에 가입하였다. 2010년 2월 26일에는 제2차 수정된 저작권법이 공포되었다.

(1) 세계지식재산권기구(WIPO: World Intellectual Property Organization)

세계지식재산권기구는 산업적인 소유권(발명·상표·디자인)과 저작물(문학·음악·사진 및 기타 예술작품)에 대한 전 세계적인 보호를 촉진시키기 위해 설립된 기구이다. 이 기구는 1967년 스톡홀름에서 서명된 협약에 의거해 설립되었고, 1970년에 발효되었다. 1974년 12월 국제연합(UN) 특별기구가 되었으며, 제네바에 본부를 두고 있다. WIPO는 저작권 관련 베른협약, 저작인접권 관련 로마협약, 음반제작자 관련 제나바협약, 산업재산권 관련 파리협약 등을 관장하고 있다.

WIPO의 목적은 2가지이다. 첫째, 국제협력을 통해 지적소유권보호를 촉진시키는 것, 둘째, 상표, 특허권, 그리고 예술품과 문학작품에 대한 협정사항과 관련해 파리·베른, 기타 유사 기구들이 행정적인 협력을 잘 수행하고 있는가를 감독하는 것이다.

- 문학, 예술 작품의 저작권과 관련된 조약(베른조약, 1986): 영국, 프랑스 등을 중심으로 유럽 국가들의 주동으로 체결되었다.
- 실연자, 음반제작자 및 방송사업자의 보호를 위한 국제협약(로마협약, 1961)
- 음반의 무단 복제로부터 음반제작자를 보호하기 위한 협약(제네바음반협약, 1971)
- 위성에 의하여 송신되는 프로그램 송신신호의 배포에 관한 협약(브뤼셀위성협약, 1974)

저작권은 출판과 동시에 보호되며 그 보호기간은 공업소유권이 10~20년 정도이고, 저작권은 저작자의 사후 30~50년까지이다.

① 베른협약 파리 의정서(Acte de Paris, 1971)

파리의정서 내용의정서는 보호받는 권리 등을 규정한 부분(1~21조), 조직 구성과 가입, 개정 등에 관한 부분(22~38조), 개도국에 관한 부속서로 나뉜다.

저작물: 표현 형태·방식이 어떻든 문학·학술·예술 범위에 속하는 모든 제작물(지적 창작물) 문서, 연술, 연극·악극, 무용, 음악, 영화, 미술·건축, 사진, 응용미술, 도형

유형적 형태로 고정되어야 하는지는 각국 법에 따름

재산권: 저작물을 이용할 배타적 권리

　복제

　연극·악극·음악의 실연, 연극·악극 번역물의 실연

　공중전달(방송)

　문학저작물과 그 번역물의 낭송

　개작(번역·각색·편곡)

　영화적 각색과 복제 및 그 배포·공개실연·공중전달

　원미술저작물과 작사·작곡 원고의 재판매

② WIPO 저작권협약(WCT, WIPO Copyright Treaty)

1996년 스위스 제네바에서 체결된 조약으로써, 온라인 디지털 환경과 연관되어 있다. 주요 내용은 온라인 안에서 저작자의 권리를 확실하게 하고, 디지털 형태 저작물의 보호와 관련되는 기술적 수단을 보호하는 내용을 골자로 한다. 제1조는 베른협약과의 관계에 대해 언급하고 있다.

내용으로 "(1) 이 조약은 문학·예술 저작물의 보호를 위한 베른협약에 의하여 설립된 동맹의 동맹국인 체약 당사자에 대하여 동 협약 제20조 의미상의 특별 협정이다. (2) 이 조약상의 어떠한 규정도 문학·예술 저작물의 보호를 위한 베른협약에 의하여 체약 당사자가 상호 간에 부담하는 기존의 의무를 저해하지 아니한다. (3) 이하에서 '베른협약'이란 문학·예술 저작물의 보호를 위한 베른협약의 1971년 7월 24일 파리의정서를 말한다. (4) 체약 당사자는 베른협약의 제1조 내지 제21조 및 부속서를 준수하여야 한다"라고 하였다.

③ WIPO 실연 및 음반조약(WPPT: WIPO Performances and Phonograms Treaty)

WPPT는 1961년 체결된 저작 인접권 관련 협약인 로마협약을 보완해 인터넷상에서 가수, 연주자, 음반회사 등의 음악 저작 인접권자를 보호하기 위해 마련한 것이다. WPPT는 예술가들에게 자신의 작품을 CD나 레코드 등을 통해 복제하는 행위, 배급 및 대여 등에 대해 배타적인 권리를 행사하도록 규정하고 있으며, 저작권자는 이를 보호하기 위해 암호를 사용할 수 있도록 하고 있다.

WPPT는 다섯 개의 장, 33개 조로 구성되어 있다. 제2조에서 "a) '실연자'란 배우, 가수, 연주자, 무용가 및 기타 문학·예술 저작물이나 민간전승물의 표현을 연기, 가창, 구연, 낭독, 연주, 연출하거나, 기타 실연하는 사람을 말한다. (b) '음반'이란 실연의 소리 또는 기타의 소리 또는 소리의 표현을 고정한 것으로서, 영상 저작물이나 기타 시청각저작물에 수록된 형태 이외의 고정물을 말한다. (c) '고정'이란 어떤 장치를 통하여 지각, 복제 또는 전달될 수 있는, 소리 또는 소리의 표현을 수록하는 것을 말한다. (d) '음반제작자'란 실연의 소리 또는 기타의 소리 또는 소리의 표현을 최초로 고정하기 위하여 발의하고 이에 책임을 지는 자연인이나 법인을 말한다. (e) 고정된 실연이나 음반의 '발행'이란 상당한 양으로 제공하는 것을 조건으로, 고정된 음반의 복제물을 권리자의 허락을 받아 공중에 제공하는 것을 말한다. (f) '방송'이란 공중이 수신하도록, 무선의 방법에 의하여 소리, 영상과 소리 또는 그 표현을 송신하는 것을 말한다. 위성에 의한 송신도 또한 '방송'이다. 암호화된 신호의 송신은 해제를 위한 방법이 방송사업자에 의하여 또는 그의 동의를 얻어 공중에게 제공된 경우에 '방송'이다; (g) 실연이나 음반의 '공중전달'이란 방송 이외의 매체에 의하여, 실연의 소리, 음반에 고정된 소리 또는 소리의 표현을 공중에 송신하는 것을 말한다. 제15조에서의 '공중전달'은 소리 또는 음반에 고정된 소리의 표현을 공중이 청취할 수 있도록 제공하는 것을 포함한다"라고 되어 있다.

제10조와 제14조에 "실연자와 음반제작자는 공중의 구성원들이 개별적으로 선택한 장소와 시간에 음반 및 음반에 고정된 실연에 접근할 수 있는 방법으로, 유선 또는 무선의 수단에 의해 공중의 이용에 제공하는 것을 허락할 배타적 권리를 향유한다"고 규정한다.

제17조에 따르면, "(1) 이 조약에 따라 실연자에게 부여되는 보호기간은 실연이 음반에 고정된 연도의 말로부터 기산하여 적어도 50년의 기간이 종료하는 때까지 존속한다. (2) 이 조약에 따라 음반제작자에게 부여되는 보호기간은 음반이 발행된 연도의 말 또는 그 발행이 50년 내에 행해지지 아니한 경우에는 고정이 행해진 연도의 말로부터 기산하여 적어도 50년의 기간이 종료하는 때까지 존속한다"라고 되어 있다.

(2) 국제저작권조약(UCC: Universal Copyright Convention, 1952)

유네스코(UNESCO) 주최로 스위스 제네바에서 열린 국제회의에서 채택된 저작권에 관한 협약(1952)으로 1955년에 발효되었다. 조약의 주요한 특징은 다음과 같다.

① 서명국은 자국 또는 외국 작가에 대한 최소보호조항이 없는 경우에도, 자국 작가를 외국 작가보다 저작권상 유리하게 대우할 수 없다.

② 저작권 마크, 저작권자 성명, 초판 간행 연도를 포함하는 공식 저

작권 표시가 모든 저작물에 명기되어야 한다. 단, 자국 저작물을 우대하는 경우가 아닌 한, 서명국은 그 밖의 다른 표시를 요구할 수 있다.

③ 저작권은 최소한 저작권자의 사망 이후 25년간 보호되나 예외적으로 사진작품과 응용미술작품의 보호기간은 10년으로 한다.

④ 가입국은 저작권 보호기간의 균형을 위해 특정조건 아래서 의무인가규약에 따라 7년 동안 독점적 번역권을 허용해야 한다. 국제저작권조약은 어떠한 다자·양자 간 협약, 협정의 효력도 침해하지 않는다. 다만 그들 간에 차이가 있는 경우, 베른협약과 미주 국가 간의 협약을 제외하고는 우선 적용된다. 국제저작권조약과 베른협약은 1971년 파리 회의에서 개정되었는데, 특히 번역·복제·공연·방송에 있어서 개발도상국의 특수사정을 고려한 것이었다. 완화된 규정은 교육·학문·조사연구 분야에만 적용된다.

3) 중국의 지적재산권 보호 체제: 쌍궤제(雙軌制)

중국은 사법과 행정 두 가지를 축으로 지적재산권 보호제도를 마련했다. 1992년부터 국가급과 성, 자치구, 직할시 등 중급 이상의 인민법원에 지적재산권 전문 법정이 설치되었고, 이들 법정에서 특허, 상표, 저작권 등 지적재산권과 관련된 민사소송 전문 재판을 책임지고 있다. 또한, 중국의 지적재산권 관련 법률은 엄중한 권리침해가 입증되어 범죄행위 요건을 구성할 경우 침해자를 「형법」에 의거하여 형사처벌 할 수 있다고 규정하고 있다. 당사자가 고의적으로 타인의 지적재산권을 엄중 침해했을 경우 형사처벌을 받게 된다.

(1) 중화인민공화국형법(中華人民共和國刑法, 1997)

1997년 10월 1일부터 실시된 「중화인민공화국형법(中華人民共和國刑法)」은 지적재산권 침해범죄에 대해 규정하고 있다. 구체적인 범죄의 예를 들면, 상표 위조등록, 위조등록 상표권을 사용한 제품 판매, 불법 가짜제품 생산과 이들 제품의 판매, 특허위조, 저작권 침해, 상업비밀 침해 등이 있다.

법에 따라 지적재산권 침해죄를 추궁하는 방식으로는 "첫째, 검찰기관에서 공소하는 방식, 둘째 '형사소송법(刑事訴訟法)' 제170조 규정에 의거, 피해자가 직접 법원에 형사소송을 제기(刑事自訴)하는 방식, 셋째, 관련 기관이 위반사건을 조사, 처리하거나 지적재산권 분규사건을 중재, 처리과정에서 범죄행위를 발견했을 경우 사법기관에 이첩하는 방식(의무사항)"이 있다.

(2) 지적재산권침해형사사건처리의 구체적인 법률적용에 대한 약간 문제의 해결(2004)

2004년 12월 8일, 최고인민법원과 최고인민검찰원은 공동으로 "지적재산권침해형사사건처리의 구체적인 법률적용에 대한 약간 문제의 해결"을 공포, 시행했다. 이 시행세칙은 형량의 기준과 처벌원칙을 명확히 했고, 단위별 범죄행위 구성요건의 수위를 낮추고, 공범에 대한 규정을 증가하였다.

(3) 지적재산권보호행동강령(2006)

2006년 국무원은 "지적재산권보호행동강령"을 발표해 50개 시에 '지적재산권분쟁 고발센터'를 설치하고, 고발번호 '12312'와 중국지적재산권보호 홈페이지 'www.ipr.gov.cn'를 개통하였다. 또한 세계지식재산권기구(WIPO)의 '세계지식재산권기구저작권조약'과 '세계지식재산권기구공연 및 녹음제품조약'에 가입하였다. '국가공상행정관리국(SAIC)'은 "불공정 경쟁 방지법에 관한 조치 협정"을 발표해 유명상표 도용 행위 및 타 기업 명칭의 약자 사용으로 혼란을 빚는 행위를 불공정 경쟁행위로 규정하는 등 지적재산권 보호를 점차 강화하고 있다.

(4) 홍콩특별행정구에 적용되는 "인터넷조약"(2009.10.1.)

세계지적재산권기구 저작권조약(WCT)과 세계지적재산권기구 실연음반조약(WPPT)이("인터넷조약"이라고 통칭) 2009년 10월 1일부터 홍콩특별행정구에 적용하고 있다.

"인터넷조약"의 취지는 디지털 과학기술의 발전에 순응하여 보호가 필요한 저작권과 관련 권리를 갱신하고 개선하는 것이다. 홍콩특별행정구의 저작권법은 "인터넷조약"에 기록된 국제기준에 완전히 부합한다. 저작권법은 음반제작자들에게 독점적인 권리를 부여하는 것을 "인터넷조약"은 단지 음반제작자들이 합리한 보수를 받을 수 있다는 권리를 규정하는 것과 비교한다면 실제로 음반제작자들에게 더 높은 수준의 권력 보장을 제공한다.

홍콩특별행정구 정부는 2007년에 「저작권법」에 대해 중요한 수정을 하였다. 홍콩의 저작권 보호 제도를 디지털 과학기술의 발전에 따라 나타난 최신 국제기준에 달하게 하기 위해서 관련 입법에 '실연자권리' 및 '대출권'을 부가하여 당시에는 "인터넷조약"에 부합되지 않는 규정을 수정조항에 들어가도록 시키며, 관련 수정조항은 이미 2008년 4월 25일에 효력이 발생되었다.

4) 지적재산권 관련 주요기관

(1) 국제지적재산권보호협회(國際保護知識產權協會, AIPPI) 중국분회
(http://www.aippi-china.org)

국제지적재산권보호협회(國際保護知識產權協會, AIPPI, www.aippi.org)는 1897년 창립된 115년의 역사를 가진 국제 지식재산 관련 국제 민간단체이다. 스위스 취리히에 국제 사무국을 두고 있으며, 현재 100여 개 국가, 9,000명 이상의 지식재산권 전문가들이 회원으로 활동하고 있다. AIPPI 세계 총회는 2년마다 개최되고 있다. 제43회 AIPPI 세계지식재산권대회가 2012년 10월 20일부터 23일까지 서울에서 개최되었다.

중국분회는 북경에 있다. UN 산하의 자문기구로 중국 내외의 지식재산권 보호와 중국 내 지식재산권 관련 제도 홍보를 위해 설립됐으며, 지식재산권 문제 조사연구, 지식재산권 관련 강좌 및 교육 등을 제공한다.

(2) 중국지적재산권보호망(中國保護知識産權網, http://www.ipr.gov.cn)

중국 상무부가 주관하는 사이트로 지적재산권과 관련된 중국 상무부의 각종 규정 및 정책 변화를 신속하게 알려주고, 이와 관련된 자문서비스를 제공한다.

5) 지적재산권 보호 주요항목

(1) 저작권(Copyright)

저작권(著作權)이란 창작물인 저작물에 대한 배타적이고 독점적인 권리를 말한다. 기존의 저작물을 각색, 번역, 주석, 정리해 작성한 저작물의 저작권은 각색, 번역, 주석, 정리한 사람이 향유하지만, 원저작물의 저작권을 침해해서는 안 된다. 2인 이상 공동으로 창작한 저작물의 저작권은 공동저작자가 공동으로 향유한다.

저작권을 등록하기 위해서는 저작권 신청서, 저작물 감별자료, 신청인 신분증명서, 위탁계약서를 준비해 중국 판권보호센터에 제출한다. 모든 자료는 중문으로 작성하며 영문으로 작성 시 중국어본을 첨부해야 한다. 기준 규정에 부합할 경우 접수일부터 60일 이내에 등록증서를 발급하고 공고한다.

(2) 등록상표(Trademark)

중국 내에서 상표의 사용독점권은 중국 상표국(Trademark Office)에 등록된 것에만 주어진다. 상표를 등록한 당사자만이 관련된 행정 및 법적 권한을 요구할 수 있게 하였다. 이로써 다른 기업의 불법적으로 상표를 도용하는 것을 막을 수 있다. 하지만 등록되지 않은 상표라고 해도 중국 내에서 유명한 기업에 한해서는 불공정 경쟁 방지법에 의거해 보호한다.

(3) 도메인(Domain Name)

인터넷의 발전에 따라 브랜드 소유주들이 인터넷을 사용해 소비자들과 접촉하고, 잠재고객을 만들어 내기 때문에 도메인 이름 역시 브랜드로 보호된다. 모든 도메인 주소는 전 세계적으로 하나밖에 없는 유일한 것이므로 인터넷 주소는 해당 기업을 상징한다.

2009년 12월 14일 기준으로 중국 도메인(.cn)의 개인등록이 금지돼 사업자등록이 된 기업만 등록 가능하다. ISO3166에 의거해 두 자리나 세 자리 수의 국가이름(예: US, USA, GB, BGR-Great Britain)과 중국 지역명 및 국가 기관명은 등록 불가능하다. 최근에는 주소 입력창에 중문을 입력하면 홈페이지로 바로 들어갈 수 있는 중문 도메인이 생겨 병음이 동일한 기업들의 상표권 보호에 도움을 준다.

ISO 3166

알파벳이나 숫자로 된 지역 코드로, 데이터 처리와 통신을 목적으로 나라와 속령을 나타내기 위해 개발되었다.

전 세계의 나라와 부속 영토, 나라의 주요 구성단위의 명칭에 고유 부호를 부여하는 국제 표준으로 세 가지 세부 표준으로 구성된다.

첫째, ISO 3166−1 국가와 부속 영토 명칭 부호(1974년 처음 공표)

　　　ISO 3166−1 alpha−2 두 자리 국가코드

　　　ISO 3166−1 alpha−3 세 자리 국가코드

　　　ISO 3166−1 numeric 세 자리 (숫자) 국가번호

둘째, ISO 3166−2 국가나 부속 영토의 주요 구성단위의 명칭에 부호 부여

　　　ISO 3166−2:2000−06−21 Newsletter Ⅰ−1

　　　ISO 3166−2:2002−05−21 Newsletter Ⅰ−2

　　　ISO 3166−2:2002−08−20 Newsletter Ⅰ−3

　　　ISO 3166−2:2002−12−10 Newsletter Ⅰ−4

　　　ISO 3166−2:2003−09−05 Newsletter Ⅰ−5

　　　ISO 3166−2:2004−03−08 Newsletter Ⅰ−6

셋째, ISO 3166−3 폐기된 ISO 3166−1 부호를 대체하는 부호 부여

　　　(1998년 처음 공표)

참고문헌

공봉진, 『중국지역연구와 현대중국의 이해』, 오름출판사, 2007.

공봉진·이강인 외 8명, 『현대중국사회』, 세종출판사, 2009.

공봉진·이강인·조윤경, 『한 권으로 읽는 중국문화』, 산지니, 2010.

구본수, 『김용 무협소설의 대중문학적 특징』, 인하대학교, 2007.

김나경, 「중국문화산업정책의 현황을 통한 한류의 문제점과 그 개선방안 모색」, 중앙대학교 대학원, 2008.

김동하, 『차이나 소프트 파워』, 무한, 2011.

김미란, 「90년대 중국 대중문화」, 『중국현대문학』, 제26호.

김송죽, 「중국 내 한국TV드라마의 윈도우 효과에 관한 연구」, 이화여자대학교 대학원, 2006.

김양수, 『중국 '5세대 감독'의 영화와 오리엔탈리즘』, 『현대중국연구』제4권, 1996.

김연희, 「한류와 중국의 타문화 수용: 유가사상과 리얼리즘의 시각에서」, 국민대학교 대학원, 2006.

김영재, 「한국과 중국의 문화콘텐츠 산업정책 비교: 애니메이션산업정책을 중심으로」, 『만화애니메이션 연구』, 한국만화애니메이션학회, 2008.

김종현 편역, 『개혁개방 이후의 중국문예이론』, 늘함께, 2000.

다이진화, 『거울 속에 있는 듯: 다이진화가 말하는 중국문화 연구의 현주소』, 주재희, 김순진, 임대근 옮김, 그린비, 2009.

다이진화, 『무중풍경: 중국 영화문화 1978 – 1998』, 이현복, 성옥례 옮김, 산지니, 2007.

다이진화, 『성별중국: 중국 영화와 젠더 수사학』, 배연희 옮김, 여이연, 2009.

루홍스 슈샤오밍, 『차이나 시네마(중국 영화 백년의 역사)』, 김정욱 옮김, 동인, 2005.

리어우판, 『상해 모던』, 고려대학교출판부, 2007.

박병원, 「세계화 시대, 중국 영화비평 속의 '중국'독해」, 『중국연구』제37권, 2006.

박희성, 「무협영화에 나타난 중국 전통사상과 영화미학의 관계」, 동국대학교 대학원, 1999.

박희성, 『WTO 가입 이후 중국 영화산업의 변화와 전망』, 영화진흥위원회, 2005.

소강춘·장미영·유지은·이수라, 『스토리텔링과 문화산업』, 글누림, 2009.

송원찬·신병철·안창현·이건웅, 『문화콘텐츠 그 경쾌한 상상력』, 북코리아, 2010.

슈테판 크라머, 『중국 영화사』, 황진자 옮김, 이산, 2000.

신귀범, 「중국 TV방송시장의 현황과 그 방송법규 고찰」, 중앙대학교 대학원, 2008.

신정호, 「중국 대중문화 연구와 국가 권력의 문제」, 중국인문학회 2003년 추계학술대회 발표논문집.

신현준, 「중국 대중문화의 세 가지 역사적 형세들에 관한 하나의 시선」, 『中國現代文學』 Vol.30, 2004.

엄연자, 「중국매체의 한류에 대한 이미지 분석을 통한 한류지속화방안 연구 －관련 기사를 중심으로－」, 순천향대학교 산업정보대학원, 2007.

오 예·고은영, 「중국, 한국, 일본 애니메이션의 캐릭터 비교와 연구－영웅 캐릭터를 중심으로」, 『한국디자인문화학회지』, 한국디자인문화학회, 2008.

오현리, 『중국무협영화 1』, 한숲출판사, 2001.

왕두두, 「한중일 문화콘텐츠산업 진흥정책에 관한 연구」, 동서대학교 디자인 & IT전문대학원, 2008.

위아이청, 『대중음악으로 이해하는 중국』, 이용욱·구성철 역, 학고방, 2005.

유진룡, 『엔터테인먼트 산업의 이해』, 넥서스BIZ, 2009.

육소양, 『세계화 속의 중국 영화』, 정옥근 옮김, 신성출판사, 2005.

윤미영, 『영화 속의 중국문화』, 이담북스, 2009.

이 방, 「중국 영화의 수출확대 방안에 관한 연구」, 성균관대학교, 2008.

이강인, 「'학교' 장치에서 보이는 영화 <로빙화(魯氷花)>의 '교육－권력'과 <책상 서랍 속의 동화(一個都不能少)>의 '규율－권력'의 의미적 탐색」, 『동북아문화연구』 Vol.23, 동북아시아문화학회, 2010.

이강인, 「대만 영화의 뉴웨이브 운동과 정치성에 관한 담론: 영화 '비정성시'(悲情城市)와 '음식남녀'(飮食男女)를 중심으로」, 『한국시민윤리학회보』 Vol.22 No.1, 한국시민윤리학회, 2009.

이강인, 「중국 영화의 민족주의 현상에 대한 연구: 영화 <영웅>과 <집결호>를 중심으로」, 『국제정치연구』 Vol.11 No.1, 동아시아국제정치학회, 2008.

이강인, 「중국 영화의 제5대와 제6세대에 대한 고찰」, 『China 연구』 Vol.4, 부산대학교 중국연구소, 2008.

이강인, 「희곡 ≪雷雨≫와 영화≪皇後花≫에 나타난 서사구조와 시·공간 그리고 인물의 확장 비교」, 『동북아문화연구』 Vol.18, 동북아시아문화학회, 2009.

이경남, 「중국 디지털TV 시장의 현황 및 시사점」, 『방송통신정책』, 정보통신정책연구원, 2003.

이욱연, 『포스트 사회주의 시대의 중국문화』, 서강대학교출판부, 2009.

이윤희, 「中國 6世代 映畵에 나타난 都市와 疎外階層」, 숙명여자대학교 대학원, 2008.

이응철, 「세계화 시대의 중국 대중문화와 내셔널리즘」, 『한국문화인류학』, 한국문화인류학회, 2009.

이종철, 『중국 영화의 거장들』, 학고방, 2008.

이종철, 『중국 영화의 향연 중국 영화 르네상스를 꿈꾸다』, 학고방, 2006.

이지연, 『동아시아 영화의 서구에서의 순환과 오리엔탈리즘에 관련된 문제들』, 문학과 여상, 2007.

이지현, 「중국의 영화산업 발전추이에 관한 연구」, 韓國外國語大學校 大學院, 2008.

이희승, 「중국 영화에 나타난 탈사회주의적 징후에 관한 연구」, 『한국방송학보』, 2002.

인 홍, 『중국 영상문화 연구의 길』, 학고방, 2007.

인 홍 지음, 『중국영상문화의 이해』, 이종희 옮김, 학고방, 2002.

임대근, 「붉은 수수밭: 모옌과 장이머우 혹은 소설과 영화에 관한 어떤 탐구」, 『중국연구』 제36권, 2005.

임대근, 『중국 영화의 이해』, 동녘, 2008.

林春城, 「중국 대중문화 교육의 실제와 이론 중국 대중문화 교육의 실제와 이론」, 中語中文學, Vol.38. 2006.

임춘성, 왕샤오밍, 『21세기 중국의 문화지도: 포스트사회주의 중국의 문화연구』, 중국문화연구 공부 모임 옮김, 현실문화연구. 2009.

장 뢰, 「중국 애니메이션의 유형과 전개에 관한 연구」, 공주대학교 영상예술대학원, 2009.

장동천, 『영화와 현대 중국: 한 세기를 가로지른 창조와 열광의 여정을 따라』, 고려대학교출판부, 2008.

장윤실, 「중국 무협영화의 대중성에 대한 서사적 접근: 1990년대에서 2000년대 초반 작품을 중심으로」, 한양대학교 대학원, 2004.

정광문, 「당대중국적 주류문화, 정영문화홍대중문화」, 『한국철학논집』, 한국철학사연구회, 2002.

정광호, 「중국문화산업정책연구: 게임산업 중심으로」, 고려대학교 정책대학원, 2008.

정기은, 「중국의 문화정책 발전현황」, 『문화관광연구』, 한국문화관광학회, 2001.

정우식, 「중국문화산업 시장참여자 연구: 3C(Company, Customer, Competitor)를 중심으로」, 『현대중국연구』, 현대중국학회, 2009.

주산산, 「중국 애니메이션산업 발전방안 연구: -중국 애니메이션 소비자 프로파일을 중심으로-」, 숭실대학교 일반대학원, 2009.

최 환, 『중국 영화의 이해와 감상』, 영남대학교출판부, 2005.

최령령, 「한·중 애니메이션산업 비교를 통한 중국 애니메이션 경쟁력 강화 방안 연구」, 한성대학교 대학원, 2009.

추 연, 「중국 인터넷 유행어를 중심으로 고찰한 대중문화 특징 연구」, 조선대학교, 2008.

탕 뢰·김일태, 「중국 애니메이션산업과 정책 연구」, 『만화애니메이션연구』, 한국만화애니메이션학회, 2009.

한국 중국현대문학학회, 『영화로 읽는 중국』, 동녘, 2006.

한국문화콘텐츠진흥원, 『중국 애니메이션 비즈니스』, 커뮤니케이션북스, 2007.

한국중국희곡학회, 『한국과 중국의 연극과 연희』, 서우얼출판사, 2006.

후지이 쇼조, 『현대중국 영화로 가다』, 김양수 옮김, 지호, 2001.

王貴祿, "從≪雷雨≫到≪滿城盡帶黃金甲≫: 改編策略與敍事戰略", 『電影文學』, 2007.

魏苗, "從與≪雷雨≫的比較析≪滿城盡帶黃金甲≫", 『語文學刊』第5期, 曲阜師範大學 大學院, 2007.

尤曉娟, 「宇宙, 一口"殘酷的井"-電影≪雷雨≫主題的一種解讀」, 『電影評價』, 2007.

劉泰然, "權力, 秩序與東方思想-解讀電影≪滿城盡帶黃金甲≫", 『電影文學』, 2007.

李 垚, "誓將唯美進行到底-由≪滿城盡帶黃金甲≫談張藝謀景觀電影的得與失", 『電影評價』, 2007.

央視, ≪中國財經報道≫, 山寨來了, 機械工業出版社, 2009.

http://baike.baidu.com/view/2979479.htm

http://baike.baidu.com/view/67824.htm

http://baike.soso.com/v543562.htm

http://blog.daum.net/kimjoannes/422.

http://blog.daum.net/northbrook/998

http://blog.sina.com.cn/s/blog_5452015c0100c275.html

http://blog.sina.com.cn/s/blog_5f591cb70100e5ds.html

http://culture.ifeng.com/popular/leisure/200811/1113_4092_876510.shtml

http://culture.people.com.cn/GB/22219/6796817.htm

http://dianshiju.cntv.cn/

http://dianshiju.cntv.cn/zimupaixu/index.shtml

http://donghua.cntv.cn/xuehaizi/classpage/video/20120203/100817.shtml

http://hi.baidu.com/18951228/item/436af2de021907ef55347f49

http://hi.baidu.com/kannanxianjian/item/f9a7e429b6581a85af48f5d1

http://house.focus.cn/news/2012－08－01/2216038.html 國家統計局修訂文化產
　　業分類 新增"文創"類

http://imurim.com/bbs/zboard.php?id＝contents3&no＝3

http://movie.douban.com/subject/1316626/ 산수정(山水情(1988)

http://news.xinhuanet.com/yzyd/fortune/20120808/c_112655971.htm 統計局頒
　　布≪文化及相關產業分類≫新標准

http://play.hupo.tv/tv/8649346.html 程琳 小螺號

http://play.hupo.tv/tv/8829204.html 童年的小搖車

http://shanghaijournal.com/news.php?code＝lc&mode＝view&num＝21834

http://tv.mofile.com/8HAUXS7S/ 月亮代表我的心

http://tv.sohu.com/20100612/n272749867.shtml 兒童系列哪吒鬧海: 1979年的
　　哪吒

http://v.blog.sohu.com/u/vw/2485887 張明敏 我的中國心

http://v.ku6.com/show/EZ64TgsE5sL4c7fY.html 張學友 吻別

http://v.pps.tv/play_3289WH.html 1979. 哪吒鬧海25周年D9珍藏版

http://v.yisou.com/s?q＝%E6%88%91%E7%88%B1%E6%88%91%E5%AE%B6&id
　　＝5764

http://v.youku.com/v_show/id_XMjEyODU2MDQ＝.html

http://v.youku.com/v_show/id_XMjQzODEwMTEy.html

http://v.youku.com/v_show/id_XMTA2MzM5ODY4.html

http://v.youku.com/v_show/id_XMTIxODY5ODQ＝.html 周華健 花心

http://v.youku.com/v_show/id_XMTU3NjQ1NDQ＝.html

http://v.youku.com/v_show/id_XOTM0MTQ4Mjg＝.html?f＝3356721 梅蘭芳
　　專輯 梅蘭芳'天女散花'

http://video.baby.sina.com.cn/v/b/61219980－2219832185.html

http://video.baidu.com/s?f＝0&n＝2&word＝%BF%CA%CD%FB 갈망(渴望)

http://video.sina.com.cn/v/b/13588050－1226126093.html

http://video.sina.com.cn/v/b/19576798－1567278243.html

http://video.sina.com.cn/v/b/24752368－1510402103.html

http://video.sina.com.cn/v/b/59249976－2219832185.html

http://video.sina.com.cn/v/b/60440386－2219832185.html

http://widechina.net/bbs/view.php?id＝tj_tour&no＝781

http://www.56.com/u48/v_NDIyMjA1MDE.html 李春波 小芳

http://www.56.com/u82/v_NjAwMzc4MDc.html

http://www.56.com/w11/album－aid－9888523.html 電視往事 中國電視劇20年
紀實

http://www.56.com/w19/play_album－aid－8022023_vid－MzQ0MzUwMTQ.html

http://www.56.com/w32/play_album－aid－7990886_vid－NDE5Mzg2MDA.html

http://www.56.com/w33/album－aid－4349969.html (연속극 보기 1－51편)

http://www.61flash.com/flash/4219.htm 小蝌蚪找媽媽

http://www.9bt.org/redirect.php?tid＝907&goto＝lastpost；http://v.youku.com/v_show/id_-
XMzc5NzM4NDg＝.html 山水情

http://www.cnci.gov.cn/content/2010616/news_58376.shtml 中國文化產業"家底"
大盤點

http://www.cnmdb.com/sections/years/ 중국 영화기념관

http://www.cuctv.com/groups/2246/topic_49349.html

http://www.kejianhome.com/flash/302/303/20060219195.html

http://www.kocca.kr/knowledge/trend/abroad/1312153_1232.html

http://www.kocca.kr/knowledge/trend/abroad/1755810_3315.html

http://www.lbx777.com/yw0002/x_xkdzm/xkdzm_x.htm

http://www.lw23.com/paper_7491901_9/

http://www.lyjlawyer.com/show.asp?id＝249 新聞出版總署頒布《書號實名申領管理辦法》
(試行)

http://www.m1905.com/vod/play/86147.shtml?spm＝0.0.0.8.CiTcdf&bd＝
11&bdfrom＝taobao_yisou

http://www.shuku.net/novels/children/sanmaollj/sanmaollj.html 三毛流浪記.

http://www.stats.gov.cn/tjbz/t20040518_402369832.htm 國家統計局關於印發《文
化及相關產業分類》的通知 國統字[2004]24號

http://www.stats.gov.cn/tjbz/t20040518_402369832.htm 文化及相關產業分類
http://www.tudou.com/programs/view/6_wBp13EL9U/ 中國經典動畫 - 小蝌蚪
　　找媽媽
http://www.tudou.com/programs/view/G_hEP1cYmnA/ 你和我的明天
http://www.zgnyrw.cn/54/2010110224110.html
http://xiyou.cntv.cn/v - b5792f90 - a576 - 11df - bdae - 001e4f1f5c05.html
http://you.video.sina.com.cn/b/19550066 - 1567278243.html 毛寧 濤聲依舊
http://you.video.sina.com.cn/b/19620659 - 1599672891.html 艾敬 我的1997
http://you.video.sina.com.cn/b/7918201 - 1213477011.html 視頻描述

찾아보기

공봉진

　현) 뽈읽중국연구소 소장
　　　부산외국어대학교 부경대학교 외래교수

『중국지역연구와 현대중국의 이해』(2007)
『(이슈로 풀어본) 중국의 어제와 오늘』(2009)
『10개의 시선, 하나의 중국. 현대중국사회』(공저, 2009)
『중국 민족의 이해와 재해석』(2010)
『한 권으로 읽는 중국문화』(공저, 2010)
『중국공산당(CCP) 1921~2011』(2011)
『한중수교 20년(1992~2012)』(공저, 2012)
「고대 중국의 '화하족'과 '동이족' 기억 만들기」(2009)
「중국 지방학과 구역문화에 관한 연구」(2009)
「중국 정치 개혁에 관한 연구: 후진타오 2기 정부를 중심으로」(2010)
「중국의 개인인권변화에 관한 연구: 호구제도와 독생자녀제를 중심으로」(2011)

이강인

　현) 부산외국어대학교 외래교수
　　국립 부산대학교 중국연구소 연구원 역임
　　국립 부경대학교 국제지역연구소 연구원 역임

『세계변화 속의 갈등과 분쟁』(공저, 2008)
『현대중국사회』(공저, 2009)
『한 권으로 읽는 중국문화』(공저, 2010)
『한중수교 20년(1992~2012)』(공저, 2012)
「중국 영화의 제5세대와 제6세대에 대한 고찰」(2008)
「희곡 <뇌우>와 영화 <황후화>에 나타난 서사구조와 시공간 그리고 인물의 확장비교」(2009)

중국 대중문화와
문화산업

초 판 인 쇄 | 2013년 4월 26일
초 판 발 행 | 2013년 4월 26일

지 은 이 | 공봉진·이강인
펴 낸 이 | 채종준
펴 낸 곳 | 한국학술정보㈜
주   소 | 경기도 파주시 문발동 파주출판문화정보산업단지 513-5
전   화 | 031) 908-3181(대표)
팩   스 | 031) 908-3189
홈 페 이 지 | http://ebook.kstudy.com
E - m a i l | 출판사업부 publish@kstudy.com
등   록 | 제일산-115호(2000. 6. 19)

ISBN   978-89-268-4255-3 93330 (Paper Book)
              978-89-268-4256-0 95330 (e-Book)